中国人民大学全国中国特色社会主义政治经济学研究中心

中国人民大学中国经济改革与发展研究院

新质生产力的政治经济学

本书编写组 著

中国人民大学出版社
·北京·

目 录

开篇语：新质生产力是建构中国经济学自主知识体系的重大原创性
　　成果 / 1

第一章　科学认识与切实发展新质生产力 / 12　　　　　　刘　伟
　　一、新质生产力是经济学理论上的重要创新和发展 / 13
　　二、新质生产力的发展实践需要遵循客观经济规律 / 22

第二章　从传统生产力到新质生产力 / 30　　　　　　刘守英　黄　彪
　　一、新质生产力是一场新的生产力革命 / 31
　　二、传统生产力支撑的发展模式难以为继 / 39
　　三、新质生产力与新一轮产业革命 / 45
　　四、发展新质生产力必须注意的几个问题 / 54

第三章　正确理解新质生产力 / 61　　　　　　　　　　　谢富胜
　　一、从"新常态"到"新质生产力" / 63
　　二、生产力的质变与生产方式的跃迁 / 66
　　三、"传统生产力"与中国社会的主要矛盾 / 70
　　四、以新质生产力推动经济高质量发展 / 75
　　五、结　论 / 82

第四章　新质生产力理论的科学内涵及其重大创新意义 / 84　　邱海平
　　一、新质生产力理论的实践依据与思想来源 / 85
　　二、新质生产力理论的丰富内涵与核心要义 / 91
　　三、新质生产力理论丰富发展了马克思主义生产力理论 / 102

四、结语与展望 / 107

第五章　新质生产力的科学内涵、构成要素和制度保障机制 / 109

　　　　　　　　　　　　　　　　　　　　　　　　　　赵　峰

　　一、新质生产力科学内涵的三个层次 / 110

　　二、新质生产力的要素支撑体系 / 118

　　三、加快形成新质生产力的制度保障 / 124

第六章　生产要素创新性配置与新质生产力 / 130　　　　　范　欣

　　一、加快发展新质生产力的理论逻辑 / 131

　　二、生产要素创新性配置与发展新质生产力的内在逻辑 / 146

　　三、新征程上通过创新生产要素配置方式来加快发展新质
　　　　生产力 / 155

第七章　产业变革与新质生产力 / 163　　　　　　　　　于　泽

　　一、生产力发展与产业变革 / 164

　　二、现代化产业体系是新质生产力的载体 / 168

　　三、我国产业结构转型升级的动力变化 / 169

　　四、深化改革推动现代化产业体系建设 / 173

第八章　"高水平开放"视角下的新质生产力与高质量发展 / 180

　　　　　　　　　　　　　　　　　　　　　　　　　　孙浦阳

　　一、以制度型开放促进国际要素流动 / 181

　　二、以服务要素和服务市场开放提供服务动能 / 188

　　三、建设一流市场环境，实现要素赋能发展 / 196

第九章　绿色发展与新质生产力 / 203　　　　　　　　　昌敦虎

　　一、新质生产力本身就是绿色生产力 / 205

　　二、新质生产力促进绿色发展的机制 / 212

　　三、绿色发展模式下新质生产力的持续提升 / 219

第十章　数字经济与新质生产力 / 229　　　　　　　　　　　李三希

　　一、数字经济与新质生产力的内涵与联系 / 230

　　二、数字经济促进新质生产力发展的机制 / 234

　　三、我国发展数字经济培育新质生产力的现状与问题 / 238

　　四、我国发展数字经济培育新质生产力的政策建议 / 245

第十一章　新质生产力与农业强国 / 251　　　　　　　　　　　熊雪锋

　　一、发展农业新质生产力的理论逻辑 / 254

　　二、发展农业新质生产力的基础条件 / 264

　　三、发展农业新质生产力面临的现实问题 / 269

　　四、发展农业新质生产力的思路、路径与政策 / 278

第十二章　新质生产力与高质量发展 / 284　　　　　　　　　　范志勇

　　一、高质量发展的内涵与特征 / 286

　　二、高质量发展与新质生产力的关系 / 291

　　三、政策建议与措施 / 297

开篇语：
新质生产力是建构中国经济学自主知识体系的重大原创性成果[*]

中国人民大学经济学院新质生产力研究课题组

习近平总书记2023年9月在黑龙江考察时提出"新质生产力"这一概念。2023年12月，中央经济工作会议强调"要以科技创新推动产业创新，特别是以颠覆性技术和前沿技术催生新产业、新模式、新动能，发展新质生产力"，对加快新质生产力的发展作出了战略政策举措上的安排。2024年1月，习近平总书记在中共中央政治局第十一次集体学习时强调"发展新质生产力是推动高质量发展的内在要求和重要着力点"[①]，并对新质生产力的特征及性质等进行了全面的理论阐述。再到不久前闭幕的全国两会上，"新质生产力"引起了热烈讨论，习近平总书记在参加江苏代表团审议时，特别提出了发展新质生产力当下应当注意的几个重大问题，以及需要遵循的基本原则。中国人民大学经济学院召开"新质生产力与高质量发展"专

---

[*] 原载《中国经济时报》，2024-05-15。
[①] 习近平在中共中央政治局第十一次集体学习时强调 加快发展新质生产力 扎实推进高质量发展. 人民日报，2024-02-02.

家研讨会，就新质生产力的概念、特征和政策等理论与实践问题进行了探讨。大家一致认为新质生产力是实现高质量发展这一中国式现代化首要任务的重要手段，是建构中国经济学自主知识体系的重大成果体现，是习近平经济思想的重要组成部分，是马克思主义政治经济学的重大创新性发展。

1. 新质生产力理论丰富发展了马克思主义生产力理论思想

生产力是马克思主义的核心范畴之一，在马克思主义理论体系中占有十分重要的地位。马克思主义通过阐明生产力与生产关系、经济基础和上层建筑的辩证关系，科学地揭示了人类社会发展的一般规律；通过分析社会化大生产与资本主义生产方式和生产关系的矛盾运动，揭示了资本主义社会经济发展规律和历史趋势，指明了人类社会发展的根本方向；马克思主义关于未来社会的理论是以生产力的高度发达和比资本主义时代更快发展为前提的。习近平新质生产力范畴和理论一方面继承了马克思主义生产力理论的精髓，即凸显了发展生产力特别是新质生产力对于推动经济发展特别是高质量发展的决定性意义；另一方面又丰富了马克思主义生产力范畴的内涵，从而发展了马克思主义生产力理论，即明确提出了"生产力质态"概念，从质和量有机统一的方法论角度深化了对于生产力及其发展规律的认识。新质生产力理论创造性地指出科技创新是影响劳动生产力的最关键因素，形成了科技创新引领的系统性生产力理论；通过把握生产力发展变化的阶段性特征，敏锐地把握了新一轮科技革命和产业变革对中国的影响；基于马克思主义政治经济学深刻揭示了创新包括新产业和新生产方式这两种具体形式。新质生产力是解决新时代社会主要矛盾的必然选择。我国当前面临的社会矛盾的主要方面在供给侧，标准化的供给体系不适应个性化、多样化的需求结构，从提出"经济新常态""供给侧结构性改革"，到"推动高质量发展"和"构建新发展格局",再到"建设社会主义现代化国家"和"发展新质生产力",归根到底就是要通过生产力的变革解决供给不适应需求的问题。

2. 新质生产力是习近平经济思想的重要组成部分

习近平经济思想是运用马克思主义基本原理指导我国经济发展实践形成的重大理论成果。在实现第二个百年奋斗目标进程的新发展阶段,必须以新发展理念为引领,以新发展格局为战略部署,推进现代化强国建设。新质生产力与新发展阶段、新发展理念、新发展格局共同构成习近平经济思想的理论体系。第一,现代化强国建设以强大的新质生产力为支撑。现代化强国具有强大的经济实力、先进的科技水平、现代化的经济体系等特征,建设现代化强国必然要求强大的新质生产力。第二,新发展阶段的发展需要形成新质生产力。新发展阶段的主题是实现高质量发展,推动高质量发展需要建立现代化产业体系,提高要素效率和科技进步贡献率,本质上就是要求形成并发展新质生产力。第三,新质生产力是符合新发展理念的先进生产力质态。新质生产力是以创新为主导的绿色生产力,发展新质生产力需要与传统生产力相协调,需要高水平的开放以营造良好的国际环境,从而更好地满足人民需要,因此新质生产力符合新发展理念。第四,新发展格局的构建需要以新质生产力的形成为基础。供给侧结构性改革作为新发展格局的主线,需要自主创新以突破供给约束堵点;扩大内需作为战略基点,需要依赖合理的分配和完善的要素市场;国内国际双循环相互促进需要高水平对外开放。现代化产业体系是新发展格局的基础,构建新发展格局的基本要点都指向形成和发展新质生产力。

3. 完整准确理解新质生产力的内涵

新质生产力以全要素生产率大幅提升为核心标志,特点是创新,关键在质优,本质是先进生产力。它包含四个方面的内容:科技革命实现从0到1的突破；智能和数据推动数字文明时代的产业革命；数据进入生产函数的新生产要素组合；与之相适应的新生产关系和制度变革。相较于传统生产力而言，新质生产力以"新"为起点，以"质"为关键，以"生产力"为落脚点，是在新兴技术引领下，以新产业、新业态、新模式快速涌现为重要特征，进而构建起新型社会生产关系和社会制度体系的生产力。发展新质生产力要认清所处历史方位和发展阶段，明晰阶段性主导生产要素、主导技术、主导产业等，尊重生产要素特性，动态调整传统产业与现代产业的关系，根据阶段性主要矛盾制定行之有效的战略举措，以实现阶段性发展目标。当前，提出发展新质生产力与我国所面临的国内国际形势息息相关，新质生产力是在我国建成社会主义现代化强国关键时期的重要竞争力。发展中国家比发达国家落后之处，不在于体量，而在于结构。结构提升就是效率禀赋提升，经济呈现的载体是产业，落脚点也在产业，只有一系列战略性新兴产业涌现，产业结构升级才能取得实质性进展。从大历史观来看，新质生产力的"新"是一个相对概念，在技术迭代式升级中动态调整。每一次工业革命都是生产力新的质的飞跃。纵观人类社会生产力发展史，新质生产力以科技创新为主导，以新产业新业态新模式为重要载体，在技术内生化作用下实现了生产活动效率和社会生产力总和的大幅提升。数字经济时代的新质生产力是狭义的新质生产力。

4.新质生产力是应对全球格局变动的战略举措

从世界经济的角度出发，习近平提出的"新质生产力"概念，是在世界经济格局发生重大变动的背景下，针对世界经济面临的新困境所提出的全面的战略性概念。在世界经济格局的变动中，有两个特征事实需要在战略的层面作出思考和回应：第一，在科技发展不断突破，高科技产业迅速发展的情况下，全球（包括发达国家）

的全要素生产率并没有得到明显的提升。这说明科技革命对经济增长的促进作用受到了制度因素的制约，包括国内的制度因素和全球的治理结构，因此发展新质生产力需要通过制度调整来释放科技革命对生产力的促进作用。第二，在世界经济格局变动的过程中，世界经济增长明显出现了增长分化的趋势。在这一背景下，不同类型的国家都出现了民粹主义抬头的现象，特别是西方发达国家，为了自身利益，它们在高科技领域采取"小院高墙"的贸易保护措施和技术封锁，这会进一步阻碍高科技对全球经济的推动，同时，对高科技的垄断也成为新一轮地缘政治博弈抑或冷战的手段。新质生产力在应对世界经济格局变动中具有两种不同层次的现实意义：其一，在短期中发展新质生产力是一种国别竞争的必然选择；其二，在长期中发展新质生产力则是探索高科技促进全球经济增长的中国模式的一项重要内容。

5.培育新质生产力的根本是发展数字经济

新一轮科技革命和产业变革突破的重点是数字技术，算法、算力和数据的进步共同推动人工智能技术代替人类脑力劳动，参与创新研究和知识生产。数据要素和其他要素创新组合，在生产、流通、消费和分配等社会生产过程中，发挥倍增效应、降本提质增效、促进创新。传统产业通过数字化转型，实现智能化、绿色化和高端化。平台作为一种新型组织方式，在满足消费者日益增长的个性化和多样化需求，促进数据驱动的个性化、智能化生产和服务，以及有效匹配供给和需求方面发挥了重大作用。在发展数字经济、培育新质生产力的过程中，也需要防范和降低技术变革带来的负面影响，包括技术替代劳动力，尤其是中产阶级劳动力所带来的失业问题和收入极化问题；数字素养与数字接入不平等带来的数字鸿沟问题；马太效应带来的不平等问题；信息传播导致的信息茧房与观点极化带来的社会冲突问题；技术赋能超级平台与政府带来的个人权利被过度剥夺的问题。

6.发展新质生产力是避免经济衰退的重要手段

近期，随着中国房地产市场进入调整期，市场上出现了关于中国是否会出现日本式衰退的讨论。以日本为蓝本构建的资产负债表衰退理论在国内也日益受到关注，对经济发展预期造成了一定的负面影响。通过考察全球经济发展历史可以发现，任何一次深度衰退都伴随着资产负债表的收缩，但唯独日本在陷入所谓的资产负债表衰退之后经济萧条长达三十余年，而同样出现资产负债表衰退的美国、欧洲等国家却可以克服萧条，实现经济复苏。其根本原因在于在长达三十余年的时间里，日本没有抓住全球信息技术革命的机遇，丧失了技术创新产业化的机遇。在这一时期里，日本的半导体产业在美国的打压下优势尽失；显示屏行业被韩国超越，移动通信行业没有出现如苹果、华为或者三星一样的企业，就连传统的汽车制造业也面临着中国新能源汽车的猛烈冲击。日本有像软银一样的世界级创投公司，却没有培育出一家世界级独角兽企业。由此可见，培育创新能力、发展新质生产力是应对当前我国出现的资产负债表收缩的重要途径。

7.发展新质生产力要注重共享发展

新质生产力的发展必然要求进一步全面、准确贯彻新发展理念。其中，共享发展理念要求发展成果更加均等化地惠及全体人民。大量国内外研究表明，新一轮科技革命和产业变革在一定程度上会带来机器替代劳动力的问题，造成中低技能劳动者的就业机会减少、收入下降，产生替代效应、收入和就业极化等现象，拉大收入差距。这些现象在发达国家和发展中国家都不同程度地存在。新质生产力对这些现象提出了明确的改革方向，需要运用制度重构和政策推动等方式缓解由技术革命性变革带来的收入差距和失业问题,实现共享发展。一方面,新质生产力要求重塑国民教育体系。除了培养高科技人才,还要高度重视发展职业教育,建立全生命周期的终身教育体系,加大技能培训力度;要高度重视教育公平,大力推动义务教育均等化、优质化改革,帮助农村地区、欠发达地区的儿童提升教育水平。另一方面,筑牢低收入群体的社会安全网,最大限度降低技术冲击对部分群体的负面影响;完善社会救助体系,为有劳动能力的低收入群体提供必要的就业帮扶,同时增加就业激励,实现从受助到自助的良性循环。

8.以新质生产力实现高水平开放

高水平开放是发展新质生产力的重要内容。通过开放,最大限度地用好全球创新资源,通过国内外人才(如科学家、工程师、企业家)、资本、技术等创新要素和服务要素的国际流动和全球交换,以全球共同的创新促进国家整体创新能力提升,有助于中国形成更深层次、更高水平、具有全球竞争力的开放创新生态,进而推动新质生产力的形成和发展。第一,以制度型开放促进国际要素流动。中国要逐步从政策层面开放向制度层面开放转变,从完善产业性政策向营造高质量的经济发展环境迈进,并在贸易规则、投资规则、生产管理和标准三方面,逐步实现国内外市场的有效对接与协调。这种国内外高标准的规则对接符合市场发展规律,将有效促进创新要素和服务要素的国际流动和全球交换,为提升新质生产力提供了重要的国际环境保障。第二,服务市场的开放发展成为高水平开放的重点任务。这将促进服务业发展与制造业发展的并联,为实现新质生产力的有效提升提供服务动能。第三,国家提供平等的市场环境,实现要素赋能发展。对国际国内企业一视同仁、加大对外商投资权益的保护,将成为未来我国营商环境建设的重要方向。这也从高水平开放视角，为如何通过市场环境建设为要素发展赋能，进而提升新质生产力提供了重要机遇。

9.发展新质生产力必须坚持制度建设

生产力的提高推动着人类文明发展，但它必然也是一个创造性破坏的过程，因此需要适当的制度安排来促进新质生产力的形成与推广并减少转型的阵痛。一是强调创新是引领发展的第一动力。由于创新活动，尤其是原创性、颠覆性科技创新活动往往需要持续较长时间，而且其结果还具有高度不确定性，因此加快发展新质生产力必须通过一系列制度建设来更加有效地激发和保护全社会的企业家精神。二是深刻认识到产业链、供应链的韧性和竞争力是大国竞争的关键。这就要求我们在扩大高水平对外开放的同时，还需要靠制度建设来推动国内产业链、供应链优化升级，并保证产业体系自主可控、安全可靠。三是积极拥抱数字经济时代。中国必须深入推进数字经济创新发展，积极推进数字产业化、产业数字化，促进数字经济和实体经济深度融合，而这就要求通过制度建设促进优质数据要素的生产与交易。四是高质量发展的基础和内核是先进生产力，其核心标志是全要素生产率大幅提升。由于地方政府在发展新质生产力中扮演着极其重要的企业家角色，它不仅要创造性地营造良好的营商环境，还要指导地方国企、产业引导基金积极参与各种创新活动和产业链建设，因此必须优化政绩考评制度，避免地方政府间过度竞争而导致严重的重复建设和产能过剩。

10.发展新质生产力必须建设法治化营商环境

第一，高质量的契约执行与知识产权保护，是高科技产业比较优势的最重要来源。越是高端的行业，其涉及的产业内、产业间分工越是细密、复杂，产业链越长，产品内含的知识属性越重要，从而越需要企业之间的协作配合。公平、公正、有力的契约执行和强有力的知识产权保护，是促进企业之间顺利协作的根本保障。第二，法治化营商环境是实现"以竞争促创新"的前提条件。创新具有高投资、高风险的本质属性，在市场竞争激烈的环境下，如果缺乏知识产权保护，企业就不能充分享受创新带来的潜在知识产权收益，更不会从事创新冒险。这一点在中国当前扩大进口、扩大开放的背景下，尤其值得我们注意。第三，法治化营商环境是实现"以开放促创新"的前提条件。进一步扩大开放、降低中间品与资本品的进口关税，一方面，可以促进外国技术转移与本土企业自主创新；另一方面，也可能导致企业采取"拿来主义"，更多地依赖于外部产品和技术。在知识产权保护力度不够时，企业的创新收益无法得到保证，企业会更倾向于"拿来主义"，以进口来替代自主创新。第四，经济政策、营商环境的不确定性是创新的重要阻碍。政策不确定性是创新的巨大阻碍因素。完善的市场制度、法治化营商环境可以给企业带来较为稳定的经济预期，而经济政策则通常较为易变和不可预期。就促进创新而言，中国政府在治理经济时，需要尽可能以完善的市场制度、法治化营商环境来代替各种临时性经济政策。

11. 发展新质生产力必须遵循客观规律

一是发展新质生产力要遵循科技创新的客观规律。要注重科技创新人才的功能聚集，贯通教育体制和科研体制，跨越科技创新人才培养能力集成的鸿沟。培养既有科学家独立深邃的思考性，又有工程师开辟技术路线的创造性，还有企业家对产业风险和市场风险的承担能力和驾驭能力的人才队伍。要对冲颠覆性科技创新存在"死亡之谷"的风险，警惕科技创新投资的归零效应。大国创新要注重均衡，避免"卡脖子"问题，对可能遇到的蜂王效应、修昔底德陷阱要做好充分准备。二是发展新质生产力要遵循产业结构演进的发展规律。中国式现代化的特点和西方现代化历史相比，不是简单的串联，而是新型工业化、新型城镇化、农业现代化和信息化"四化"协同发展的并联，并联意味着有更多的机会，但也有选择上的困难。产业结构演进尤其要注重极化效应，即要注重生产力的空间布局。资源配置和布局的第一原则是效率，生产力的区域布局和产业布局，应把要素和效率的提高、竞争能力的提高放在首位。要培养创新中心发展极，带动经济增长，其他地方要因地制宜、实事求是谋求发展。三是发展新质生产力要遵循市场竞争的客观规律。在社会主义市场经济条件下，新质生产力的发展对新型生产关系提出了全面改革的要求，包括亟须建立充分发挥科技、教育各方面作用的经济体制。要高度重视政府和市场的关系。影响国家安全底线但非经济的重大科技，市场对此没有动力，就要重视发挥政府规划的作用；可以商业化、产业化和市场化的科技，市场和企业对此会更加敏锐，政府就要起维持秩序的作用。要重视处理好市场中大企业和小企业的关系。跨产品生命周期、跨产业领域的创新，需要风险承担能力强、筹资能力强、持续投资和应对归零效应能力强的大企业进行；小企业主要在单一产品、单项技术的不同周期发力创新，小企业和大企业各有分工。不能简单将大小企业理解为国有企业与民营企业，要深化国有企业改革，加快简政放权。要重视供给和需求均衡双向发力。在中央经济工作会议上，习近平强调要"统筹扩大内需和深化供给侧结构性改革"，需求牵引供给，供给创造需求，形成良性动态平衡。发展新质生产力和深化供给侧结构性改革不能脱离市场需求的牵引。

12. 发展新质生产力要把握的几条原则

第一，发展新质生产力是一个长期动态发展的过程，核心是实现结构性调整，这就需要处理好短期与长期、静态与动态、总量与结构、供给与需求的关系。处理好发展新质生产力中短期与长期的关系问题，需要从解决长期问题的需要出发，提出解决短期问题的建议，设计解决短期问题的可行方案。处理好发展新质生产力中静态与动态的关系问题，需要从长期经济增长出发，实现静态问题动态化。处理好发展新质生产力中总量与结构的关系问题，需要在经济发展中着重处理结构性问题的同时，兼顾总量增长。第二，发展新质生产力以全要素生产率的大幅提升为核心标志，需要处理好供给与需求的关系。针对近年来（工业）全要素生产率呈现下降趋势等问题，要发挥好供需协同效应，使扩大内需战略与深化供给侧结构性改革有机结合，形成"提高供给质量→满足现有需求、挖掘潜在需求→促进需求升级→引领供给升级→……"的高水平供需协调机制。第三，坚持系统观念，全面辩证看问题。发展新质生产力是一个系统性工程，政府、企业、高校院所等都扮演着重要角色，需要共同努力。政府要发挥好引导作用，制定并实施有利于科技创新的政策措施；企业作为科技创新的主体力量，要发挥市场机制在资源配置中的决定性作用；高校院所则是科技创新的重要源泉之一，需要发挥人才和科研优势，为科技创新提供重要支撑。原创性、颠覆性科技创新，需要一个更加开放、包容、协同的创新环境，这离不开政府、企业、高校院所等多方的共同努力。同时，新质生产力也需要与之适配的新型生产关系，需要全面深化改革开放，打通束缚新质生产力发展的堵点卡点，释放新动能新活力，为原创性、颠覆性科技创新提供良好环境，进而实现经济高质量发展。

第一章
科学认识与切实发展新质生产力

刘 伟[*]

2023年9月，习近平总书记在黑龙江考察时提出了"新质生产力"这一崭新的经济学理论范畴，指出要"整合科技创新资源，引领发展战略性新兴产业和未来产业，加快形成新质生产力"[①]。2024年1月中共中央政治局第十一次集体学习中，习近平总书记进一步阐释了新质生产力的内涵和特点，就理论概括而言，"新质生产力是创新起主导作用，摆脱传统经济增长方式、生产力发展路径，具有高科技、高效能、高质量特征，符合新发展理念的先进生产力质态。"就实践需要而言，"发展新质生产力是推动高质量发展的内在要求和重要着力点，必须继续做好创新这篇大文章，推动新质生产

---

[*] 原载《经济研究》，2024，59（3）：4-11。刘伟，中国人民大学原校长，中国人民大学全国中国特色社会主义政治经济学研究中心主任，国家一级教授。

[①] 习近平在黑龙江考察时强调 牢牢把握在国家发展大局中的战略定位 奋力开创黑龙江高质量发展新局面.人民日报，2023-09-09.

力加快发展。"① 2023 年 12 月召开的中央经济工作会议对培育和推动新质生产力发展作出了进一步的战略部署和政策安排。中央各部门和各级地方政府围绕如何发展新质生产力作出积极建设性回应。什么是新质生产力？为什么要发展新质生产力？怎样发展新质生产力？这些问题成为我国经济理论和发展实践需要深入研究和探索的重大问题。

一、新质生产力是经济学理论上的重要创新和发展

1. 新质生产力的基本内涵

所谓新质生产力，正如习近平总书记所阐释的，"以劳动者、劳动资料、劳动对象及其优化组合的跃升为基本内涵，以全要素生产率大幅提升为核心标志，特点是创新，关键在质优，本质是先进生产力。"从根本上说，生产力是人类运用生产资料，通过与自然之间能动的劳动过程创造财富的能力，即劳动者运用劳动资料作用于劳动对象形成的生产能力。正如马克思所概括的，作为生产力的集中体现，劳动生产力的构成要素包括"工人的平均熟练程度，科学的发展水平和它在工艺上应用的程度，生产过程的社会结合，生产资料的规模和效能，以及自然条件"②。也就是说，生产力是人类与客观物质世界能动过程中的劳动生产力，其构成要素包括劳动者、生产资料、自然条件，其组合方式包括技术方式和社会结合。

从自然形式上看，这种生产力包括质和量两个基本方面的规定。生产力的"质"的规定主要在于由相应科技水平决定的生产力的要

---

① 习近平在中共中央政治局第十一次集体学习时强调 加快发展新质生产力 扎实推进高质量发展.人民日报，2024-02-02。本文中，如无另外注释，习近平总书记的讲话原文出处均与本注同。

② 马克思.资本论：第 1 卷.2 版.北京：人民出版社，2004：53.

素及构成的有效性，即要素禀赋和全要素生产率。之所以说科技是第一生产力，就在于科技决定生产力的"质"，进而决定要素禀赋和全要素生产率。生产力的"量"的规定主要在于由既定生产要素数量和投入决定的生产力的产出规模，即财富生产数量和相应的生产量的可能性区间。从社会形式上看，这种生产力作为人类与自然之间能动的变换过程中形成的创造财富的物质力量，具有社会历史形态和自然物质形态两重形态。社会历史形态的生产力本质上是指生产的社会方式，即生产关系。自然物质形态的生产力（物质生产力）的质和量的特征，从根本上决定了社会历史形态的生产力（社会生产力）的性质和发展趋势，正如马克思指出的："手推磨产生的是封建主的社会，蒸汽磨产生的是工业资本家的社会。"① 社会历史形态的生产力的结构和历史特征，从制度上制约着自然物质形态的生产力发展和解放的可能。马克思曾指出，资本主义生产方式所推动的生产力发展比以往的总和还要多。根据马克思主义唯物史观，人类社会正是在这种生产力的自然物质形态和社会历史形态的对立统一矛盾运动中实现发展的，马克思主义经济学也是在阐述这一矛盾运动过程的基础上揭示人类社会经济发展规律的。之所以说生产力是人类社会发展进程中最活跃、最具革命性的力量，首要原因就在于在自然物质形态和社会历史形态的对立统一矛盾运动中，生产力发展的技术创新性和制度革命性。

首先，新质生产力强调，自然物质形态的生产力发展的关键在于质的变革，即生产力要素禀赋和组合方式的深刻变革，从而大幅提升了全要素生产率。而根据要素禀赋和组合方式的变革以及在此基础上的全要素生产率大幅提升的内在逻辑，创新驱动是核心动能，

---

① 马克思，恩格斯.马克思恩格斯文集：第1卷.北京：人民出版社，2009：602.

是生产力质的变革的突出特征。因而，科技是第一生产力，人才是第一资源，创新是第一动力，这些是培育新质生产力的重要发展规律。正如习近平指出的："科技创新能够催生新产业、新模式、新动能，是发展新质生产力的核心要素。"只有以创新驱动为主导，培育发展新质生产力的新动能，才能根本改变经济增长方式，为经济量的合理增长和规模扩张创造新的可能和结构空间，深刻改变生产函数，以适应经济社会发展进入新阶段后的目标函数和约束函数变化的要求，在新质生产力的基础上，实现中国式现代化所要求的经济量的发展目标。以量的合理增长体现质的变革效率，实现新质生产力推动的经济发展的质的有效提升和量的合理增长的统一。其次，新质生产力强调，生产力发展的关键在于生产关系完善，即基本制度和生产方式的变革。人类社会经济发展历史、改革开放以来中国特色社会主义创造的经济社会发展奇迹，特别是我国进入新时代以来所取得的历史性发展成就，都表明制度创新和体制改革对于解放和发展生产力具有决定性意义。新质生产力的发展对完善中国特色社会主义制度、构建高水平社会主义市场经济体制提出了更为深刻的历史要求。[①]

从要素禀赋和全要素生产率提升来看，我国改革开放以来所取得的进展，其重要动因在于改革开放，或者说社会主义市场经济体制的改革和完善。中国特色社会主义基本制度从"初稿"到成熟定型，在相当大的程度上可以解释中国经济发展为什么具有活力和效率，从而不同于西方学者所说的"东亚泡沫"。伴随中国式现代化进程的深入，中国特色社会主义制度将更加完善（2035 年）、更加巩固（2050 年），其解放和发展生产力的作用会更加显现，提升生产力要

---

① 新质生产力是实现中国式现代化和高质量发展的重要基础. 光明日报，2023-10-17.

素禀赋和全要素生产率的能力会更加突出。

2. 马克思恩格斯经典作家关于生产力学说的主要变革

在经济思想史中,"生产力"范畴的提出是与要素生产力联系在一起的,西方早期经济思想,如重农主义、重商主义等,所总结的劳动的生产性,即生产劳动以及与之相联系的生产过程中不同生产要素的生产能力,都是指具体的要素在提供或创造财富中的作用及作用大小。例如,重农主义提出农业是最具生产性的,因而土地是最重要的生产要素;重商主义则强调商业是最具生产性的,因而贸易,特别是国际贸易最具创造财富的能力。直到古典经济学顺应产业革命的历史趋势,提出制造业具有生产性,如亚当·斯密在《国民财富的性质和原因的研究》中就特别强调,虽然农业提供"纯产品"因而具有明显的财富生产性,但制造业同样具有生产创造性,而不仅仅是改变已有的财富形态,从而在生产力理论上为工业制造业的发展作出了重要的理论回应。[①] 同时,斯密在劳动价值论之外提出的第二种价值学说,把生产要素划分为劳动、资本、土地三大类,并将其归结为价值的源泉,分别形成工资、利息、地租,奠定了资产阶级要素价值论的最初基础。后来的庸俗经济学更突出强调要素生产力,如萨伊所提出的(客观)效用(服务)价值论,就不仅把要素特别是资本、自然资源等与劳动一道作为生产力的构成要素,作为生产财富的创造性源泉,而且把价值的创造性源泉归结为要素生产力,即客观要素价值论。西方主流经济理论在一定意义上沿袭了这一传统。[②]

马克思主义生产力理论及相应的生产劳动学说,同样承认生产

[①] 高帆."新质生产力"的提出逻辑、多维内涵及时代意义.政治经济学评论,2023(6):127-145.

[②] 李政,廖晓东.发展"新质生产力"的理论、历史和现实"三重"逻辑.政治经济学评论,2023(6):146-159.

力的基本构成是各类生产要素及其组合，并将其大体概括为劳动者、劳动资料、劳动对象等不同类别，这些生产要素以一定的技术方式和制度方式组合形成系统的生产力。但不同于资产阶级经济学关于生产力的学说，马克思关于生产力的学说，一是在自然物质形态上，除了承认不同要素具体的生产性及生产能力之外，更集中强调在人与自然之间能动的物质交换过程中形成的生产力的一般性和客观性，即物质生产力，并且在阐释生产力的客观物质一般性的过程中，尤其强调人作为劳动者的能动性和重要性，人是生产力系统中最重要的要素，即最重要的是劳动生产力。二是在讨论劳动与价值源泉的关系时，马克思承认包括各种劳动资料和自然资源以及劳动力等在内的生产要素对于使用价值形态的财富生产具有不可或缺性，对于产品的生产也有不可替代的贡献。但就商品价值而言，只有劳动者的活劳动创造价值，人类抽象劳动是价值的唯一源泉，价值是一种特定的社会历史关系，不是一般意义上的"效用"。这不仅深刻指出了庸俗经济学效用价值论（服务价值论）的根本谬误，而且克服了（亚当·斯密）的古典经济学在价值论上的二元性局限。三是马克思关于生产力的自然物质形态分析与社会历史形态分析是相互联系的辩证统一体。马克思在关于生产劳动的学说中分析劳动的生产性过程时，生产性是从自然和社会两方面统一中定义的。生产劳动一方面要创造财富，生产具体的使用价值（有用性）；另一方面要体现特定社会历史生产性质，体现一定的生产关系（社会性）。比如资本主义生产（劳动）作为物质生产必须创造财富，体现大机器工业的生产能力；作为社会生产必须创造剩余价值，体现资本雇佣劳动的生产目的。二者缺一不可，即缺少其中任何一个方面都不能称其为资本主义社会条件下的生产（劳动），从而克服了资产阶级经济理论将生产的自然物质形态与社会历史形态割裂开来的倾向。

3.新质生产力理论对马克思主义生产力学说的重要发展

生产力经济理论强调生产力自然形态构成上的发展和时代化。如果说古典经济学生产力学说是对制造业工业革命的历史回应，马克思主义生产力学说是对大机器工业化发展的科学回应，那么新质生产力理论则更体现对信息时代科技创新驱动下的产业革命作出时代性历史性回应，赋予新质生产力"质"的新结构性定义，强调新质生产力"质"的变革核心是要素禀赋变革及相应的全要素生产率提升，使马克思主义生产力学说更具经济技术发展的时代化新特征。新质生产力的"新"是一个历史发展的概念，具有突出的相对性和不确定性，从物质生产力本身的发展历史进程来看，这实质上是新的生产力逐渐改造和替代旧的生产力的迭代式升级过程。这个升级过程的核心动能在于生产要素"质"的变革和生产要素技术组合方式（生产函数）的根本改变，即要素禀赋变革和全要素生产率提升，从而推动产业和产业结构的变化、演进。新质生产力的发展、迭代以新产业培育为基础，产业结构演进是全要素生产率提升的函数，全要素生产率提升则是技术创新的函数，产业和产业结构的变化则是这种技术创新和全要素生产率提升的体现和载体，进而形成系统性的生产能力迭代，这种迭代界定了生产力发展的历史进程。从人类文明发展史来看，生产工具经历了从石器、铜器、铁器、机器直到当代数字智能工具的变化；动力演进经历了从自然力（人力、畜力、风力、水力等）到机械力（热力、电力等）再到当代智能网力、算力的变化；产业体现经历了从渔猎、农耕到工业再到服务业的变化。尤其是纵观历次产业革命，第一次产业革命以以蒸汽机为标志的机械化技术为突破，带动纺织、交通运输、煤炭、钢铁等资源型产业发展；第二次产业革命以以电力为标志的电气化技术为突破，带动汽车、飞机等重工业和石化等能源产业发展；第三次产业革命以电子计算机、人工合成材料等信息化技术为突破，带动电子信息、移动通信、互联网等信息产业和新技术、新装备、新能源、新医药等高新技术产业发展；第四次产业革命则以大数据、云计算、物联网、区块链、人工智能等数字技术为突破点，带动以数字科技、能源科技、材料科技、生命科技和先进制造业为代表的战略性新兴产业实现生产力飞跃。[①] 新质生产力理论从物质生产力发展的历史进程出发，对新一轮产业革命作出理论回应，这既是对马克思主义生产力学说的运用，更是对新时代生产力演进规律的揭示。[②]

政治经济学理论强调要素禀赋和全要素生产率是新质生产力的核心。这就要求在理论上对全要素生产率进行"术语革命"，资产阶级经济学的要素禀赋论和全要素生产率范畴是建立在效用价值论基础之上的，马克思主义生产力学说所说的物质生产力和劳动生产力等要素生产力思想是建立在劳动价值论基础之上的。因此，新质生产力提出的全要素生产率并不是否定马克思劳动价值论，更不是对资产阶级传统效用价值论的沿用，而是指在生产自然物质的技术意义上创造财富和使用价值的效率，不是指商品价值源泉意义上的创造。另外，在社会主义市场经济条件下，财富和使用价值（产品）的存在形态仍然是商品货币形态，其运动过程仍然是市场竞争机制，因而要素本身仍然是商品，要素系统性集合为生产力所创造出的财富（使用价值），仍然要以商品价格总额的形式存在。所以，要素效率和全要素生产率的提升，既可以体现为具体的使用价值生产上的具体劳动效率的提高，也可以体现为商品价格总额以及产出水平的

[①] 洪银兴. 发展新质生产力，建设现代化产业体系. 当代经济研究，2024（2）：7-9.
[②] 赵峰，季雷. 新质生产力的科学内涵、构成要素和制度保障机制. 学习与探索，2024（1）：92-101，175.

提升。①把全要素生产率范畴引入新质生产力，引入中国特色社会主义市场经济条件下的高质量发展命题，是对马克思劳动价值论的创造性坚持。

发展经济学强调中国作为最大的发展中国家，其发展逻辑的新突破。在经济发展史上，尤其是二战后许多落后的国家在政治上获得独立之后，发展命题成为其面临的首要问题。而实现发展的战略选择和政策方案又大都源自西方发达国家的经济学家，形成所谓的"发展经济学"，但成效并不显著。其中一个基本逻辑是发展中国家在经济发展水平和结构状况上以发达国家的现代经济发展水平和结构状况作为其实现发展赶超的目标，从而确定经济增长目标和结构演进规划。结果，发展中国家的人均 GDP 与发达国家的差距并未真正缩小，反而有所扩大，产业结构质态演进不仅没有实质性提升，反而在更大程度上被定义在全球产业链和价值链的低端。实质上，这种以发达国家现代化状况为目标，追随发达国家历史轨迹亦步亦趋的发展方式，是根本不可能实现发展赶超的；再加上制度上长期形成的现代化等同于西方化的错误观念，把资本主义私有化、市场化、自由化作为实现现代化的唯一道路，使得发展中国家既缺乏真正的科技创新，又缺乏有效的制度创新。我国经济社会发展取得的历史性成就和创造性奇迹，表明只有打破这种发展战略和制度安排上的西方化观念，才能走出真正符合国情和实际的现代化道路。在经济社会发展进入新阶段、约束条件和发展目标均已发生深刻变化的基础上，我们只有坚持开拓中国式现代化，才能真正实现发展。

新质生产力的理论和实践不仅具有发展的可能性，而且具有紧迫的实现的必要性。从发展的可能性上说，一是我国经济社会发展

---

① 范欣，刘伟.全要素生产率再审视：基于政治经济学视角.中国社会科学，2023（6）：4-24，204.

为新质生产力发展创造了一定的物质条件,我国已经进入世界创新型国家行列,某些领域和产业已经具有领先或并跑优势。二是当下科技革命和产业变革的重要时代特征和规律为我国新质生产力的突破性发展创造了机遇,特别是在战略性新兴产业和未来产业中,许多方面的技术创新都具有鲜明的前沿性和开创性,"无人区"的存在可能降低对原有科技创新路径的依赖程度,为我国和发达国家提供大体相同的起跑线,使我们在一些领域可能摆脱"后发"劣势并实现赶超,科技创新的突破性发展的不确定性本身也提供了赶超的可能。[1] 三是中国超大规模的市场和相应的经济体量,不仅为新的生产力发展和相应的技术创新、产业突破提供了有利的市场条件和应用场景,而且可以降低创新的成本和风险,提升创新的市场竞争力。从实现的必要性上说,一是在新的约束条件下,特别是在绿色化、数字化发展以及人口年龄结构等方面发生系统性改变的环境下,仍然沿袭原有的发展方式很难实现中国式现代化目标,必须贯彻新理念,培育新质生产力,才能实现质的有效提升和量的合理增长。二是在国际竞争新格局下,我国与发达国家之间的互补性逐渐减弱,竞争性不断强化,在原有的分工体系和结构格局下,很难实现可持续发展。必须在战略性新兴产业和未来产业中与发达国家展开竞争,才有可能在国际分工和产业体系中获得生存力、竞争力、发展力、持续力,新质生产力的发展是新发展阶段构建新发展格局的必然要求。新质生产力理论立足当代科技革命的世界潮流,立足中国经济社会发展的实际,系统地突破了西方经济发展理论的基本逻辑,是推动中国式现代化进程的重要理论指引。

---

[1] 新质生产力的发展经济学意义.光明日报,2024-02-20.

二、新质生产力的发展实践需要遵循客观经济规律

1.新质生产力的发展载体是现代化产业体系

新质生产力发展和培育的动能首先在于创新，包括技术创新和制度创新，从而带来要素禀赋的变革和赋能，带来要素效率和全要素生产率的提升，形成新的产业革命和产业结构质态演进。一方面，经济社会发展的实质在于产业结构的变革。事实上，工业化、信息化、智能化等反映现代化进程阶段性特征的概括，本质上都是指产业结构的时代变革，而不仅仅是经济规模的扩张。虽然结构质态的变革必然带来经济量的提升，但量的规模扩张并不等于经济结构质态演进意义上的发展。另一方面，经济社会发展的困难也在于产业结构的升级。因为结构转换是长期的，而量的增长在短期内可以实现；结构失衡是深刻的矛盾累积，而总量失衡可以通过宏观政策取得明显改善；结构转换的动能在于技术创新，而创新具有极为突出的不确定性；技术创新对制度创新有着深刻全面的要求，而制度创新又是极其复杂的社会变革过程。发展中国家的结构失衡远比总量失衡深刻，我国经济社会发展与发达国家的差距不仅体现在量的方面，特别是人均水平，更主要的是体现在质的方面，即全要素生产率较低基础上的产业结构差异。新质生产力切中了发展的要害，正如习近平同志所强调的，新质生产力"由技术革命性突破、生产要素创新性配置、产业深度转型升级而催生"。

科技创新是发展新质生产力的核心要素，是培育发展新质生产力的新动能，新兴产业和结构升级是新质生产力的载体，要想将科技创新切实体现为新质生产力，就必须将科技创新产业化，"改造提升传统产业，培育壮大新兴产业，布局建设未来产业，完善现代化

产业体系。"正如2023年12月召开的中央经济工作会议所部署的，"要以科技创新推动产业创新，特别是以颠覆性技术和前沿技术催生新产业、新模式、新动能，发展新质生产力。"这次会议同时明确提出，"打造生物制造、商业航天、低空经济等若干战略性新兴产业，开辟量子、生命科学等未来产业新赛道，广泛应用数智技术、绿色科技，加快传统产业转型升级。"尤其是在世界经济进入新旧动能转换期，物联网、大数据、云计算、人工智能等新技术新业态急速发展的背景下，以不断提升的算力为基础，推动传统产业和动能改造转换，培育战略性新兴产业和新动能，催生未来产业，日益成为发展竞争力的根本。我国迫切需要在改造传统动能方面以数字技术推进实体经济发展，尤其是推动制造业智能化，提升制造业的全要素生产率、产业链的水平和韧性，促进智慧农业创新发展。在发展战略性新兴产业方面加快数字经济赋能、提升数字经济在战略性新兴产业中的渗透率。[①] 以数字化引领和推动未来产业的技术突破，在培育未来产业方面找准未来的基础前沿和关键技术领域，把握未来科技演进和发展趋势，激活未来产业发展新势能，特别是要重视人们普遍关注的"健康、数智、绿色"三大方向。[②] 美、英、日、欧等都在制定并发布战略性新兴产业和未来产业规划，我国工业和信息化部、教育部、科技部等七部门联合发布的《关于推动未来产业创新发展的实施意见》将未来制造、未来信息、未来材料、未来能源、未来空间、未来健康等六领域作为新赛道和重要方向。

2. 推动新质生产力发展要遵循经济社会发展的科技创新规律

一是科技创新不能脱离经济社会发展所提供的可能性和所提出

[①] 平新乔. 新旧动能转换与高质量发展. 人民论坛，2024（2）：14-18；加强数字技术创新与应用 加快发展新质生产力. 光明日报，2023-10-03.

[②] 全球比拼布局未来科技与未来产业. 光明日报，2024-02-08.

的要求。科技创新具有超前性、探索性和结果的不确定性等特点，但总体上必须立足于经济社会发展实际和演进趋势，科技创新本身就是新质生产力及与之相适应的经济发展的内生因素，科学研究的偏好应当与社会经济发展中的"真问题"结合起来才有真正的价值。

二是必须遵循科技是第一生产力，人才是第一资源，创新是第一动力的生产力发展内在逻辑。人力资本的积累和质态的提升是科技创新和运用的重要基础，科技创新推动新质生产力发展，人力资本的积累相对于经济发展必须具有超前性。① 这是经济社会发展的客观历史规律。在体制机制上，需要"畅通教育、科技、人才的良性循环，完善人才培养、引进、使用、合理流动的工作机制。要根据科技发展新趋势，优化高等学校学科设置、人才培养模式，为发展新质生产力、推动高质量发展培养急需人才。"在发展战略上，"要实现科教兴国战略、人才强国战略、创新驱动发展战略有效联动""坚持原始创新、集成创新、开放创新一体设计，实现有效贯通；坚持创新链、产业链、人才链一体部署，推动深度融合。"②

三是需要重视发展中大国的特殊性。一方面，大国经济结构的完整系统性、大国经济均衡的基本内向性，要求创新驱动具有全面性，不能存在严重受制于人的关键性短板。加快科技自立自强步伐，解决外国"卡脖子"问题，无论是对我国结构升级、经济畅通，还是对高水平安全都具有生死攸关的意义。另一方面，新质生产力的先进性，要求以科技创新推动质量变革、动能变革、结构变革，不仅要求具有与自身相比的发展成长性，而且要求在高水平开放环境下，在激烈的国际竞争中与发达国家相比具有竞争力；不仅在经济总量上增强对世界经济的影响力，而且在产业分工的全球格局中具

---

① 刘伟，张立元. 经济发展潜能与人力资本质量. 管理世界，2020（1）：8-24，230.
② 习近平. 加快构建新发展格局 把握未来发展主动权. 求是，2023（8）：4-8.

有结构性制约力。因而，作为最大的发展中国家，我国以创新推动新质生产力发展既要"补短板"，提升产业链韧性和安全性，守住大国经济健康发展的底线，又要"壮强项"，"使我国在重要科技领域成为全球领跑者，在前沿交叉领域成为开拓者，力争尽早成为世界主要科学中心和创新高地。"①

3.推动新质生产力发展要遵循经济社会发展的结构演进规律

一是经济社会发展质态变革的实质在于产业结构的优化升级，经济社会发展的真正障碍和困难在于结构变革中的一系列矛盾。发达国家与发展中国家的差距不仅体现在经济量的水平上，更重要的是体现在国民经济结构上，这种结构性差异是量的水平差异的根本原因。发展中国家在经济社会发展不同阶段面临的主要矛盾主要在于经济结构失衡和产业结构高度不够，无论是低收入阶段的贫困陷阱（马尔萨斯陷阱），还是解决温饱之后的中等收入陷阱，本质上都是结构性矛盾作用的结果。②而这种经济结构质态落后的直接原因又可以归结为创新力不足所导致的全要素生产率低下。全要素生产率低下带来的生存力、竞争力、发展力、持续力匮乏，不仅使经济增长严重失衡，难以实现健康、安全、可持续发展，而且使产业被长期定义在全球产业链、价值链的低端，进一步降低经济的稳定性并加剧其依附性。新质生产力的培育和发展必须紧紧围绕创新驱动促使生产要素禀赋变革、全要素生产率提高这一核心，紧紧抓住产业变革、结构升级这一关键，否则便会失去其应有的发展意义和先进性。

二是科技创新驱动的产业变革和产业结构演进总体上具有一定

---

① 习近平.加快构建新发展格局 把握未来发展主动权.求是，2023（8）：4-8.
② 刘伟，范欣.中国发展仍处于重要战略机遇期：中国潜在经济增长率与增长跨越.管理世界，2019（1）：13-23.

的客观历史逻辑性。在先行实现现代化的发达国家的经济发展史上，所谓第一、第二、第三产业的发展和结构升级在历史上是递进的，也就是说工业革命和工业化的深入是以农业发展达到相当水平为基础，以农业现代化为条件的；而第三产业的发展又是以工业化发展到一定水平为基础的，即所谓"后工业化"特征的体现。在当下进入第四次产业革命时期，产业变革和结构升级仍然要遵循发展的内在逻辑，没有农业的现代化，尤其是乡村振兴，没有坚实的工业化，尤其是新型工业化，没有强大的实体产业，尤其是对传统产业的改造，也就不可能有真正智能化、数字化经济的发展基础和应用场景，新质生产力的发展应当避免产生"虚高度"。① 发展中国家要发挥"后发优势"，不是一味"跟跑"，而是可以借鉴发达国家的历史经验及教训，特别是吸收其科技创新成果，降低自身的发展成本，实现重要领域的突破甚至"领跑"。但这一定要建立在牢固的发展基础之上，不能超越经济社会的可能和需要。主观地提升产业结构高度、唯心臆想地制定政策，只能加剧经济泡沫、创新泡沫，从而增加发展成本和风险，最终还是要被经济发展的客观历史逻辑强行纠正过来。由此，国民经济发展将会付出高昂的代价，错失真正的历史机遇，使现代化目标的实现进程严重迟滞，甚至中断。历史上我国在"大跃进"时期大炼钢铁强行提升工业化水平就是严重的教训，现阶段存在的脱实向虚的结构性矛盾更须纠正。目前许多发展中国家之所以会形成巨大的发展泡沫，重要原因也在于脱离实际、脱离效率，盲目推动产业变革和结构升级。事实上，在现阶段，结构演进的重点在于协调好新型工业化、新型城镇化、农业现代化、信息化等方面的关系，处理好传统动能升级、战略性新兴产业发展、未来产业

---

① 刘伟，杨云龙.工业化与市场化：中国第三次产业发展的双重历史使命.经济研究，1992（12）：3-11.

培育之间的关系。

三是在战略性新兴产业和未来产业的培育过程中，在"无人区"的科技创新具有更突出的不确定性，尤其是在当前世界科技、经济社会发展进入结构迭代、动能转换的深刻变革期，这种不确定性更为显著，使得我们在某些领域有可能率先实现赶超或突破。这是由科技革命推动的产业革命进入急剧变革期的特点，同样具有客观规律性。[1] 新质生产力的先进性必须体现这一客观规律的要求，以一些关键领域的战略性新兴产业突破带动经济结构质态升级，以一些重要方面的未来产业的先行培育引领结构演进方向。事实上，我国作为发展中大国所具有的"后发优势"的重点在于产业结构的演进，并不完全等同于发达国家历史上产业的纵向逻辑迭代（串联式）。在我国达成工业化目标、进入新型工业化阶段的背景下，农业现代化的深化和信息化、数据化、智能化的推进，世界科技创新和产业演进的大趋势以及全球化的变化，在带来新的历史性挑战的同时，也为我们创造了多种新的选择机遇（并联式）。[2] 我们需要切实把握住这种历史机遇，将产业结构升级和经济社会质态演进的内在逻辑统一起来。

四是在我国这样一个超大经济体中，在其资源禀赋和经济社会文化发展水平及特点存在显著区域差异的条件下，发展新质生产力需要尊重生产力空间布局规律。一方面，在体制上我国自古以来就是集中统一但又郡县分设。中华人民共和国成立以来建立的经济体制与苏联计划经济体制重要的不同之处也在于"条块"分设，注重调动中央和地方两方面的积极性，在一定程度上弱化了苏联计划经

---

[1] 以新质生产力打造发展新优势.经济日报，2023-12-12.
[2] 黄群慧."十四五"时期深化中国工业化进程的重大挑战与战略选择.中共中央党校（国家行政学院）学报，2020（2）：5-16.

济体制垂直管理的僵化性。虽然其中存在条块之争的矛盾，但总体来说更具活力。改革开放以来这一特点更为突出，新质生产力要落地，既要有国家战略性顶层规划，又要有地方具体贯彻实施，需要在利益机制和政策决策执行机制两方面保障积极性，这是我国国情的客观要求。另一方面，在产业布局上，既要有全国一盘棋的统一系统性，又要尊重不同地区的资源禀赋和发展水平及历史文化的不同。新质生产力的空间布局需要体现主体功能区的差异，从而在资源配置上提升空间效率。这种空间效率是资源配置结构性效率的重要方面，也是全要素生产率的重要构成，尤其要防止区域之间产业布局的结构性趋同。结构性趋同不仅会脱离区域实际，降低资源结构性配置效率，而且会加剧宏观经济总量失衡。此外，需要关注增长极的培育及其对国民经济全局性、区域性拉动的极化效应，新的增长极培育需要同创新中心和高地建设统一起来，这对于非均衡的发展中国家实现超越尤为重要。

4. 推动新质生产力发展要遵循社会主义市场经济运行规律

一是新质生产力发展要求在生产关系上深刻变革，尤其需要加快构建高水平社会主义市场经济体制，从而为新质生产力发展能够遵循社会主义市场经济运行规律创造体制条件。习近平指出："发展新质生产力，必须进一步全面深化改革，形成与之相适应的新型生产关系。"基本经济制度和经济体制本身也是自然形态和社会形态相统一的生产力的内在构成，其变化对于解放和发展社会生产力具有决定性意义。加快构建高水平社会主义市场经济体制，一方面，通过全面深化改革，"着力打通束缚新质生产力发展的堵点卡点，建立高标准市场体系，创新生产要素配置方式，让各类先进优质生产要素向发展新质生产力顺畅流动。"另一方面，"要健全要素参与收入分配机制，激发劳动、知识、技术、管理、资本和数据等生产要素活力，更好体现知识、技术、人才的市场价值，营造鼓励创新、宽容失败的良好氛围。"同时，要健全宏观经济治理体系，包括完善治理体制和政策机制等，尤其是在战略性新兴产业和未来产业的发展和培育过程中要充分发挥社会主义市场经济体制的优势，有效发挥国家总体战略规划引领和资源配置协调的功能，按照新质生产力发展的内在要求，在体制上协调好政府与市场、中央与地方、国家与企业和劳动者等各方面的关系[①]，克服单纯依靠市场实现创新和结构升级的分散性、盲目性及不确定性等各种局限性。

二是要遵循市场经济条件下的供求运动规律，新质生产力的培育和发展需要深化供给侧结构性改革。以创新驱动要素禀赋和全要素生产率的变革，以及相应的产业变革和产业结构质态演进，实质上都是供给侧的深刻改革。因此，新质生产力的发展需要坚持以深化供给侧结构性改革为主线。但市场经济中的供求是矛盾运动的统一体，供给侧结构性改革不能脱离市场需求的牵引，否则新质生产力的发展就会产生盲目性和严重的行政性，就会脱离市场约束，进而缺乏竞争性和有效性。应当统筹扩大内需和深化供给侧结构性改革，以有效需求牵引供给，以高质量供给创造需求，在高水平的供求动态平衡中发展新质生产力。

---

① 推动新质生产力加快发展.光明日报，2024-02-20.

第二章
从传统生产力到新质生产力

刘守英　黄　彪[*]

　　生产力是推动经济发展的根本力量，发展新质生产力是实现中国式现代化的根本动力。人类经济社会的重大进步都以生产力革命为推动力，新质生产力是一场新的生产力革命。在改革开放40多年来的发展过程中，我国利用土地、劳动、技术和资本的阶段性优势，创造了经济高速发展和社会稳定的奇迹。随着传统生产力支撑的发展模式难以为继，我国必须转变发展方式，实现高质量发展。中国特色社会主义进入新时代以来，特别是党的十九大、党的二十大以来，我国坚持贯彻新发展理念，着力推动高质量发展，我国经济在创新驱动发展、城乡融合发展、全面深化改革、绿色低碳转型等方面取得了较好成绩，高质量发展取得了明显成效。然而制约高质量发展的因素还大量存在：从外部环境看，世界百年未有之大变局全

---

[*] 原载《中国人民大学学报》，2024，38（4）：16-30。刘守英，中国人民大学经济学院院长，教授。黄彪，中国人民大学经济学院副教授，中国人民大学全国中国特色社会主义政治经济学研究中心研究员。

方位、深层次加速演进，新一轮科技革命和产业变革加速发展；从内在条件看，我国一些领域的核心技术仍然存在受制于人的问题，城乡区域发展不平衡不充分等问题依然存在。高质量发展作为全面建设社会主义现代化国家的首要任务，需要新的生产力理论来指导。2023年7月以来，习近平总书记在四川、黑龙江、浙江、广西等地考察调研时，提出加快形成新质生产力。2023年底，习近平总书记在中央经济工作会议上又明确提出发展新质生产力。从马克思主义生产力理论认识新质生产力的内涵和特征，分析传统生产力支撑的发展模式出现的问题，正视实践中新质生产力的形成和发展在新发展模式中发挥的重要作用，不仅有助于理解发展新质生产力的重大意义，而且有助于通过发展新质生产力更好地推动中国式现代化的实践。

一、新质生产力是一场新的生产力革命

1. 生产力的内涵与作用

生产力是马克思主义政治经济学研究的重要范畴，马克思从生产力和生产关系的矛盾运动揭示了人类历史发展的一般规律。人类社会的存在和发展需要进行物质资料生产，一切物质资料生产都以一定的生产力为前提条件。人类在一定的社会关系下进行物质资料生产，一定的生产关系要与生产力的一定发展阶段相适应，即生产力决定生产关系。当生产关系与生产力的发展相矛盾时，它便会阻碍生产力的进一步发展，这时就需要进行生产关系变革。"社会的物质生产力发展到一定阶段，便同它们一直在其中运动的现存生产关系或财产关系（这只是生产关系的法律用语）发生矛盾。于是这些关系便由生产力的发展形式变成生产力的桎梏。那时社会革命的时

代就到来了。"①

具体来说,生产力是人类利用自然、改造自然以生产人类所需要的物质产品的能力,"是有用的、具体的劳动的生产力"②。人类进行物质资料生产的劳动过程,其简单要素是"有目的的活动或劳动本身,劳动对象和劳动资料"③,它们构成了生产力的基本要素,其中劳动者是首要的要素,只有劳动者的劳动才能推动劳动资料作用于劳动对象并形成生产力。劳动资料反映了时代的科技及其应用水平,是生产力先进性的主要表现。在其他条件相同的情况下,生产力的发展会受到劳动对象的数量与质量的影响。

影响生产力发展的因素包含多个方面。正如马克思指出的,"劳动生产力是由多种情况决定的,其中包括:工人的平均熟练程度,科学的发展水平和它在工艺上应用的程度,生产过程的社会结合,生产资料的规模和效能,以及自然条件。"④ 其中最为重要的因素包括科学技术发展、基本要素的优化组合以及制度条件。首先,"劳动生产力是随着科学和技术的不断进步而不断发展的。"⑤ 科学技术必须与生产力的基本要素相结合,才能形成直接的生产力。科技通过提高劳动者技能和素质、提升劳动资料的效率和性能、发展劳动对象的数量和质量,以及改进基本要素的技术结合方式来促进生产力的发展。其次,基本要素的优化组合能够提升生产力。生产力总是基本要素以一定的组合方式形成的,基本要素的组合优化,一方面表现为要素与产品之间的投入产出数量关系更加合理,如生产资料与劳动力以更合理的比例投入生产过程、生产过程中生产资料的节

---

① 马克思,恩格斯.马克思恩格斯文集:第2卷.北京:人民出版社,2009:591-592.
② 马克思,恩格斯.马克思恩格斯文集:第5卷.北京:人民出版社,2009:59.
③ 同②208.
④ 同②53.
⑤ 同②698.

约使用，以及高素质的劳动力与高质量的生产资料相匹配等；另一方面表现为基本要素的技术结合方式的优化，如由简单协作到分工协作，再到机器大工业的转化，技术结合方式的优化对生产力的提升具有重要的作用。最后，适宜的制度条件有利于生产力的发展。生产力基本要素的技术结合方式，如分工协作等，也承载着基本要素结合的社会方式，即生产关系，适宜的生产关系有利于生产力的提高。例如，马克思和恩格斯指出资本主义生产关系所推动的生产力发展比以往的总和还要多，但社会化大生产的发展最终会使得资本主义生产关系与生产力相矛盾。在生产资料所有制等基本经济制度稳定时，适宜的政治、法律、文化制度的变革也能够促进生产力的发展。

生产力是推动人类社会进步的根本力量，提高生产力的目的主要体现在几个方面。首先是提高劳动生产率。生产力"事实上只决定有目的的生产活动在一定时间内的效率"[①]。其次是推动产业结构和生产部门向高级化、复杂化方向演进。"任何新的生产力，只要它不是迄今已知的生产力单纯的量的扩大（例如，开垦土地），都会引起分工的进一步发展"[②]，分工发展进一步形成新的生产部门、新的产品和新的技术结合方式，最终推动产业升级。最后是可以更好地满足人类的需要。人类的需要是生产力提高的动力，生产力作为生产物质资料的能力，不仅从根本上决定了满足人类需要的能力，而且其发展也带来了效率和人类一般生活水平的提升，从而促进人类需求结构和需要向更高层次发展。

2.新质生产力的内涵、特征与作用

作为马克思主义生产力理论的创新性发展，新质生产力"由技术革命性突破、生产要素创新性配置、产业深度转型升级而催生，

---

① 马克思，恩格斯.马克思恩格斯文集：第5卷.北京：人民出版社，2009：59.
② 马克思，恩格斯.马克思恩格斯文集：第1卷.北京：人民出版社，2009：520.

以劳动者、劳动资料、劳动对象及其优化组合的跃升为基本内涵，以全要素生产率大幅提升为核心标志，特点是创新，关键在质优，本质是先进生产力"[①]。与传统生产力相比，新质生产力不仅体现了生产力量的提高，更重要的是体现了生产力质的变革，表现为全要素生产率的大幅提升。新质生产力是以突破性技术创新为主导，以新兴产业和未来产业为主要载体，以生产力要素及其优化组合跃升而形成的先进生产力。

其一，新质生产力是以突破性技术创新为主导的先进生产力。生产力的质主要由科技水平决定，创新驱动是新质生产力形成质变的突出特征。[②] 当前全球新一轮科技革命呈现出与以往科技创新不同的特征，决定了以突破性技术创新为主导的新质生产力呈现出质的变革。第一，新一轮科技革命呈现出多领域技术并发且相互融合的创新模式，新技术决定了新质生产力不同于传统生产力。新一轮科技革命改变了以往单一技术主导的创新模式，信息技术、生物科学技术、可再生能源、人工智能等领域全面发展，且新技术相互促进、加速融合，形成了多元并发的技术体系。第二，科技革命与产业变革加速融合，使得新质生产力能够为经济发展提供新动能。新技术一方面不断催生新产业，例如新能源、新材料、高端装备等；另一方面也推动传统产业的转型，如生物技术给传统医疗行业带来的转变等。科技革命与产业变革加速融合，使得科技以更快速度物化到生产过程中并形成直接生产力。新产业带来的新投资不仅为经济发展提供了新的动能，而且新技术数字化、智能化和绿色化的特点进一步使得经济发展更加低耗能和高效率。传统产业的转型升级不仅

[①] 习近平.发展新质生产力是推动高质量发展的内在要求和重要着力点.求是，2024 (11)：4-8.

[②] 刘伟.科学认识与切实发展新质生产力.经济研究，2024 (3)：4-11.

能够带动自身发展，而且能够使得整体产业结构向更高级方向演化，为高质量发展提供现代化的产业体系支撑。第三，当前技术创新的通用性特点使得技术的应用更加广泛，新质生产力的形成表现出新的模式。人工智能、信息技术等通用性技术对生产、流通和消费各环节都产生了深远的影响，新技术催生了一些全新的生产模式和消费模式，如更加灵活的数字化制造、网络协同制造等，使得新质生产力具有不同于传统生产力的新模式。

其二，新质生产力是生产力要素及其优化组合跃升而形成的生产力。新一轮科技革命一方面发展了生产力要素，另一方面优化了生产要素的配置与组合。在科技进步发展了生产力要素方面，一是科技进步不仅增加了对新技能劳动者的需求，而且新科技的广泛应用也间接提升了一般劳动者的技能，从而在整体上使得劳动者的技能和素质得到了发展。二是当前科技创新，特别是人工智能、信息技术和数字技术的广泛应用使得劳动资料更加专业化、智能化，劳动资料效能得到了大幅提升。三是科技创新改造并丰富了劳动对象，特别是信息、数据、知识等不仅自身成为新的劳动对象，而且通过与传统劳动对象的结合提升了整体劳动对象的质量。生产力要素本身的发展能够在原有的投入产出关系下提高产品产量，从而提高全要素生产率。在科技进步优化了生产力要素的配置与组合方面，要素的优化组合实现了跃升。信息技术、数字技术和人工智能等新科技本身就与新生产力要素的生产过程和流通过程相适应，因此就决定了新技术能够实现要素的创新性配置，从而协调、节约生产力要素的使用，改变并进一步优化投入产出关系，形成要素组合的新模式。组合的新模式不仅使要素投入产出关系出现量的优化，而且使其实现了质的跃升，从而摆脱传统经济增长方式和生产力发展路径，提高全要素生产率。

其三，新质生产力是以新型生产关系和创新性制度为支撑的生产力。新一轮科技革命和产业变革的新特点，决定了经济体制和科技体制需要进一步深化改革，才能为科技创新和产业创新提供良好的制度环境。在中国特色社会主义基本经济制度更加成熟、更加定型的情况下，需要进一步建立高标准市场体系，利用科技和市场体系进一步创新生产要素配置方式，让各类先进优质生产要素向发展新质生产力顺畅流动。当前科技革命和产业变革在世界范围内具有同步性展开的特点，我国需要扩大高水平对外开放，为科技创新和产业创新营造良好的国际环境，从而更好地发展新质生产力。因此，发展新质生产力需要新型生产关系，需要进一步全面深化改革以营造更加良好的制度环境。

其四，发展新质生产力是解决我国社会主要矛盾、推动高质量发展、建成社会主义现代化强国的必然要求。首先，解决社会主要矛盾需要发展新质生产力。我国社会主要矛盾已经转化为人民日益增长的美好生活需要和不平衡不充分的发展之间的矛盾，其中不平衡不充分是矛盾的主要方面。不平衡不充分主要表现为区域间、城乡间发展不平衡，产业发展不充分，特别是科技产业、高端产业发展不充分。解决发展不充分问题，要求以科技创新为主导，促进科技和产业融合，推动新兴产业发展壮大，以提供更多优质高端产品。解决发展不平衡问题，要求促进落后地区、农村地区的发展，这就需要促进这些地区传统产业的转型升级。传统产业的转型升级不仅需要加强自身科技创新，提高全要素生产率，还需要与新兴产业相协调，以新兴产业带动传统产业转型，归根结底需要发展新质生产力。其次，发展新质生产力是推动高质量发展的内在要求和重要着力点。高质量发展是"体现新发展理念的发展，是创新成为第一动力、协调成为内生特点、绿色成为普遍形态、开放成为必由之路、共享成为根本目的的发展。"① 推动高质量发展，需要建设现代化产业体系，依靠科技进步提高全要素生产率。推动高质量发展本质上要求形成并发展新质生产力。最后，发展新质生产力是建成社会主义现代化强国的必然要求。从我国建设社会主义现代化国家的战略部署上看，要实现2035年人均国内生产总值达到中等发达国家水平，2050年人均国内生产总值达到主要发达国家水平的目标，必须要转变发展方式，提高全要素生产率。现代化强国一般要具备强大的经济实力、现代化的产业体系、现代化的科技水平和创新能力，这些需要有强大的生产力作为支撑。发展新质生产力是为社会主义现代化强国奠定生产力基础。

3. 新质生产力是新的生产力革命

作为人类社会发展进程中最活跃、最具革命性的力量，生产力自身不断地发生着量的提高和质的变革。当生产力出现质的跃升后，便产生了生产力革命。生产力革命不是生产力单一要素的变化，而是在科技革命基础上形成的生产力总体结构的革命，并进而对人类社会产生深远影响。② 新质生产力是当前科技革命背景下新的生产力革命。

人类经济社会的重大进步都是以生产力革命为推动力的③，生产力革命又是科技进步不断积累的结果。从历史发展来看，人类历史上已经发生的三次产业革命都具备以下特征：人类生活水平不断提高、新产品和新生产方式出现、经济社会制度深度变革④，最终推

---

① 习近平. 习近平谈治国理政：第3卷. 北京：外文出版社，2020：238.
② 约纳斯·沃尔夫冈·约纳斯的评论和补充//库欣斯基. 生产力的四次革命 理论和对比. 北京：商务印书馆，1984：166.
③ 库欣斯基. 生产力的四次革命 理论和对比. 北京：商务印书馆，1984.
④ 约翰逊，马基-陶勒. 自动世界：第四次工业革命经济学. 北京：中国科学技术出版社，2023.

动人类社会的重大进步。从根本上来说，历次产业革命都是生产力革命所推动的，生产力革命又是在创新技术突破性应用时产生的。第一次产业革命以蒸汽机的发明使用和铁路的广泛建设为基础，形成了以机械化技术为驱动力的生产力革命。第二次产业革命以电气技术革命为基础，在钢铁冶炼、交通运输和信息传播等方面实现了技术性突破，最终产生了新的生产力革命。第三次产业革命是计算能力、存储能力和信息传输技术迅速崛起，形成了以电子计算机、人工合成材料等领域的创新技术突破性应用为驱动力的生产力革命。[①] 可见，在科技进步不断积累到一定程度，最终形成重大的突破性应用时，就会爆发生产力革命，进而推动人类社会的重大进步。

新质生产力是当前新一轮科技革命和产业变革背景下新的生产力革命。当前新一轮科技革命以互联网、区块链和人工智能三项重要通用技术为基础，将数字技术与物理技术、生物技术相互作用、相互融合，形成一系列突破性科技创新。这些通用技术如互联网早在21世纪初就已经出现，目前发展较为成熟。同时，在相互作用之下，各项技术自身的发展与相互融合速度进一步加快。与前几次产业革命类似，新一轮科技革命与产业变革不断融合，形成一系列新产业、新模式、新动能。在科技和产业的加速融合下，新一轮产业革命已经悄然开启。新质生产力是在当下科技革命与产业变革的背景下，由技术革命性突破催生的先进生产力。与历次生产力革命类似，新质生产力以新产业为载体，以生产要素及其优化组合的跃升为基本内涵，以新质生产关系为支撑，是生产力质的跃升和总体结构的深刻变革，因此新质生产力是一次新的生产力革命。

---

① 刘伟.加快培育新质生产力 推进实现高质量发展.经济理论与经济管理，2024（4）：1-11.

二、传统生产力支撑的发展模式难以为继

1. 传统生产力与传统发展模式

改革开放时期，我国以发展生产力开启了中国特色社会主义伟大实践。改革开放后，我国发展生产力的主要方式就是充分利用巨大的人口红利、土地资源资本化和模仿性技术推动经济增长和结构变革。生产力的质由科技水平决定，科技的不断发展意味着生产力的质具有一定的历史性。传统生产力是在现有的正常生产技术条件下，由生产力基本要素组合而形成的生产力。传统生产力并不意味着落后的生产力，而是以传统产业为载体的生产力。随着技术进步和生产力要素组合变化，传统产业也能转型升级。

正是在传统生产力的作用下，我国形成了传统发展模式，即土地与土地制度的独特性使得土地成为经济增长的发动机，人口规模和结构变化表现出的独特人口红利，后发优势下模仿性技术进步表现出的低成本高绩效，以及资本投入带来的高回报等优势。但是，随着我国经济发展阶段性转换，传统生产力效力衰减，要素组合效率下降，导致传统生产力支撑的发展模式难以为继。

第一，以土地为核心的以地谋发展模式。土地和我国土地制度的特殊性使土地成为政府主导经济发展的重要工具。特别是20世纪90年代后，在政府主导发展权的背景下形成了独特的以地谋发展模式。[1] 土地自身具有有限性、稀缺性、不可移动性、区域差异性等自然特性；更重要的是我国土地制度的特殊性，即土地农村集体所有和城市国有的二元性、政府垄断土地用途转换和非农建设用地，土

---

[1] 刘守英，熊雪锋，章永辉，等.土地制度与中国发展模式.中国工业经济，2022（1）：34-53.

地的增值收益由地方政府独享等。① 这种特殊性使土地成为政府推动经济增长和结构转换的发动机,土地资本化成为中国经济高速发展中资本的重要来源:一是政府通过土地宽供给促进经济增长;二是政府利用土地的独家供应权实现快速工业化目标,主要表现为地方政府通过土地创办工业园区,利用优惠政策进行招商引资,同时依靠土地出让和融资进行基础设施建设,营造更好的投资环境以推动地方工业化;三是政府利用土地用途管制权和增值收益分配权助推快速城市化,通过低价征地扩张城市面积,控制住宅和商服用地供应以保障土地出让收入最大化,利用城投债支撑的城市建设的资金需求实现快速城市化。尤其是土地的依法有偿转让、经营性用地实行招拍挂制度和以土地作为抵押的土地融资权不断扩大,使土地资本化程度不断提高。中国的土地制度使土地成为传统发展模式的核心。

第二,人口红利形成的产业发展模式。首先,我国人口规模巨大,劳动力资源十分丰富,在总量上为经济增长提供了充足且相对廉价的劳动力,有利于劳动密集型产业成长,在一定程度上增强了劳动密集型产业的国际竞争力。其次,劳动力的区域间和产业间流动优化了劳动力资源配置效应。改革开放之初,我国70%以上的人口集中在农村地区,城乡处于严重分割状态。随着改革开放和工业化、城镇化推进,农村剩余劳动力逐步向城市转移,大大提高了劳动生产率。② 最后,劳动力数量与质量和结构变化促进了经济发展。改革开放后我国人口一方面经历了从高出生率、高增长率到低出生

---

① 刘守英.土地制度变革与经济结构转型:对中国40年发展经验的一个经济解释.中国土地科学,2018 (1):1-10.
② 据测算,1978—2015年产业结构变化对总体劳动生产率的贡献为44.9%,参见蔡昉.中国经济改革效应分析:劳动力重新配置的视角.经济研究,2017 (7):4-17。

率、低增长率的转变，另一方面经历了人口教育水平不断提升的转变。人口增长率的变化使得我国人口抚养比较低，较低且下降的抚养比有利于实现较高的储蓄率[①]，从而能够为高投资提供充分的国内资本。人口教育水平的不断提升提高了劳动力的质量，从而极大地提高了劳动生产率。巨大的人口规模、劳动力的产业区域优化配置以及人口结构的变化形成了我国特有的人口红利，人口红利成为传统发展模式下产业发展的重要贡献因素。

第三，模仿性技术进步模式。改革开放之初，我国综合国力和生产技术水平都落后于发达国家。基于生产技术与国外存在差距的后发优势和国内庞大的市场规模，我国开始主动以市场换技术的方式进行技术引进、模仿和吸收[②]，不断提升国内生产技术水平。模仿性技术进步可以通过购买国外机器装备、专利等直接方式进行，也可以通过购买关键中间产品（例如芯片）等间接方式进行。模仿性技术进步的优势在于，一方面，引进的技术都是比较成熟的应用性技术，国内易于直接模仿，相对于基础性科技创新和自主研发活动，模仿性技术进步节省了大量投入，又减少了研发不确定性，因此具有低成本的优势；另一方面，由于国内原有的生产技术水平较低，引进国外先进技术并进行模仿，能够迅速提高国内生产技术水平，提高生产力的量和质，技术进步的效果非常明显。[③] 在低成本、高绩效的优势下，模仿性技术进步对传统生产力提升起到了极为重要的作用。

第四，资本扩张型增长。改革开放后，我国各项投资需求较大

[①] 蔡昉.中国经济改革效应分析：劳动力重新配置的视角.经济研究，2017（7）：4-17.
[②] 刘伟，钟昌标.从"模仿"到"自主创新"：中国技术进步的拐点分析.应用经济学评论，2023（1）：35-39.
[③] 林毅夫，张鹏飞.适宜技术、技术选择和发展中国家的经济增长.经济学（季刊），2006（3）：985-1006；王勇，樊仲琛，李欣泽.禀赋结构、研发创新和产业升级.中国工业经济，2022（9）：5-23.

且迫切，投资增加对经济发展的促进作用非常明显，同时资本回报率不会因为投资的增加而出现明显的下降。因此，投资成为驱动经济增长的动力，整体经济增长随着资本规模的扩张而加快。① 我国投资增长率大幅提升经历了20世纪80年代与工业化扩张相适应的高投资驱动、1992年后市场经济体制改革带来的投资增长，以及进入21世纪后，特别是加入国际大循环后，出口-投资联动模式下的投资高速增长。资本回报率在这三个时期均没有出现明显的下降，甚至在进入21世纪以来出现了一定程度的上升。② 2012年资本形成总额对国内生产总值的贡献率为42.1%，固定资本投资与资本形成总额成为拉动经济增长的重要引擎，资本扩张是传统生产力发展的重要动力。

总的来说，传统生产力是在特定阶段土地、劳动力、技术和资本的各自优势及其优化组合下形成和发展的：土地为发展提供空间并为发展创造资本；人口红利提供低成本的劳动力，使区域和产业发展能够及时获得劳动力补充；模仿性技术进步不仅低成本、高绩效，而且为生产要素的组合提供技术基础；短缺使得资本能够在保持回报率稳定的情况下不断扩张，成为推动传统生产力发展的动力。

2.传统发展模式难以为继

第一，以地谋发展模式衰竭。随着我国经济进入新常态，依靠土地发展经济带来的许多问题凸显，以地谋发展模式开始衰竭。③ 一

---

① 中国经济增长前沿课题组,张平,刘霞辉,等.中国经济增长的低效率冲击与减速治理.经济研究,2014（12）：4-17,32.
② 关于资本回报率的测算,参见陈英楠,张智威,刘仁和,等.中国宏微观资本回报率的融合研究.经济研究,2023（4）：41-57。
③ 刘守英,王志锋,张维凡,等."以地谋发展"模式的衰竭：基于门槛回归模型的实证研究.管理世界,2020（6）：80-92,119,246.

是土地供应对经济增长的影响逐渐减弱。从总量上看，2010年开始我国经济增长放缓，同期土地需求减弱。2013年后多地开始出现土地指标供不出去的现象，土地作为经济增长发动机的功能减弱。二是地方政府低价供地的园区工业化问题逐渐显现。在东部地区，劳动力成本大幅上升使得劳动密集型工业成本大幅上涨，企业主动进行产业升级，地方政府继续依靠土地推动工业化的效应减弱。中西部地区由于受交通不便、劳动力素质较低、市场规模小等因素影响，政府采用土地低价扩张模式，并没有出现工业化的加速，企业绩效和单位用地产出效率并不理想。因此，自2011年起，单位工业用地工业产出的增长率逐步下降。三是以地融资积累了大量的金融风险。随着征地成本的上升和国家对房地产市场的管控导致土地出让收入下降，地方政府越来越依赖于以土地抵押贷款的方式推动城市化和基础设施建设。然而基础设施建设一般收益较低，土地价格的波动不仅减少了土地出让的收入，造成了地方政府的债务风险，而且也容易引发系统性金融风险。

第二，人口红利逐渐消失。一是劳动力人口和总人口开始下降，2015年我国劳动力人口总数达8亿，此后不断下降；2021年总人口也达到峰值14.1亿。二是劳动力的产业和区域转移开始放缓。从人口城镇化率来看，1996年起城镇化率增长开始加速，2011年城镇化率达到51.83%之后，增速开始明显放缓。从产业就业人数比重看，农业就业人数占总就业人数比重自1978年以来基本呈现不断下降的趋势，到2014年该比重为29%，随后下降趋势开始放缓。三是劳动力结构和质量发生变化，劳动力成本上升。我国人口低出生率和低增长率导致的人口抚养比下降趋势自2010年开始扭转，呈现逐年上升趋势。与此同时劳动力整体素质和质量不断上升，劳动力受教育年限逐渐增长，2023年我国高校毕业生达1 158万人，2022年新增劳动力平均就业年限达 14 年①。劳动力成本不断增加，以工资涨幅为例，2000 年后城镇单位就业人员平均工资增长率开始超过国内生产总值增长率，特别是 2007 年之后这种差距愈加明显，到 2022 年城镇单位就业人员平均工资为 11.4 万元/年。除工资成本外，社会保障成本也逐渐增加，目前我国社会保障制度越来越健全，五险一金覆盖面越来越大，其中医疗保险已经实现了全覆盖，这些都极大增加了劳动力成本，人口红利正逐渐消失。

第三，模仿性技术创新遭遇瓶颈。一是通过直接购买技术或以市场换技术的方式无法获得前沿核心技术。经过 40 多年的发展，我国一些产业已经具有了一定的国际竞争力，特别是目前我国电信设备、集成电路和元器件等电子设备的国际市场占有率增长幅度十分明显。然而，随着这些具有国际竞争力的产业的生产技术与国际先进技术差距逐渐缩小②，技术引进遇到了瓶颈，甚至是国外的直接封锁。③ 二是通过购买中间产品进行技术引进和模仿面临知识产权国际争端，关键核心技术遭遇"卡脖子"。以 2018 年中美贸易战为例，美国以我国窃取其知识产权和商业秘密为由，对我国高新产业进行制裁，不仅对我国出口美国商品征收惩罚性关税，而且禁止对中兴通讯等科技企业出售美国零件。2023 年我国集成电路进口数量为 4 796 亿块，国内规模以上工业企业生产集成电路 3 514.4 亿块④，国内生产率未达到 50%，核心技术"卡脖子"现象仍然较为明显。

第四，资本扩张效率下降。一是国内投资增长逐步放缓，全社会固定资产投资增长率自 2011 年起开始下降，2015 年起增长率降为

---

① 2022 年全国教育事业发展基本情况.教育部网站，2023-03-23.
② 刘伟,钟昌标.从"模仿"到"自主创新"：中国技术进步的拐点分析.应用经济学评论，2023（1）：35-59.
③ 路风.光变：一个企业及其工业史.北京：当代中国出版社，2016.
④ 中华人民共和国 2023 年国民经济和社会发展统计公报.人民日报，2024-03-01.

个位数。房地产投资增速自 2011 年起呈现下降趋势，虽然部分年份有所增长，但 2015 年后增长率基本维持在个位数。二是资本回报率开始下降。从已有测算可发现，自 2008 年起我国资本回报率开始逐渐下降。[①] 三是投资对国内生产总值的贡献开始下降。自 2012 年起，除新冠疫情期间的特殊情况，资本形成总额对国内生产总值的贡献率总体上小于最终消费支出的贡献率，2023 年前者为 28.9%，相比之下最终消费支出的贡献率为 82.5%。

综上，传统发展模式下土地、劳动力、技术和资本均遇到了发展瓶颈，使得传统生产力支撑的发展模式难以为继，其中突出表现就是全要素生产率的大幅下降。据测算，1987—2019 年我国全要素生产率年均增长率为 2.81%，但自 2015 年以来全要素生产率开始出现负增长，其中 2010—2014 年下降尤为明显，特别是第二产业下降最为严重。[②] 在传统生产力效率衰减、全要素生产力大幅下降的背景下，加快发展新质生产力是实现高质量发展、建成社会主义现代化强国的必然要求。

三、新质生产力与新一轮产业革命

随着科技突破与产业变革的加速演进，以智能化和信息化为核心的新一轮产业革命已经开启，人类正迈进数字文明时代。与历次产业革命相同，新一轮产业革命以科技创新为引领，正在引起经济结构转变和发展动能转化，带来人类社会生产和生活方式的重大变革。发展新质生产力不仅是传统生产力难以为继后转变发展方式、

---

① 陈英楠，张智威，刘仁和，等.中国宏微观资本回报率的融合研究.经济研究，2023（4）：41-57.

② 范欣，刘伟.全要素生产率再审视：基于政治经济学视角.中国社会科学，2023（6）：4-24，204.

推动高质量发展的要求，更是顺应时代发展、引领数字文明时代产业革命的必然选择。当前我国的科技自主创新已经取得了显著成效，经济智能化、数字化和绿色化发展也有很好的表现，新质生产力在实践中展现出其作为推动高质量发展、引领新一轮产业革命的强劲推动力、支撑力的重要性。

1. 自主创新能力正突破技术瓶颈

科技创新是产业革命的引擎。当前以人工智能、信息技术、生命科学为代表的先进技术交叉融合发展，科技创新的速度以指数形式展开，成为引领新一轮产业革命的引擎。新质生产力是以科技创新为主导的先进生产力，发展新质生产力是推动数字文明时代产业革命的引擎。中国特色社会主义进入新时代以来，我国在基础性和应用性科技方面已经取得了历史性进展，自主创新能力不断增强，已经进入创新型国家行列。自主创新能力的增强为形成新质生产力奠定了科技基础，也为改造传统生产力创造了条件。

其一，基础性创新突破为科技应用和新质生产力发展创造了前提条件。传统生产力下模仿性技术进步虽然缩小了我国与国外先进技术的差距，但模仿只能获得已成熟却落后于前沿的生产技术。前沿技术的掌握和应用必须基于从0到1的基础性原创性技术突破。目前我国在水下连接器、激光雷达、手机射频器件等领域已经实现了突破。基础性创新突破不仅解决了我国在技术上受制于人的问题，而且为前沿性应用性技术的发展，以及从技术到直接生产力的转化创造了前提条件。

其二，自主创新科技的应用催生新产业，成为新质生产力的重要载体。科技创新只有被应用，特别是应用到具体产业才能形成直接生产力。例如蒸汽机这种技术的发明本身并没有引起产业革命，而是在工具机发明后才进一步导致了蒸汽机的革命，从而引发了技术的应用和生产方式的变革。同时，科技革命只有不断催生新产业才能推动经济结构转变和产业革命。历次产业革命的历史显示，产业革命后的成熟主导产业一般都是前一阶段的新兴产业。从我国的实践来看，进入新时代以来，我国除基础性研发取得突破性进展外，科技创新的应用也取得了较多的成果，催生了一些新产业、新模式、新动能。例如，目前新能源、智能机器人、信息技术等的现实应用催生并促进了电动汽车、网络平台、机器人物流和制造等新产业、新模式、新动能的发展。作为新质生产力的重要载体，新产业的发展不仅有利于整体经济生产力的量和质的提升，更是引领新一轮产业革命、形成未来支柱产业的必由之路。

其三，突破性创新有利于传统产业改造升级。产业革命不仅表现为新的科技应用所带来的新兴产业发展，而且表现为新技术以及新的生产方式不断扩散，特别是一些通用性技术给传统产业带来的转型和升级，进而引发经济社会层面的一系列联动和溢出效应。[①] 新一轮科技革命产生的人工智能、信息技术等具有较强的通用性，这些通用技术正被运用到传统产业中并促进传统产业的转型升级。例如，我国人工智能大模型在天气预报领域的应用，极大提高了预报的精准度，能够更加准确和及时地预报极端天气[②]，从而对农业和工业生产起到重要预警作用。新技术不仅催生了新产业，形成新质生产力，而且推动传统产业创造性转型，使得新质生产力与传统生产力协调发展，最终推动新一轮产业革命。

2. 数字经济新动能正在形成

新旧动能转换是产业革命的重要方面，动能转换不仅意味着驱动生产的动力发生变化，更重要的是意味着新产业、新模式、新动

[①] 方敏，杨虎涛.政治经济学视域下的新质生产力及其形成发展.经济研究，2024（3）：20-28.

[②] 2023年度"中国科学十大进展"发布.科技日报，2024-03-01.

能的发展和整体经济生产方式的转换。数字经济是数字文明的新经济形态，发展数字经济"是把握新一轮科技革命和产业变革新机遇的战略选择"[①]。近年来我国数字经济蓬勃发展，2022 年我国数字经济规模达 50.2 万亿元，同比名义增长 10.3%，占国内生产总值的比重为 41.5%，相当于第二产业的比重。[②] 自 2012 年以来，数字经济增速连续 11 年显著高于国内生产总值增速，数字经济不仅产生了新产业、新模式、新动能，而且促进了各部门生产方式的变革。数字经济正逐渐形成经济发展的新动能，成为促进新质生产力发展的重要动力。

第一，数据不仅为新质生产力提供了优质生产要素，而且提升了传统要素的效率。目前我国数据资源十分丰富，数据已经达到 6.6ZB，占全球数据总量的 9.9%，居世界第二位。[③] 数据对发展新质生产力、推动产业变革的重要作用体现在：一是数据是新质生产力的核心要素。数据是数字文明时代最重要的生产要素、基础性资源和战略性资源。数据作为一种利用信息技术手段对信息进行的数字化记载[④]，以信息技术和通信技术为基础，作为生产要素体现着先进的科技。二是数据与先进科技融合，促进通用性技术发展。大数据有利于人工智能的学习，人工智能的发展也有助于更好地分析和处理大数据，人工智能和大数据的融合能够更好地促进通用性技术的成熟与应用。三是数据要素与传统要素结合，提升整体经济的全要素生产率。数据要素与传统要素相比，具有非排他性、规模报酬递增、正外部性、无限增长等特征[⑤]，这些特征不仅使得数据要素能

[①] 习近平. 不断做强做优做大我国数字经济. 求是，2022（2）：4-8.
[②][③] 参见《中国数字经济发展研究报告（2023 年）》。
[④] Farboodi, M., and Veldkamp, L., "A Growth Model of the Data Economy," National Bureau of Economic Research Working Papers, no. 28427, 2021.
[⑤] 蔡继明，刘嫒，高宏，等. 数据要素参与价值创造的途径：基于广义价值论的一般均衡分析. 管理世界，2022（7）：108-121；数据是形成新质生产力的优质生产要素. 光明日报，2024-04-23.

够突破传统要素的诸多限制，有效促进经济增长，而且使数据要素易于同传统要素相结合，从而提升传统要素的使用效率，最终提升整体经济的全要素生产率。

第二，算力算法的发展为新质生产力和新一轮产业革命提供动能。数字经济的算力即计算能力，是数字经济的重要支撑，算法是数字经济的实现工具和核心技术。算力算法对新质生产力和产业革命的影响主要体现在，一方面，算力算法的发展催生了一些新产业、新模式、新动能。截至2023年底，我国提供算力服务的在用机架数达到810万标准机架，算力总规模居全球第二位。[①] 强大算力不仅有助于人工智能、5G信息技术等科技发展，为新质生产力发展提供科技支撑，也催生了数据中心、智算中心等新产业，带动计算机、基础设施等行业的发展。算法的发展催生了如外卖平台、购物平台、网约车平台等新业态，为新质生产力提供新的载体。另一方面，算力算法的发展也促进生产方式的变革。算法自身作为一种工具，结合强大的算力，能够处理大量数据，可以将数据形成信息与知识，从而更好地进行生产决策并提高生产力。算法易于与传统劳动工具相结合，从而提高劳动工具的效率。更重要的是算法能够优化生产流程，改善投入产出关系，优化生产力基本要素的组合配置，不仅能提高生产力的质和量，而且能推动生产方式的变革。

第三，数字产业化与产业数字化推动新质生产力与传统生产力协同发展，促进整体产业体系的升级与变革。数字产业化是以信息技术、大数据、云计算、人工智能、物联网等为代表的数字技术催生的新产业，数字产业化是新质生产力的重要载体之一。产业数字化是传统产业利用数字技术实现产出增加和效率提升，是数字技术优化传统产业生产力要素配置、促进传统产业转型升级的表现。

---

① 截至2023年底，我国算力总规模居全球第二位："东数西算"工程稳步推进. 经济日报，2024-04-14.

2022年，我国数字产业化规模为9.2万亿元，同比名义增长10%，占国内生产总值比重为7.6%。产业数字化规模为41万亿元，同比名义增长10.3%，占国内生产总值比重为33.9%。①数字产业化与产业数字化本质上是数字技术在不同生产部门的不断推广与应用，先进技术的推广与使用正是科技推动产业革命的表现。因此，数字产业化和产业数字化不仅可以协调新质生产力与传统生产力，还是推动我国产业革命的有效路径。

3.绿色发展模式正推动产业变革

绿色发展是建设现代化产业体系的必然要求，是我国产业转型的方向。推动绿色发展，不仅要减少高污染、高耗能项目，更要推动能源生产清洁化、采用以电力为主导能源的绿色发展模式。绿色发展模式不仅是生产动力的转换，即由传统的化石能源向新能源、清洁能源的转换，更是发展方式的转变，即由高耗能、高污染向绿色环保的转变，是新一轮产业革命的方向。目前我国以电动汽车、锂电池、光伏产品"新三样"为代表的绿色产业初步具备了一定的规模，以"新三样"为代表的战略性新兴产业正引领着我国产业革命，成为新兴生产力的重要发展载体。

首先，绿色发展模式下"新三样"正系统性地推动新质生产力发展。2023年新能源汽车产量为944.3万辆，同比增长30.3%；太阳能电池（光伏电池）产量为5.4亿千瓦，同比增长54.0%；全国锂电池总产量超过940吉瓦时，同比增长25%，行业总产值超过1.4万亿元②，三种产品2023年合计出口1.06万亿元，同比增长29.9%。③"新三样"的发展带动了经济增长，其本身更是新质生产力的产业载

---

① 参见《中国数字经济发展研究报告（2023年）》。
② 新能源汽车和太阳能电池数据来源于：中华人民共和国2023年国民经济和社会发展统计公报.人民日报，2024-03-01；锂电池数据来源于：2023年我国锂离子电池产量同比增长25%.新华网，2024-03-05。
③ "新三样"出口首破万亿，释放出怎样的信号?.央视网，2024-01-17.

体。"新三样"的发展又会促进其他先进技术的发展，以"新三样"为带动初步形成的全链条产业集群，系统性地推动了新质生产力的发展，是逐步以新兴产业集群推动产业革命的表现。[1]

其次，绿色发展模式以动力变革推动传统产业转型升级。以太阳能、风能等为代表的清洁能源，其产品是所有产业生产所必需的动力。绿色发展可以为全行业提供新的动力，为新一轮产业革命提供动力变革。2023年我国太阳能发电60 949万千瓦，同比增长55.2%，风能发电44 134万千瓦，同比增长20.7%[2]，发电量均超过水电，且增长率远超过其他发电方式。作为基本动力，其他行业对太阳能发电和风电使用增加意味着减少了碳排放，从而变得更加绿色化。电动汽车的快速发展也对传统汽车形成了替代，从而直接减少了化石能源的使用和污染排放。总的来说，新能源、电动汽车等产业是整体经济的基本产业，同其他产业存在广泛的投入产出关联，从而促进传统产业的转型升级，新质生产力也通过产业关联带动传统生产力的发展和转型，实现以新代旧。

最后，绿色发展模式推动区域产业协调发展，有助于因地制宜发展新质生产力。产业总是在一定空间区域中布局的，产业发展与区域发展具有紧密的联系。在绿色发展模式下，清洁能源如风能、太阳能等发展往往需要依赖一定的自然因素，锂电池、电动汽车等产业的发展也需要一定的产业基础，绿色发展模式下新兴产业的发展使得不同地区结合自身的有利因素来发展地方特色产业。同时新能源、电动汽车等作为基本产业与其他产业具有广泛的关联，这些新兴产业在不同区域间的差异布局通过产业关联加强区域间联

---

[1] 实际上每一次产业革命都会产生一批新的支柱产业和新兴产业集群，继而引发全面的产业革命，参见弗里曼，卢桑. 光阴似箭：从工业革命到信息革命. 北京：中国人民大学出版社，2007.

[2] 国家能源局发布2023年全国电力工业统计数据. 国家能源局网站，2024-01-26.

系，促进区域协调发展。我国不同地区在资源禀赋、产业结构、基础设施等方面存在明显的差别，不同地区具有不同的优势，这些区别与优势恰好为结合地方特色因地制宜发展新质生产力提供了有利条件。

4. 新兴产业与未来产业作为建设现代化产业体系的先导

2023年底的中央经济工作会议指出，"打造生物制造、商业航天、低空经济等若干战略性新兴产业，开辟量子、生命科学等未来产业新赛道"①，为更好地发展战略性新兴产业和布局未来产业指明了方向。战略性新兴产业是未来的支柱产业，未来产业是新兴产业的早期形态。作为新质生产力的产业载体，战略性新兴产业和未来产业关系着产业体系的优化升级，是建设现代化产业体系、引领新一轮产业革命的先导。②

一方面，战略性新兴产业正稳步发展，成为实践中发展新质生产力的具体表现。发展新质生产力，就是将科学研究的最新发现和技术发明的先进成果应用到具体产业中，不断创造新价值。新兴产业是新兴科技在产业中的具体应用，新兴产业的培育与发展就是现实中发展新质生产力的具体表现。2022年我国战略性新兴产业增加值占国内生产总值比重超过13%③，"新三样"也取得较大发展。在以"新三样"等为代表的新兴产业基础上，我国初步形成了一定的新兴产业集群，为建设现代化产业体系、引领新一轮产业革命奠定了较好的基础。

另一方面，未来产业正积极谋划布局，为抓住时代机遇、实现赶超式发展做好充分准备。产业升级有着自身的规律，现代化产业

---

① 中央经济工作会议在北京举行. 人民日报，2023-12-13.
② 洪银兴. 新质生产力及其培育和发展. 经济学动态，2024（1）：3-11.
③ 战略性新兴产业增加值占国内生产总值比重超13% 国家级先进制造业集群产值超20万亿元. 人民日报，2023-07-06.

体系建设也是一个动态的过程。新兴产业逐步发展为支柱产业后，需要进一步发展新的新兴产业才能把握和引领新的产业革命，这就需要提前谋划布局未来产业。特别是当前科技革命和产业变革加速演进，提前布局和培育未来产业更加迫切。2020年习近平总书记就提出抓紧布局未来产业[1]，《中华人民共和国国民经济和社会发展第十四个五年规划和2035年远景目标纲要》明确提出"在类脑智能、量子信息、基因技术、未来网络、深海空天开发、氢能与储能等前沿科技和产业变革领域，组织实施未来产业孵化与加速计划，谋划布局一批未来产业"，2024年工业和信息化部等七部门联合发布了《关于推动未来产业创新发展的实施意见》，一系列的政策措施为未来产业的布局和发展做好了顶层设计与具体部署。积极谋划未来产业布局，不仅是为新质生产力创造产业载体，更是将产业升级演变规律与时代机遇有机统一、引领新一轮产业革命的战略举措。

总之，自主创新能力是发展新质生产力的重要因素，也是推动产业革命的引擎；数字经济作为数字文明时代的新经济形态，为新质生产力的发展提供了优质要素，促进新兴产业与传统产业协调发展，数字技术更是催生了一系列新产业、新模式、新动能，为产业革命提供了新的动能；绿色发展模式不仅为产业革命提供了动力变革，而且推动了传统产业的转型升级、新质生产力系统性的发展和区域产业的协调；战略性新兴产业的发展与未来产业的谋划布局，不仅为新质生产力提供了产业载体，更是建设现代化产业体系、引领新一轮产业革命的先导。发展新质生产力，是引领数字文明时代产业革命的必然选择。

---

[1] 统筹推进疫情防控和经济社会发展工作 奋力实现今年经济社会发展目标任务.人民日报，2020-04-02.

四、发展新质生产力必须注意的几个问题

生产力的发展是一个从量变到质变的过程，发展新质生产力需要循序渐进，不能违背经济运行的规律。发展新质生产力是一项系统工程，需要大力推进科技创新，加速科研成果转化，同时也要促进新质生产力与传统生产力的协调，促进传统产业的转型升级。建设现代化产业体系，更需要从实际出发，因地制宜，统筹发展。

1. 发展新质生产力必须遵循经济运行规律

生产力的载体是产业，发展新质生产力需要推进作为其载体的新兴产业和未来产业发展。发展新质生产力需要遵循新兴产业和未来产业的内在发展规律、市场经济运行规律和产业升级的规律。

第一，新兴产业和未来产业的内在发展规律要求正确发挥政府的作用。新兴产业和未来产业是以科技创新、技术突破为基础，且对经济未来发展起到引领和带动作用的支柱产业。诱发新兴产业和未来产业的科技是原创性、颠覆性的科技，是0到1的突破。这些原创性的创新本身面临非常大的不确定性，同时又需要大量持续的资金投入。创新的不确定性意味着科研投入回报率较低，因此各国政府往往都会对原创性、基础性创新以及新兴产业和未来产业进行一定的补贴。我国作为发展中国家，在技术上面临着赶超发达国家的情况，因此要发展新质生产力，政府对新兴产业和未来产业进行布局和谋划是十分必要的。

第二，新兴产业和未来产业的发展需要遵循市场经济运行规律。市场经济顺利运行需要满足一定条件，例如市场交易的双方必须具有平等的经济权利，参与市场竞争的个体必须具备权责利相一致的内部结构。新兴产业和未来产业的发展也需要遵循市场经济运行规

律，如果过度补贴，会使企业自身的权责利不一致，从而缺少自生能力而无法适应市场竞争的要求。因此，在对新兴产业进行政府补贴时，特别需要关注企业生产效率指标：一是需要注意中长期利润率水平变化，避免出现利润率主要取决于政府补贴的现象；二是要关注企业产能利用率变化，避免出现因补贴而产生产能过剩、过度膨胀的情况。要实现政府补贴的激励和市场竞争的效率相结合，在新兴产业的企业利润率较高且产能利用率出现较大幅度上升时，应适当减少政府补贴，通过市场机制来激励新兴产业进一步发展。

第三，新兴产业和未来产业发展需要遵循产业升级的规律。产业升级是经济社会发展发生质变的关键，产业升级过程中结构矛盾又是经济社会发展过程中的真正困难和障碍[1]，因此发展新兴产业需要遵循产业升级的内在规律，协调好新兴产业与其他产业之间的关系。一是新兴产业自身需要提高效率，要以提高企业全要素生产率作为根本标准。二是要发挥新兴产业的效率传导效应。从历史发展来看，主导产业的增长率会高于整体工业部门，一段时间后会降到整体水平以下。[2] 从新兴产业和其他产业的关系看，应该关注新兴产业全要素生产率和其他产业以及整体经济全要素生产率的关系，确保新兴产业的生产率提升能够传导到整体经济，即能够带动其他产业和整体经济全要素生产率的提升。三是要注意产业间的比例协调。产业间的协调发展需要满足一定的比例关系，从新兴产业自身的发展来说，如果没有现代化的农业、工业，没有强大的实体经济支撑，新兴产业就无法获得真正的发展，只可能造成"虚高"的泡沫和自我膨胀。因此，特别需要关注不同产业产品的供求关系变化、价格波动和产能利用率是否出现异常变化，保证产业间的比例协调。

---

[1] 刘伟.科学认识与切实发展新质生产力.经济研究，2024（3）：4-11.
[2] 罗斯托.经济增长理论史：从大卫·休谟至今.杭州：浙江大学出版社，2016.

2.发展新质生产力不能忽视传统产业转型升级

传统产业是产业体系的基础，传统生产力也不等同于落后生产力，发展新质生产力不能忽略传统产业的发展，甚至简单地放弃传统产业，必须要推动传统产业的转型升级。

首先，传统产业是基础，对整体经济发展至关重要。传统产业关系到整体经济的稳定与演进，在新兴产业尚未充分发展前，传统产业是保证就业、稳定经济增长的支柱。以发电量为例，2023年我国火电发电量仍高达13亿千瓦，对整体经济电力供应仍然起到至关重要的作用。2022年我国传统产业仍然占据80%以上的经济总量①，传统产业对于整体经济而言至关重要。

其次，传统产业转型本身可以形成先进生产力。现代化产业体系的建设离不开传统产业的转型升级，传统产业转型升级的过程本身就是创造先进生产力的过程。对于传统产业的转型升级，一是要鼓励传统产业在相同条件下使用新兴产业的产品，通过与新兴产业间的投入产出关系实现"创造性转型"，同时也可以稳定新兴产业产品需求。二是要支持对传统产业的关键生产环节进行数字化、智能化升级。传统产业数字化、智能化升级过程本质上是传统产业的"新兴化"，因此与发展新兴产业类似，需要给予其一定的政府补贴，同时以提高全要素生产率为标准确保补贴的效率。三是要注重传统产业劳动者的培训和权益保护，不能简单以"机器换人""智能换人"的方式提高全要素生产率。

3.发展新质生产力必须从实际出发

发展新质生产力不能追求单一模式，一哄而上，而是应该根据自身的特点与实际情况，因地制宜，分类发展。

---

① 战略性新兴产业增加值占国内生产总值比重超13% 国家级先进制造业集群产值超20万亿元.人民日报，2023-07-06.

一方面，要结合各地区资源禀赋、发展状况和历史文化来发展新质生产力。发展新质生产力以提高全要素生产率为标准，各地区之间的差异性决定了不能按照同一模式提高全要素生产率。首先，要结合地区优势，以提高全要素生产率为目标优化生产要素及其组合。具体地，各地区的自然资源禀赋存在差异，劳动力技能素质存在区别，物质资料生产也往往不同，这就意味着要素优化及组合方式需要结合自身优势来因地制宜。例如中西部很多地区往往地广人稀，适宜发展风电、太阳能发电等产业；而在科研院所密集地区可以借助优势条件发展生物科学、人工智能等产业。其次，需要结合地区产业结构特点来发展新质生产力，协调传统生产力。在新兴产业已经具备一定基础的地区，应该注重进一步提升新兴产业的质量和规模，在此基础上延长产业链。在传统产业占优势的地区，更应该注重对传统产业进行转型升级。

另一方面，因地制宜发展新质生产力也要做好全国宏观层面整体协调。我国作为一个大国，各地区的经济文化发展存在差异是必然的现象，生产力发展不平衡也是客观情况，这就需要从全国层面对生产力进行合理的空间布局，因地制宜地发展。一是要保证产业政策的竞争性，保证地方产业形成互补、不能趋同，实现各产业部门比例合理、区域协调发展。二是要以畅通经济循环为目标，利用地区的差异性特点，形成国内新兴产业和传统产业的分工体系，进而在不同地区形成产业上下游关系。三是要在政策支持上保持多样化和灵活性，以畅通全国经济循环为目标发展地区新兴产业，实现新质生产力发展的合理空间布局。

4.发展新质生产力必须建立教育科技人才协同发展机制

新质生产力主要由技术革命性突破催生，发展新质生产力需要提高科技创新能力，加快科研成果转化。科技创新自身具有一定的规律，科技创新的关键在于创新性的人才，人才的培养在于教育，因此发展新质生产力必须要形成教育科技人才协同发展机制。

首先，尊重教育、科技和人才的发展规律。科技创新是一个长期持续的积累过程，基础性、颠覆性的科技创新更是需要持续的自主学习和自主研发能力；同时创新往往面临一定的不确定性，这就需要长期资金和科研人员的投入；人才的培养、知识的积累同样需要长期的时间投入。因此科研，特别是颠覆性的科技创新要求人才储备具有一定的超前性[①]，教育具有一定的前瞻性。所以，教育、科技和人才协同体系要做好短期和长期规划，形成动态的协调机制。

其次，坚持创新链、产业链、人才链一体化部署。科技创新最终需要进行成果转化，也即科研需要进入生产过程才能形成直接生产力，所以创新链要与产业链相结合，以围绕产业链的发展需要来进行科技创新。当下的科研更需要围绕产业链的"卡脖子"问题展开针对性的自主研发。人才的培养模式要适应科研创新的需要，一方面，在当前科技革命、技术交叉融合发展的背景下，教育事业需要加强跨学科人才培养；另一方面，人才的培养模式也需要适应产业链的发展，使劳动者在社会分工下形成协作关系，从而使"总体工人"形成实际的生产力。

最后，协调政府、市场和企业在教育科技人才协同发展机制中的作用。科技创新在根本上不应盲目追求数量多少，而应注重其在整体经济中的合理分布，特别是基础性创新和应用性创新的分布应与产业链相协调。合理的创新分布，需要发挥不同创新主体的作用。基础性创新、人才的培养和教育事业的发展一般具有较强的外部性，依靠市场通常会导致一定的低效率，这就决定了必须发挥政府的重

---

① 刘伟，张立元.经济发展潜能与人力资本质量.管理世界，2020（1）：8-24，230.

要作用。对于应用性较强或成果转化前景相对明朗的科研活动，可以由企业或企业与科研机构联合来完成，充分发挥市场的激励效应。应用性创新基于基础性研发，企业在充分享有基础性研发成果后所获收益的一部分可以通过税收返还给政府，政府可以进一步将其用于支持基础性创新和人才培养。要避免基础性创新单纯"寄生"于政府、企业依托市场单独获取创新红利，应该形成教育、科技、人才在政府、市场和企业之间协同共生的良性循环机制。

5.发展新质生产力必须构建与之相适应的新型生产关系

生产力的发展不仅是单纯的人类进行物质生产的自然能力的提升，它还会带来生产和社会层面的变革。发展新质生产力需要建立新型生产关系，在体制制度层面为新质生产力的发展提供良好的环境。

首先，继续完善中国特色社会主义基本经济制度。基本经济制度是生产关系在制度层面的体现，是政治、法律、文化制度的基础。发展新质生产力需要继续完善基本经济制度：要建设高水平的市场经济体系，使优质生产力要素向有利于新质生产力发展的方向流动，充分发挥市场在资源配置中的决定性作用，使得企业在竞争中主动提高生产技术、优化要素组合方式。继续完善分配制度，激发劳动、知识、技术、管理、资本和数据等生产要素活力，营造鼓励创新、宽容失败的良好氛围。

其次，全面深化教育体制、科技体制、人才体制改革，形成与技术-经济范式相适应的制度环境。新质生产力是以原创性、颠覆性创新为主导的先进生产力，新质生产力必然要求形成与传统生产力背景下不同的教育、科技、人才体制。特别是，基础性创新面临的不确定性要求存在一定的试错机制，试错并不完全是先进技术和落后技术的优胜劣汰，而是探索新技术的可能发展方向，因此教育体制、科技体制和人才体制等必须要包含对试错机制的容忍和激励。

最后，协同推进新质生产力和传统生产力发展。生产关系的变革要适应生产力的发展，在新质生产力和传统生产力并存的情况下，生产关系同样存在差异，从而才能与不同的生产力相适应。以增量的方式为新增的新质生产力提供良好的体制制度环境，同时随着传统生产力的转型升级，渐进地对与传统生产力相适应的体制制度进行变革，从而促进新质生产力与传统生产力协调发展。

第三章
正确理解新质生产力

谢富胜[*]

2024年3月全国两会召开以来,"新质生产力"引发了中国社会各界的热烈讨论,更成为外媒普遍报道的关键热词。实际上,"新质生产力"一词早在2023年9月就被提出,其内涵在习近平总书记后来的多次讲话中不断得到丰富发展。起初,发展新质生产力的着眼点主要在以科技创新推动战略性新兴产业、未来产业发展,塑造经济增长的新动能。到2024年1月,习近平总书记在中共中央政治局第十一次集体学习时系统全面地论述了新质生产力的特点、关键和本质,新质生产力不再局限于"新兴产业的生产力",而是"由技术革命性突破、生产要素创新性配置、产业深度转型升级而催生,以劳动者、劳动资料、劳动对象及其优化组合的跃升为基本内涵,以全要素生产率大幅提升为核心标志,特点是创新,关键在质优,本

---

[*] 本文即将发表在《政治经济学研究》,2024年第3期。谢富胜,中国人民大学出版社总编辑,教育部长江学者特聘教授,中国人民大学全国中国特色社会主义政治经济学研究中心副主任,《政治经济学评论》副主编,中国《资本论》研究会副秘书长。

质是先进生产力"①。其中，科技创新是发展新质生产力的核心要素，绿色生产力是新质生产力的本质，要全面深化改革以形成与新质生产力相适应的新型生产关系。2024年3月，习近平总书记又进一步补充了发展新质生产力的几条原则和注意事项，包括因地制宜、在发展新产业的同时注重传统产业的改造、防止新产业的一哄而上和泡沫化，以及深化科技、教育、人才体制改革等。

国内外各界普遍看到了中国以科技创新赋能经济发展、推动经济转型的决心，但同时也出现了质疑声——新质生产力只是政策口号吗？例如，英国BBC发文讨论新质生产力这个新词汇只是"新瓶装旧酒"，还是能帮助中国经济谋求更新的发展动力；美国VOA发文质疑新质生产力只是"掉书袋"，无助于解决中国当前面对的经济问题；《经济学人》杂志也撰稿称"中国正在遭受自己的'索洛悖论'"，怀疑新质生产力的发展前景。

新质生产力真的如外媒所说，只是一句前景堪忧的政策口号吗？本文将说明，新质生产力与供给侧结构性改革、高质量发展、新发展格局等概念是一以贯之的，其核心都是要解决当前中国社会的主要矛盾。关于发展新质生产力的一系列论述既在理论上坚持和发展了马克思主义生产力理论，又在实践上具有可操作性，当前中国社会的主要矛盾突出表现为供给体系不适应需求结构变化的问题，发展新质生产力就是要以科技创新为引领促进生产方式的变革，在更高水平上实现供需平衡，推动经济高质量发展。新质生产力是习近平经济思想的重要组成部分，更是推进高质量发展和全面建成社会主义现代化强国的指南。

---

① 习近平.发展新质生产力是推动高质量发展的内在要求和重要着力点.求是，2024(11)：4-8.

一、从"新常态"到"新质生产力"

中国奉行的是以党的集中领导原则为基础的国家组织制度，这种制度的核心优势在于将传统小农经济中分散的个体凝聚为坚实的整体，符合建设社会主义国家、完成后发国家现代化的需要。凝聚力量需要统一思想、统一意志、统一行动，经济工作也不例外，这要求党根据经济发展阶段的变化研判经济发展形势、制定经济发展战略和政策、明确经济改革方向，并以新概念、新提法的形式自上而下发布和宣传，动员社会各界完成经济发展的新历史任务。随着经济实践的发展，党对经济规律的认识不断深化，这些新概念、新提法也不断丰富发展。

党的十八大以来，面对国内外环境的深刻复杂变化，以习近平同志为核心的党中央科学把握世界发展大势和中国发展阶段性特征，对经济形势进行科学判断，对发展理念和思路作出及时调整，提出了一系列新概念、新提法。2013年12月的中央经济工作会议上，习近平总书记首次提出中国经济发展进入了新常态，并在次年的中央经济工作会议上，从消费需求、投资需求、出口和国际收支、生产能力和产业组织方式、生产要素相对优势、市场竞争特点、资源环境约束、经济风险积累和化解、资源配置模式和宏观调控方式等九个方面的趋势性变化分析了中国经济进入新常态的原因，强调认识新常态、适应新常态、引领新常态是当前和今后一个时期我国经济发展的大逻辑。这九大趋势性变化并不是并列存在的，其中有一些是导致中国经济进入新常态的本质原因，有一些则是经济问题的外在表现。例如，在消费需求的变化方面，模仿型排浪式消费阶段基本结束，个性化、多样化消费渐成主流，而在生产能力和产业组织方式的变化方面，新兴产业、服务业、小微企业作用更加凸显，生产小型化、智能化、专业化将成为产业组织的新特征。但中国却面临着传统产业供给能力大幅超出需求的现实问题，意味着现有的供给能力并不能满足消费需求的变化，这是中国经济进入新常态的深层次原因。

随着新常态下经济社会的趋势性变化不断加深，2017年党的十九大明确作出"中国特色社会主义进入新时代，我国社会主要矛盾已经转化为人民日益增长的美好生活需要和不平衡不充分的发展之间的矛盾"的论断[1]，随着脱贫攻坚战的胜利和全面建成小康社会目标的实现，党的十九届五中全会进一步从社会发展阶段的高度提出中国进入了一个"新发展阶段"，中国特色社会主义新时代、主要矛盾转化、新发展阶段与新常态共同明确了当前中国经济发展的历史方位。其中，主要矛盾转化决定了社会发展阶段的变化，是判断中国进入新时代和新发展阶段的依据，新常态则从经验现象层面上描述了新时代和新发展阶段下经济发展的趋势性变化，也是新时代社会主要矛盾的外在表现。

经济发展的历史方位的转变意味着发展战略也要及时调整，战略目标就是要解决中国特色社会主义新时代的社会主要矛盾，从供给侧结构性改革、高质量发展，到现代化经济体系、新发展格局，再到新质生产力，都是为解决社会主要矛盾提出的一以贯之的具体发展战略。2016年初，习近平总书记就根据主要矛盾的转变提出，"当前和今后一个时期，我国经济发展面临的问题，供给和需求两侧都有，但矛盾的主要方面在供给侧"[2]"我国不是需求不足，或没有

---

[1] 中共中央党史和文献研究院.十九大以来重要文献选编（上）.北京：中央文献出版社，2019：8.

[2] 习近平.习近平谈治国理政：第2卷.北京：外文出版社，2017：253.

需求，而是需求变了，供给的产品却没有变，质量、服务跟不上。有效供给能力不足带来大量'需求外溢'，消费能力严重外流。解决这些结构性问题，必须推进供给侧改革。"①供给侧结构性改革后来常被简化描述为"去产能、去库存、去杠杆、降成本、补短板"②，甚至简单地以"去产能"概括。但实际上，供给侧结构性改革的最终目标是要"提高供给结构对需求变化的适应性和灵活性"③，科技创新提供了强劲的动力，"推进供给侧改革，必须牢固树立创新发展理念，推动新技术、新产业、新业态蓬勃发展，为经济持续健康发展提供源源不断的内生动力"④，这与新质生产力的内涵十分相似。

2017年，党的十九大报告提出中国经济"由高速增长阶段转向高质量发展阶段"⑤的重大判断，同样围绕着社会主要矛盾转变的要求，习近平总书记明确要"推动高质量发展，以适应科技新变化、人民新需要，形成优质高效多样化的供给体系，提供更多优质产品和服务。"⑥与供给侧结构性改革相比，高质量发展是更体系化的整体发展原则，包含着创新、协调、绿色、开放、共享的发展目标，力图推动科技创新与产业升级，并涵盖区域协调发展、精准脱贫、乡村振兴等战略，在强大国内经济循环体系的基础上实行高水平对外开放，最终要形成的是产品有市场、投资有回报、企业有利润、员工有收入、政府有税收的更高水平的经济循环。2017年提出的"现代化经济体系"和2020年提出的"新发展格局"也多被认为是推动高质量发展的重要战略目标和战略部署。

---

① 习近平.习近平谈治国理政：第2卷.北京：外文出版社，2017：253-254.
② 习近平.习近平谈治国理政：第4卷.北京：外文出版社，2022：169.
③ 同①254.
④ 同①256.
⑤ 中共中央党史和文献研究院.十九大以来重要文献选编（上）.北京：中央文献出版社，2019：21.
⑥ 习近平.习近平谈治国理政：第3卷.北京：外文出版社，2020：237.

从供给侧结构性改革到新发展格局，中国共产党要解决社会主要矛盾的战略目标没有改变，以供给侧和生产端的改革为主要抓手的战略重点没有改变，但具体的战略措施则在实践的发展中不断丰富，直到2023年新质生产力的提出，标志着改革的措施更加明确、完善和体系化。习近平总书记早在2013年就敏锐地指出"新一轮科技革命和产业变革正在孕育兴起"[1]，将给人类社会发展带来新的历史性机遇。2016年，习近平总书记首次阐明供给侧结构性改革内涵时也曾设想科技革命带来的生产力跃升，"一个国家发展从根本上要靠供给侧推动。一次次科技和产业革命，带来一次次生产力提升，创造着难以想象的供给能力。"[2] 这些设想在新质生产力的概念中更加具体化了，新质生产力作为"创新起主导作用，摆脱传统经济增长方式、生产力发展路径，具有高科技、高效能、高质量特征，符合新发展理念的先进生产力质态"[3]，将对高质量发展产生强劲推动力、支撑力，是解决新时代社会主要矛盾的重要战略举措。

二、生产力的质变与生产方式的跃迁

要正确理解新质生产力的"新"和"质"，必须回到马克思主义经典文本找寻答案。生产力是马克思主义理论体系中最核心的范畴之一，指的是人们在物质生产实践中形成的"共同活动方式"。马克思认为社会科学的研究对象是人类社会本身，要研究人类社会，首先必须认识到人作为现实存在的物质生活需要——衣食住行等基本生活条件："人们为了能够'创造历史'必须能够生活。但是为了生

---

[1] 习近平在欧美同学会成立100周年庆祝大会上的讲话.人民日报，2013-10-22.
[2] 习近平.习近平谈治国理政：第2卷.北京：外文出版社，2017：255.
[3] 习近平.发展新质生产力是推动高质量发展的内在要求和重要着力点.求是，2024(11)：4-8.

活，首先就需要吃喝住穿以及其他一些东西。因此第一个历史活动就是生产满足这些需要的资料，即生产物质生活本身。"[1] 这一过程同时包含着人与物的自然关系，以及人与人的社会关系。只有在人们的交往、相互联系和分工中才能完成生产过程，形成真正的生产力。因此马克思在《德意志意识形态》中直接将生产力定义为："一定的生产方式或一定的工业阶段始终是与一定的共同活动方式或一定的社会阶段联系着的，而这种共同活动方式本身就是'生产力'。"[2] 生产力体现在直接生产过程中劳动者的合作形式中，换言之，体现为特定技术与组织形式下的劳动方式或劳动过程。

生产力是不断发展变化的，这种变化既包括统计上的生产力的量的改变，也包括这种共同活动方式本身，即生产力的质的改变。从量上来看，作为"有用的、具体的劳动的生产力，它事实上只决定有目的的生产活动在一定时间内的效率"[3]，"劳动过程的进行所需要的一切物质条件"[4]——包括那些不直接加入劳动过程的要素——都将有可能单纯地影响劳动生产力的量。马克思曾明确提出五种影响劳动生产力的因素，包括"工人的平均熟练程度，科学的发展水平和它在工艺上应用的程度，生产过程的社会结合，生产资料的规模和效能，以及自然条件"[5] 等。例如，工人的平均熟练程度提高，能够直接缩短单位产品的劳动时间，从而提高劳动生产力的量。又例如，科学发展及其应用如果创造了新产品，提高了工人同种劳动的强度，就能提高劳动生产力的量。随着现代工业体系的发展，影响劳动生产力量变的因素会随着劳动过程的改变而不断丰富。劳动

---

[1] 马克思，恩格斯.马克思恩格斯文集：第1卷.北京：人民出版社，2009：531.
[2] 同[1]532-533.
[3] 马克思，恩格斯.马克思恩格斯文集：第5卷.北京：人民出版社，2009：59.
[4] 同[3]211.
[5] 同[3]53.

生产力量变的积累可能伴随着生产力质的飞跃，但不是任何影响劳动生产力的因素都能推动生产力的质变。生产力的本质是人们之间的共同活动方式，只有这种共同活动方式的性质的变化，才意味着生产力的质变。

从人类社会形态演变的视角来看，当生产力发生质变，并且新的生产力在经济中起到主导作用时，一切社会关系就会被重塑，带来同一社会形态内部发展阶段的转变或者从根本上改变社会形态。正如马克思所说，"手推磨产生的是封建主的社会，蒸汽磨产生的是工业资本家的社会。"① 从同一社会形态（资本主义社会）发展阶段演变的视角来看，共同活动方式的变化就是占主导地位的生产方式的变化，也就是"生产过程的社会结合"的变化。如图3-1所示，由于劳动过程中各种物质条件的影响，基于特定生产方式的生产力水平（即生产力的量）在统计上是不断提高的，但提高的数值将随着资本积累规模的扩大和种种外生冲击而不断递减，生产力发展遇到瓶颈。在资本逐利性的驱使下，企业迫于竞争压力，会持续优化其直接生产过程，尤其是不断创新劳动者与生产资料相结合的技术条件，并形成劳动者之间新的分工与协作方式，带来更高生产力水平的生产方式的逐渐形成。在新的生产方式之上，生产力水平又经历了一个类似的变化过程，如此往复发展。由生产方式引起的生产力的质变将带来生产关系的改变，"一旦生产力发生了革命——这一革命表现在工艺技术方面——，生产关系也就会发生革命"②，社会历史阶段也就发生了改变。社会历史阶段的改变包括社会形态的更替和同一社会形态下发展阶段的转化。其中，前者意味着生产的权力关系的根本改变，例如封建社会人身依附关系向资本主义社会雇

---

① 马克思，恩格斯. 马克思恩格斯文集：第1卷. 北京：人民出版社，2009：602.
② 马克思，恩格斯. 马克思恩格斯全集：第37卷. 2版. 北京：人民出版社，2019：100.

佣劳动关系的转变，后者则意味着特定权力关系的具体形式的变化，例如在直接生产过程中，劳动者彼此间的合作与竞争、管理者对劳动者的控制与激励以及劳动者的对抗或合作，都会随着生产力的变革而变化。

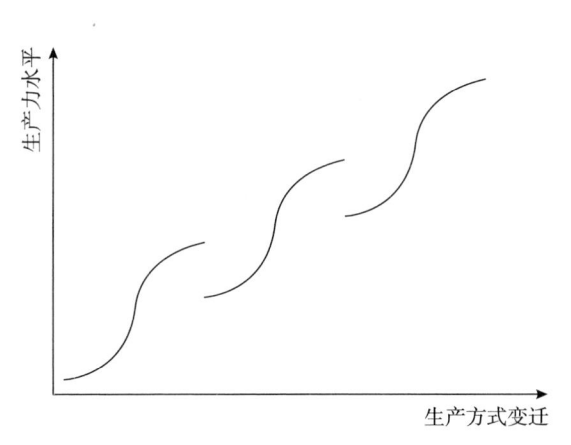

图 3-1 生产力的量变和质变

注：第一，生产方式的变革需要漫长的结构调整，可能意味着一场危机，也即生产力的初始水平有所下降；第二，现实的资本主义社会并不一定能够永远获得向上跃升的生产方式，图 3-1 仅作为理论说明使用。

生产方式变革，或者说生产过程的社会结合对生产力质变的影响具体体现在资本主义社会生产方式变迁中。从社会形态变革的角度来看，小农生产方式下的农民和简单协作生产方式下的手工业者都根据自身有限的知识与能力进行简单劳动。与排斥分工协作的小农生产方式不同的是，资本主义协作不仅能够提高"个人生产力"，而且创造出了作为"集体力"[①] 的社会劳动的生产力，并且社会劳动的生产力将通过"变革劳动过程的技术条件和社会条件，从而变革生产方式本身"[②] 实现跃升。只有在变革生产方式的基础上，"才能

---

① 马克思，恩格斯.马克思恩格斯文集：第 5 卷.北京：人民出版社，2009：378.
② 同①366.

组织劳动的分工和结合，才能使生产资料由于大规模积聚而得到节约，才能产生那些按其物质属性来说只适于共同使用的劳动资料，如机器体系等等，才能使巨大的自然力为生产服务，才能使生产过程转化为科学在工艺上的应用。"[①] 每一种生产力的发展潜力都是有限的，例如，工场手工业形成了基于手工劳动分工的社会劳动的生产力。随着机器和机器体系的出现，以机器代替手工劳动，形成了基于机器分工的机器协作体系，即现代工厂制度，把巨大的自然力和自然科学并入生产过程，变革了人类分工与协作的共同活动方式，生产方式的改变使得基于新生产方式的社会劳动的生产力得到了极大发展。第二次工业革命中，在美国出现了福特制大规模生产方式，推动了二战后黄金年代的繁荣。20世纪90年代，随着数字技术革命发生，发达国家逐渐形成了核心-外围的全球生产网络，在解决福特制生产方式危机的同时又使资本主义经济陷入了新的困境。在一定的生产方式下，生产力与生产关系相适应，规定着这一阶段在全球分工格局下不同地区的经济运行与发展。

三、"传统生产力"与中国社会的主要矛盾

根据前文的分析，特定生产方式之下的生产力量的提高是递减的，显然，过去带来"中国奇迹"的那种生产方式所形成的传统生产力已经遇到瓶颈，并以此为背景形成了中国社会的主要矛盾，阻碍了生产力的进一步增长与变革。为应对这一问题，党中央提出了"发展新质生产力"这一战略举措。只有阐明旧的生产方式在一定时期内如何带来了经济增长，在新时期又面临什么样的问题，才能找

[①] 马克思,恩格斯.马克思恩格斯文集:第5卷.北京：人民出版社,2009：719-720.

到发展新质生产力的正确方向。

新中国成立以来,国内已经建立起了相对独立、门类齐全的工业体系,大规模生产方式取代传统小农生产方式占据了社会生产的主导地位,成为国内生产力发展的主要载体。改革开放以来,特别是2001年加入WTO后,中国凭借低成本高素质的劳动力和高效的产业链优势,以大规模生产标准化模块部件的方式融入全球生产网络,形成了市场和资源"两头在外"的"世界工厂"发展模式,经济增长建立在大规模生产方式和强劲的国外需求之上。以"两头在外,大进大出"为特点,我国外向型企业成为全球生产网络的外围部分,承接欧美日韩等地的发包订单,从澳大利亚、印度、俄罗斯和巴西等国进口能源资源,从日韩等地进口关键部件,外向型企业为国内大量农民工创造了就业机会,按照核心企业的标准生产、加工和组装模块部件,将产品冠以核心企业的品牌出口。强劲的外需带动企业出口,推动农村剩余劳动力转移,加速了城镇化过程。政府主导的基础设施建设快速发展,居民收入水平提高,国内大规模标准化的消费市场形成,与大规模生产标准化模块部件的方式相匹配。同时,居民消费从"吃、穿、用"等基本消费,向"住、行"等提高生活质量的消费转变。加工贸易业、房地产业、汽车行业以及基础设施建设的快速发展,通过产业关联效应带动上游产业产能扩张,推动整体经济增长。2002—2011年,中国GDP平均增长率达到10.7%。[①] 出口扩张是这一轮高速增长最重要的原因之一,若不考虑全球金融危机及其后时期,2002—2007年,出口的平均贡献率达到47.5%,相比之下,投资贡献率为45.4%,而居民消费贡献率

---

① 数据见中国国家统计局,由笔者计算而得。如无特殊说明,下文数据均来自中国国家统计局。

仅为31.2%。①

虽然这种生产方式带来了生产力的量的快速增长，但它也带来了诸多问题。首先，这种生产方式高度依赖国外持续稳定的最终消费需求。由于我国出口企业直接面向市场需求，一旦需求稳定性被破坏，我国出口企业将承担外部环境变化带来的风险。与此同时，我国出口企业对国外核心企业订单的依赖度高。全球金融危机后世界市场收缩，中国出口增速放缓，导致下游加工企业产能过剩，通过产业关联效应，传导至固定资本投入更多的上游企业，供应链产能过剩加剧。在供给侧结构性改革的思路下，短期内，以推进去产能、去库存、去杠杆、降成本、补短板的任务为重点，中央政府推动实施了一系列措施，例如推动钢铁等行业企业兼并重组、分类调控房地产市场并进行棚户区住房改造、扩大小微企业所得税优惠范围并降低非税负担、扩大专项扶贫与基础设施建设资金等等。2016年全国工业产能利用率为73.3%，在供给侧结构性改革的推动下，2023年该利用率提升至75.1%，仍处于较低水平。这些措施取得了一定成效，但一方面降低企业成本和拉升居民消费的效果有限，另一方面也加重了地方财政压力，甚至造成就业替代、民间投资挤出的风险。

其次，当前我国企业在生产阶段采取的大规模生产方式不适应国内标准化与个性化并存的动态需求结构的变化，供给不适应需求成为我国经济发展中最突出的根本性问题，也是造成中国人民日益增长的美好生活需要和不平衡不充分的发展之间的矛盾的首要原因。随着经济社会的发展，以城镇居民为代表的中等收入群体已超4亿人，他们的基本品需求逐渐被满足，向个性化、多样化消费转变，

---

① 居民消费和投资贡献率基于支出法国内生产总值计算。

对功能多元、品质优良的产品需求增加。而大规模生产方式将单一功能的专用机器设备与低技能操作工人相结合，技术和设备水平比较有限，只能大规模低成本地生产标准化产品，技术和产品创新频率低，导致高质量、高水平的有效供给不足，不适应不断升级的个性化、多样化需求。这部分有购买力支撑的消费需求在国内得不到有效供给，便"将大把钞票花费在出境购物、'海淘'购物上"[1]，从名牌奢侈品到普通日用品，大量消费能力严重外流。2020年中国进口品消费支出约为1.9万亿人民币，排在前5位的进口品所属行业分别为仪器仪表、专用设备、化学产品、纺织品、通用设备，其中仪器仪表进口消费量约为国产消费量的4.9倍。[2] 同时，由于我国有大批在劳动密集型出口企业就业的劳动者面临国际逐底竞争[3]，工资提高乏力，而且在外需下降的冲击下，就业不稳定性增强，潜在消费需求没有收入支撑，不利于标准化消费的规模扩大和结构升级。2023年，以农村大多数居民为主的将近6亿人平均月收入仍徘徊在2 000元左右，农村居民仍消费低成本的标准化产品，并且消费收入比达到83.8%，这表明在当前收入水平下，农村消费扩张和升级的空间十分有限。然而，大规模生产方式的固定资本投入规模庞大，产品线转换困难，一旦改变将使企业付出重大成本。更重要的是，新的生产方式怎样组织、如何向新生产方式转型都是需要企业不断探索并回答的重要问题。

在供给不适应需求的情况下，企业营业收入下降导致盈利能力持续低迷，尽管政府试图通过减税降费来缓解利润率的下降，但由于税费只是企业综合成本的一部分，并且成本下降并不能直接提高

---

[1] 习近平.习近平谈治国理政：第2卷.北京：外文出版社，2017：253.
[2] 根据2020年中国非竞争型投入产出表计算，参见中国国家统计局。
[3] 卡普林斯基.夹缝中的全球化：贫困和不平等中的生存与发展.北京：知识产权出版社，2008.

企业利润，因此大规模的减税降费并未拉动经济增长，反而使地方政府财政压力进一步增大。数据显示，尽管 2016 年以来工业企业主营业务成本开始下降，但由于主营业务收入下降，2017 年后资产收益率持续下降。2024 年 3 月末规模以上工业企业资产利润率仅为 3.6%。企业盈利能力走低抑制了实体投资，制造业固定资产投资增速为 9.9%。实际上，四万亿刺激政策出台以后，房地产业和基础设施投资取代了制造业，成为拉动中国经济增长的引擎。但由供给不适应需求导致的制造业盈利能力持续走低、流动性过剩和房地产业的过度发展加剧了金融、房地产业与实体经济的失衡，基础设施的过度投资也并未转化为实际的生产能力，反而带来了地方政府债务危机的隐患。

最后，中国也面临着关键核心技术与资源能源"卡脖子"问题。资本国际竞争日趋激烈，20 世纪形成的多边贸易秩序正在剧烈转变，以美国为首的部分国家借助各类制裁措施，设法阻碍中国的生产力进步，企图推动与中国制造业的"脱钩断链"，并通过关键核心技术与资源能源"卡脖子"试图限制中国先进技术发展。当前，我国高科技产品关键核心部件的国有化率较低，供应链的"命门"被别人掌握。2023 年，我国半导体进口总额约为 2.6 万亿元，以电子技术、计算机与通信技术、生命科学技术等为代表的高新技术产品进口额高达 4.8 万亿元。在资源能源方面，大规模生产方式所使用的单一功能机器设备对资源能源的需求巨大，但国内供给不足，资源能源高度依赖进口。2021 年，我国石油和天然气的对外依存度分别高达 70% 和 40% 以上，全年进口原油外汇支出达 2 573 亿美元，创历史新高，同时进口原油 80% 经过马六甲海峡[①]，能源安全面临严峻挑

---

① 国家能源局网站。

战。关键核心技术和资源能源受制于人，国内企业生产方式转型受阻，社会主要矛盾的解决更加复杂困难。

四、以新质生产力推动经济高质量发展

马克思认为，"人们所达到的生产力的总和决定着社会状况"[①]，生产力的具体形式决定了特定社会阶段的经济发展状况。而经济发展是一个非线性螺旋式上升的过程，量积累到一定阶段，必须转向质的提升。中国在当前阶段，如果继续处于技术依赖状态，生产力不能发生质的提升，外部出口与内部消费的积压将持续冲击已形成的循环体系，经济发展就可能徘徊不前甚至倒退。因此，高质量发展与新质生产力相匹配，"发展新质生产力是推动高质量发展的内在要求和重要着力点"[②]，着力解决标准化的大规模生产体系不适应个性化多样化的需求结构的根本问题，化解新时代社会主要矛盾，推动中国社会经济的有机体系进一步发展演化。

发展新质生产力的关键在于转变生产方式，而生产方式的转变则有赖于科技创新。在马克思的经典文献中，创新至少包含两层含义，一是通过技术和组织创新缩短必要劳动时间，"不断地驱使劳动生产力向前发展……以致……整个社会只需用较少的劳动时间就能占有并保持普遍财富""从而，人不再从事那种可以让物来替人从事的劳动"[③]。二是通过产品创新丰富人的需要，"发现、创造和满足由社会本身产生的新的需要。培养社会的人的一切属性，并且把他作为具有尽可能丰富的属性和联系的人，因而具有尽可能广泛需要的

---

① 马克思，恩格斯.马克思恩格斯文集：第1卷.北京：人民出版社，2009：533.
② 习近平.发展新质生产力是推动高质量发展的内在要求和重要着力点.求是：2024(11)：4-8.
③ 马克思，恩格斯.马克思恩格斯全集：第30卷.2版.北京：人民出版社，1995：286.

人生产出来。"[1] 迄今为止，世界资本主义体系主导生产方式的更替都首先伴随着重大通用技术变革的发生：第一次工业革命期间，以蒸汽技术的发明与应用为先导，形成以机器大工业为典型形态的生产组织，应用于棉纺织业、冶铁业等部门；第二次工业革命是电力和电动机的时代，在可互换性的基础之上，福特制生产方式引入了流程同步的思想，结合科学管理，开始大批量生产家用汽车等耐用消费品；20世纪70年代以后，信息技术的应用普及带来了第三次工业革命，新的数字化、弹性化生产方式开始占据主导地位，不仅改变了直接生产过程，更重塑了社会分工方式，全球化的按需生产格局开始出现。[2] 习近平同志敏锐地预见到新一轮科技革命和产业变革将为生产方式变革带来新机遇，并将科技创新作为发展新质生产力的核心要素，引领其他要素的重大变革。只有通过科技创新才能发展出更高素质的劳动者、更高技术含量的劳动资料和更广范围的劳动对象，改变"工人的平均熟练程度"，更有效地改造"自然条件"，使"生产资料的规模和效能"再上一个台阶，更重要的是，改变"生产过程的社会结合"即生产方式的跃升，不仅能提高劳动生产力，更会催生生产力质变。

发展新质生产力的具体举措包含以下几大相互联系的方面。

第一，积极培育新兴产业和未来产业以创造出新的生产资料和消费资料满足居民日益升级的需求。从生产资料来看，国内关键核心技术创新相对落后，在芯片、传感器、射频器件、核心工业软件、操作系统等各个已有领域面临发达国家"卡脖子"的风险。中国不仅要在"卡脖子"技术方面实现追赶和赶超，还要在那些与发达国

---

[1] 马克思，恩格斯. 马克思恩格斯全集：第30卷. 2版. 北京：人民出版社，1995：389.
[2] 佩蕾丝. 技术革命与金融资本：泡沫与黄金时代的动力学. 北京：中国人民大学出版社，2007.

家处于同一起跑线上的尚未被创造出来的技术方面实现原创性、颠覆性的创新，抢占科技竞争制高点。生产资料创新的突破将缓解中高端消费资料的供给瓶颈，同时还应当进一步巩固和扩大中国在新兴消费资料方面的优势。近年来，以新能源汽车、锂电池、光伏产品为代表的"新三样"及其相关技术进步较快，开始领跑外贸出口，特别是随着电动汽车出口的快速增长，中国在2023年超越日本成为第一汽车出口大国。[1] 但从总体来看，企业的流程创新、产品创新意愿仍不强，2022年规模以上工业企业的研发经费投入强度仅为1.39%。[2] 由于私人企业研发具有较多局限，例如，溢出效应会带来"搭便车"问题，企业竞争下的研究进程保密会造成大量重复无效研发，研发周期会带来回报的不确定性等等[3]，而关键核心技术攻关又要求大量资金长期投入，存在技术无法转化、产品无法进入市场的风险，单一市场机制无法保证资源充分调动，需要国家对技术创新决策、研发投入、科研组织、成果转化全链条整体部署，对政策、资金、项目、平台、人才等关键创新资源系统布局，从而最大限度整合要素和资源，保证其用于抢占科技竞争制高点。与此同时，科技创新必须进入企业生产过程才能形成新质生产力，企业直接面临市场需求，具有提高生产率、追求利润和市场份额的强大激励，能够设法整合产、学、研，将基础科研成果转化为应用技术并推动量产。因此，为发展新兴产业和未来产业，需要以企业创新为主体，推动新型举国体制下的关键核心技术攻关，提高国内高端产品供给水平。

第二，用数字技术革命改造传统产业，促进网络化智能化生产

---

[1] 针对中国新能源汽车出口量的快速增长，西方国家指责中国政府的补贴导致产能过剩，加剧了国际贸易不平衡。但实际上，在世界各国都在推行绿色低碳发展的今天，新能源产品的世界需求巨大，并不存在全球范围内的产能过剩。

[2] 2022年全国科技经费投入统计公报.中国政府网，2023-09-18.

[3] Gruber, J., and Johnson, S. *Jump-starting America: How Breakthrough Science can Revive Economic Growth and the American Dream*. New York: Public Affairs, 2019.

组织形成，变革企业生产方式并形成全社会范围内的数字化产业生态系统后，才真正形成了新质生产力。新的生产资料与消费资料的生产是发展新质生产力的基础，但不意味着这就已经形成了新质生产力。例如，应用清洁能源技术后利用锂矿制造出新型动力电池，支撑新能源汽车、储能设备等下游新产品的生产，极大提高了劳动生产力。但是，无论是锂电池自身的生产过程，还是仅仅应用新型能源系统、依旧采取大规模生产方式的生产过程，都不改变"生产过程的社会结合"，不涉及生产力的质变。在发展新兴产业和未来产业以提升有效需求的同时，必须借助数字技术革命变革传统产业的生产方式，持续推动自主可控、高质量的供给体系构建。在国内当前占主导的大规模生产方式下，生产调动较为僵化，难以实现低成本、小批量、多品种的灵活生产，不适应不断升级变化的消费需求。需要提高企业的"创新力、需求捕捉力、品牌影响力、核心竞争力"，围绕着产品开发和生产，突出核心企业的创新能力，同时实现"生产组织方式网络化智能化"转型[1]，按需匹配和调用各种生产资源，推进社会化协同生产，并引入人工智能等各类通用技术，加速信息处理产业的规模化。其中，龙头核心企业剥离非核心生产制造业务，简化业务流程，改造臃肿的科层制架构，减少管理人员，使组织结构扁平化，雇佣高技能人员组建职能交叉开发团队，专注关键部件创新与品牌经营，担负起产业生态系统组织设计的责任，打造标准化制造界面和模块化生产的产品标准，同时自身实现核心部件的精益生产。一批"专精特新"小巨人企业专攻子系统的研发创新，起到对接不同层级企业的中介作用。同时一批协作企业采用大规模生产方式保证批量生产，由物联网平台按需调度，与龙头核心

---

[1] 习近平.习近平谈治国理政：第3卷.北京：外文出版社，2020：238.

企业和小巨人企业相互协同，实现生产的专业化和高效率。在此基础上形成基于数字技术的大规模生产与消费者定制相结合的"大规模定制"生产方式，满足消费者的多样化需求。企业之间不仅形成基于契约的商品交易和业务竞争关系，更形成基于信息交换、协作开发的互动关系，紧密交织、层层嵌套，不同企业、不同子系统之间在自主生产过程中实现耦合协调。多层次的产业生态系统的构建过程，就是单个企业内部生产方式转型，并从直接生产过程出发，以分配、交换、消费参与经济循环，使生产方式转型社会化的过程。在此基础上，社会生产的各个部门之间建立起动态配合的技术经济联系，技术创新带来的生产力提升扩散到商品生产的各个领域，最终形成各产业有序链接、高效畅通的现代化产业体系。

第三，通过深化经济领域改革加快形成适应新质生产力的生产关系和交换关系。从生产关系来看，要"按照发展新质生产力要求，畅通教育、科技、人才的良性循环，完善人才培养、引进、使用、合理流动的工作机制"[①]。首先，适应于新兴产业和新生产方式的发展，龙头核心企业与高校科研院所应联合培养一批战略科学家和卓越工程师，同时遴选一批能够准确把握战略局势、关键核心技术攻关整体图景的高层次人才，不断攻克"卡脖子"关键核心技术；其次，小巨人企业雇佣拥有特定子系统生产所需的技能、经验和功能灵活性的劳动者，专攻相应子系统的研发设计，尤其要培养复合型人才团队，包括职能交叉开发团队和一线劳动者团队，突破单一技能人才培养体系下的职能分割和僵化趋势，组建职能交叉的开发团队，基于用户定制要求来发明、设计和测试；最后，协作企业灵活雇佣农业部门转移劳动力等低技能灵活就业者，由于在数字化产业

---

① 习近平.发展新质生产力是推动高质量发展的内在要求和重要着力点.求是，2024(11)：4-8.

生态系统中，供应商需要通过工人数量弹性化、薪酬弹性化、工作内容弹性化等方式组织劳动者，建立起稳定运转、迅速响应的按需生产体系，而这些灵活就业者承担了企业生产的不确定性所带来的风险，市场上将出现大量灵活就业者，同时"机器换人"等过程也会在短期内造成部分劳动者失业，因此必须探索出台对这些人员的保障政策，织牢劳动者的安全保护网，并提前预防可能出现的社会问题。在这一过程中，还要培养懂理论、懂技术、懂管理，能够组建职能交叉团队的综合性人才，利用数字技术实现远距离生产过程的协调，最终实现即时生产，实现多品种、小批量、高品质的商品供给。从交换关系来看，深化要素市场化改革和流通体制改革，打破制约生产资料、劳动力、资金等要素合理流动的堵点，提升流通效率。同时全面完善产权制度和竞争政策框架，营造良好的投资创业环境，激发各类经济主体活力。在此基础上，真正发挥市场在资源配置中的决定性作用，使人口分布更加均衡、产业布局更加合理、收入分配更加优化，最终在全社会重新建立起产品有市场、投资有回报、企业有利润、员工有收入、政府有税收的更高水平的良性循环。

需要特别指出的是，科技创新具有不确定性和长期性，生产方式变革也是漫长的结构调整过程，因此，发展新质生产力不能脱离实际、急于求成，要坚持循序渐进、先立后破、稳中求进，从当前最紧迫的问题入手，与解决产能过剩的战略政策相互配合。产能过剩也是供给体系不适应需求变化的一个直接表现，习近平总书记为解决中国经济的供给侧和生产端问题提出的各项战略举措基本上都是围绕着缓解产能过剩和提升供给能力两大方面。当前，产能过剩是中国经济的突出问题，不解决这个问题，大量企业就会因无法盈利而破产，新质生产力更加无从培育，因此必须寻找新的产能释放点。近年来，习近平总书记越来越重视乡村空间在缓解产能过剩方面的重要作用，特别是2023年，为纪念"千万工程"①实施20周年，政府做了一系列宣传工作，再次强调"千万工程"的重要意义。当前我国农村基础设施还存在明显薄弱环节，要继续把公共基础设施建设的重点放在农村，加快补上农业农村基础设施短板，以基础设施现代化促进农业农村现代化。与此同时，"坚持推进新型城镇化和乡村全面振兴有机结合""学习运用'千万工程'经验，打造具有地域特色的乡村建设模式。发展各具特色的县域经济，培育一批农业强县、工业大县、旅游名县，促进农民群众就近就业增收，因地制宜推进城镇化进程。"②在产能过剩的背景下，农村基础设施建设仍有很大的投资空间，尤其是农村生产生活需要的各类物质基础设施，包括供水供气供热管网等消费性固定资本及特色农产品加工和仓储物流基地等生产性固定资本投资的建设，都是对政府有限投资资金的有效配置。当然，固定资本投资并非一劳永逸，还要接续相应产业发展，统筹新型城镇化和乡村全面振兴，以县域为连接点，打造同时面向特色农产品和城市多样化即时消费的各类产品加工平台。相关基础设施建设能够在短期内吸引大量投资和就业，创造出有合理回报的投资需求和有收入支撑的消费需求，以重启经济循环，不仅能先让那些盈利能力较弱的劳动密集型企业活下来，在长期内还有利于创建促进新质生产力发展的社会支撑条件，形成初具规模的具有现代分工的县域经济，吸引劳动力和现代生产要素流入，重新整合资源，形成宜居宜业宜游的多功能乡村空间，促进第一、第二、第三产业融合发展和新质生产力真正落地，惠及城乡地区不同

---

① "千万工程"是习近平同志在浙江工作时亲自谋划、亲自部署、亲自推动的一项重大决策，它以农村新社区建设为重点，以村庄的整理和整治建设为切入点，深刻重塑了农村人居环境。

② 习近平主持召开新时代推动西部大开发座谈会强调 进一步形成大保护大开放高质量发展新格局 奋力谱写西部大开发新篇章.新华网，2024－04－23.

技能、不同行业的劳动人民。

五、结　论

"18 世纪以来,世界发生了几次重大科技……世界经济发生多次产业革命……一些国家抓住了机遇"①,利用科技变革实现了生产方式的转变,促进生产力发生质变,成为当时世界上的典范国家。生产力的发展兼具时间累积性和空间外溢性,这意味着生产力在代际间积累的同时也会在区域间传播,并重塑不同民族国家之间的力量对比。按照马克思的话来说,"凡是民族作为民族所做的事情,都是他们为人类社会而做的事情""每个民族都为其他民族完成了人类从中经历了自己发展的一个主要的使命(主要的方面)。"② 同时,列宁也指出,"创造高于资本主义的社会结构的根本任务"是"提高劳动生产率,因此(并且为此)就要有更高形式的劳动组织。"③

每一个时代都有典范国家在前人的基础上通过生产方式的变革推动生产力的质变。20 世纪 70 年代末期,美国依赖稳定投入和需求的大规模生产方式遇到需求结构性转变的危机。经过漫长的生产方式调整,20 世纪 90 年代以来,美国通过借鉴日本丰田生产方式的优势并克服其劣势,借助信息技术协调远距离生产,调动全球资源高效率、低成本地大规模生产满足全球消费者特定文化需求和生活状况的商品,形成了新的生产方式并使生产力发生质变。但大量生产制造环节的外包,导致美国经济增长和就业的空间分离,制造业空心化、就业极化、不平等、金融空转圈钱等矛盾凸显,特别是 2008

---

① 习近平.习近平谈治国理政:第 2 卷.北京:外文出版社,2017:202.
② 马克思,恩格斯.马克思恩格斯全集:第 42 卷.北京:人民出版社,1979:257.
③ 列宁.列宁选集:第 3 卷.3 版.北京:人民出版社,2012:490.

年全球金融危机以来世界经济复苏乏力，生产领域的价值创造能力远远弱于攫取利润的能力。在这个过程中，美国通过美元霸权、代理人战争等手段向外转嫁自身发展动能不足的恶果，并通过贸易制裁和技术封锁遏制中国先进产业发展，意图维持自身在全球资本主义体系中的霸权地位。

当今世界正在经历百年未有之大变局，我国正处于世界新一轮科技革命和产业变革同国内发展方式转变的历史性交汇期，充分发挥中国特色的制度优势、市场优势、人才优势，将就业和经济增长重新结合，利用数字技术革命变革生产方式，塑造新质生产力，不仅仅有助于中国取得全球新竞争优势，在战略性新兴产业与未来产业中抢占科技竞争制高点，形成牢不可破的供应链格局，克服当下社会主要矛盾，向新的发展阶段跃升；更有助于中国成为新时期的世界典范国家，推动人类命运共同体建设，为人类社会进步贡献中国力量。在这个意义上，发展新质生产力的理论不仅是对马克思主义生产力理论的重要创新和发展，更开创了中国特色社会主义政治经济学的新境界，为中国式现代化提供了理论指引。

第四章
新质生产力理论的科学内涵及其重大创新意义

邱海平[*]

2023年9月,在黑龙江考察时,习近平总书记原创性地提出了"新质生产力"这一新范畴,在随后一系列重要会议上,习近平总书记反复强调要加快发展新质生产力。2024年1月,习近平总书记主持中共中央政治局第十一次集体学习时,全面阐述了新质生产力的特征、基本内涵、核心标志、特点、关键和本质等基本理论问题,深刻指明发展新质生产力的重大意义和实践要求,形成了系统的新质生产力理论。2024年3月,在参加第十四届全国人民代表大会第二次会议分组审议会上,习近平总书记进一步阐明了发展新质生产力的重大原则和方法论,丰富了新质生产力理论。新质生产力理论是习近平经济思想的最新成果,具有重大理论实践意义。必须以马

---

[*] 原载《财经问题研究》,2024(5):3-14。邱海平,中国人民大学经济学院教授、博士生导师,中国人民大学《资本论》教学与研究中心主任、中国人民大学习近平新时代中国特色社会主义思想研究院副院长、《教学与研究》主编、《政治经济学评论》执行主编、全国马克思列宁主义经济学说史学会会长。

克思主义为指导,全面认识新质生产力理论的实践依据和思想来源,从而深刻理解其科学性;全面认识新质生产力理论的丰富内涵,从而深刻理解其系统性;全面认识发展新质生产力与高质量发展之间的逻辑关系,从而深刻理解其重要性;全面认识新质生产力理论与马克思主义理论的内在联系,从而深刻理解其创新性。

一、新质生产力理论的实践依据与思想来源

任何创新性社会科学理论都是基于对社会发展实践及其规律的理论概括与总结,以及对已有理论的批判性继承与创造性发展。理解新质生产力理论及其科学性,首先必须深刻认识这一理论的实践依据与思想来源。概括地说,一方面,新质生产力理论来源于对当代世界经济和中国新时代经济发展新特征、新趋势的深刻认识和科学总结;另一方面,新质生产力理论来源于对马克思主义生产力理论和中国共产党生产力思想的继承和发展。

1.新质生产力理论科学揭示了数字化时代社会生产力和经济发展的主要特征和发展趋势

20世纪90年代特别是21世纪以来,世界范围内的新一轮科技革命和产业变革正在孕育兴起,一些重要科学问题和关键核心技术已经表现出革命性突破的先兆。物质构造、意识本质和宇宙演化等基础科学领域取得重大进展,信息、生物、能源、材料、海洋和空间等应用科学领域不断发展,带动了关键技术交叉融合、群体跃进,变革突破的能量正在不断积累。特别是数字技术、人工智能和生物技术等新技术的广泛运用,催生了许多新的行业和经营模式,使当代社会经济各方面都发生了深刻变革,具有许多新的时代特征。例如,利用大数据和人工智能技术,企业能够更精准地了解市场需求、

用户偏好和产品表现，从而作出更有效的决策，提高生产效率和质量；新技术的应用使得生产更加灵活，能够满足个性化定制需求，通过智能制造和供应链管理，企业可以更快速地响应市场变化，提供符合客户需求的产品和服务，实现生产定制化；数字技术为企业提供了更多创新的机会，帮助其在竞争激烈的市场中获得优势，创新和不断的技术升级成为推动经济发展的第一驱动力；数字技术深刻改变着全球价值链的格局，使得生产、供应链和物流更加高效和协调，企业可以通过数字化平台实现全球范围内的合作和协同，提高生产效率和降低成本等。如何科学认识和准确把握当代科技、生产力和世界经济的发展大势，找准并积极抢占发展制高点，牢牢掌握自主发展和国际竞争主动权，是关乎中国经济发展和安全全局的重大战略问题。

党的十八大以来，以习近平同志为核心的党中央坚持以马克思主义为指导，坚持发展是硬道理的战略思想，从生产力这个决定人类经济社会发展的根基出发，对当代世界经济新特征、新趋势进行深入观察和科学分析，深刻揭示了创新特别是科技创新在当代世界经济和生产力发展中的第一动力地位和作用，从而深刻指明了当代世界经济发展的主要特征和趋势。习近平总书记指出，"国际经济竞争甚至综合国力竞争，说到底就是创新能力的竞争"[1]，"社会生产力发展和综合国力提高，最终取决于科技创新"[2]，"当前，从全球范围看，科学技术越来越成为推动经济社会发展的主要力量，创新驱动是大势所趋"[3]，"国际金融危机以来，世界主要国家抓紧制定新的科技发展战略，抢占科技和产业制高点。这一动向值得我们高度关注。"[4]

---

[1] 习近平.习近平关于社会主义经济建设论述摘编.北京：中央文献出版社，2017：125.
[2] 同[1]125-126.
[3] 同[1]126.
[4] 同[1]126-127.

正是在科学总结当代世界经济发展新特征、新趋势的基础上，习近平总书记进一步提出了新质生产力这一新范畴，并明确指出，新质生产力是创新起主导作用的生产力质态，创新是新质生产力的特点，从而更加深刻地揭示了当代世界生产力和经济发展的主要特征和趋势，在理论上具有鲜明的时代性和科学性。

2.新质生产力理论科学揭示了中国新时代经济发展的新特征、新趋势和主要方向

改革开放以来特别是党的十八大以来，中国深入实施创新驱动发展战略、教育强国和人才强国战略等重大战略，推动中国科技研究和应用不断取得新进展和新成果，科技基础研究深入推进，移动互联网、人工智能、大数据、云计算、区块链、智能机器人、卫星导航、算力算法、航天航空和新能源等先进技术研究和应用蓬勃发展，产业、产品和服务的科技含量不断提高，新产业、新产品、新业态和新模式不断涌现，产业结构不断优化升级，绿色转型成效显著，社会生产方式和生活方式发生深刻变革，经济发展总体效率效益和国际竞争力大幅提升，新型工业化和城镇化与城乡融合发展、区域协调发展同步推进，对外开放的深度和广度不断提升，经济高质量发展不断取得新进展，国民经济总量和总体质量迈上新台阶。同时，从中国式现代化和中华民族伟大复兴的内在要求来看，中国的科技发展水平，科技创新能力，产业、产品和服务的科技含量与国际竞争力，全社会劳动生产率和整体经济效益，城乡及区域之间的生产力布局与发展的协调性整体性等各方面都亟待提升，高质量发展必须不断迈上新台阶。

在新时代，中国发展实践中不断涌现的各类新质生产力成为推动中国经济社会高质量发展的最深厚基础和最坚实支撑力量，是推动高质量发展迈上新台阶的重要前提和有利条件。新质生产力范畴

和理论正是对中国发展新特征、新态势和高质量发展实践经验的科学总结，同时为推动高质量发展不断迈上新台阶指明了方向。习近平总书记明确指出，"高质量发展需要新的生产力理论来指导，而新质生产力已经在实践中形成并展示出对高质量发展的强劲推动力、支撑力，需要我们从理论上进行总结、概括，用以指导新的发展实践。"[①] 新质生产力理论就是指导中国经济实现更全面、更高质量发展的新生产力理论，是生产力理论的重大创新。

3. 新质生产力理论是马克思主义生产力理论的继承和发展

生产力理论是马克思主义理论的核心范畴之一，在马克思主义理论体系中占有十分重要的地位。正是在批判继承前人的生产力概念和理论的基础上，马克思对生产力进行了更加深入的研究和全新的科学理解，并以此为基础，构建起系统的马克思主义理论体系。马克思主义的历史唯物主义理论阐明了生产力与生产关系、经济基础与上层建筑的辩证关系，科学地揭示了人类社会发展的一般规律。马克思主义政治经济学理论通过分析生产社会化与资本主义生产方式和生产关系的矛盾运动，科学地揭示了资本主义社会经济运动规律和历史趋势，指明了人类社会发展的根本方向，为资本主义时代以来人类一切进步事业奠定了科学的理论基础，提供了正确的方向指引。马克思主义的科学社会主义理论，以高度发达的生产力为前提，对未来人类社会的基本特征进行了深刻的理论刻画和科学预测，为社会主义建设实践提供了重要原则和方向指引。总之，马克思主义正是以生产力及其发展作为终极依据和根本基础，全面系统地揭示了人类社会发展的一般规律、资本主义的发展规律和人类未来的发展趋势，具有牢靠的理论科学性。

---

① 习近平在中共中央政治局第十一次集体学习时强调 加快发展新质生产力 扎实推进高质量发展. 人民日报，2024-02-02.

一方面，新质生产力理论继承了马克思主义生产力理论的精髓，凸显了发展生产力特别是新质生产力对推动经济发展特别是高质量发展、实现中国式现代化的决定性意义；另一方面，新质生产力理论丰富拓展了马克思主义生产力范畴和理论的内涵，从而发展了马克思主义，明确提出了"生产力质态"概念，从质和量有机统一的方法论角度深化了对生产力及其发展规律的认识。

4.新质生产力理论是中国共产党生产力思想的守正创新

马克思主义是中国共产党的指导思想，在革命、建设和改革开放等各个历史时期，中国共产党人历来重视经济建设和生产力发展对于党和国家事业的极端重要性。

在革命时期，毛泽东曾明确指出，"中国一切政党的政策及其实践在中国人民中所表现的作用的好坏、大小，归根到底，看它对中国人民的生产力的发展是否有帮助及其帮助之大小，看它是束缚生产力的，还是解放生产力的。"[①] 新中国成立后，毛泽东运用历史唯物主义深刻揭示了社会主义社会基本矛盾，他指出，"在社会主义社会中，基本的矛盾仍然是生产关系和生产力之间的矛盾，上层建筑和经济基础之间的矛盾。不过社会主义社会的这些矛盾，同旧社会的生产关系和生产力的矛盾、上层建筑和经济基础的矛盾，具有根本不同的性质和情况罢了。我国现在的社会制度比较旧时代的社会制度要优越得多。如果不优胜，旧制度就不会被推翻，新制度就不可能建立。所谓社会主义生产关系比较旧时代生产关系更能够适合生产力发展的性质，就是指能够容许生产力以旧社会所没有的速度迅速发展，因而生产不断扩大，因而使人民不断增长的需要能够逐步得到满足的这样一种情况。"[②] 毛泽东的社会主义社会基本矛盾学

---

① 毛泽东.毛泽东选集：第3卷.2版.北京：人民出版社，1991：1079.
② 毛泽东.毛泽东文集：第7卷.北京：人民出版社，1999：214.

说为坚持和完善社会主义制度，以及改革开放事业奠定了理论基础，指明了根本方向。

党的十一届三中全会以来，中国共产党恢复了实事求是的马克思主义思想路线，确立了以经济建设为中心的基本国策，开启了改革开放和社会主义发展新的历史时期。在坚持和继承毛泽东思想的基础上，邓小平提出了关于社会主义本质，以及科学技术是第一生产力、"三个有利于"等著名论断，丰富和发展了马克思主义生产力理论和中国共产党生产力思想，为推动改革开放发展实践提供了有力的理论支撑和思想指导。党的十四大之后，江泽民提出了"三个代表"重要思想、保护生态环境就是保护生产力、实施科教兴国战略等重要论断，深刻指明了中国共产党的本质特性和历史任务，深刻揭示了生态环境与生产力发展的内在联系和科技创新在当代社会生产力发展中的战略地位，进一步丰富发展了马克思主义生产力理论和中国共产党生产力思想，为推动改革开放深入发展、生态环境保护和国民经济快速发展提供了新的科学理论指导。党的十六大之后，胡锦涛提出了科学发展观，突出强调"发展，对于全面建设小康社会、加快推进社会主义现代化，具有决定性意义。要牢牢扭住经济建设这个中心，坚持聚精会神搞建设、一心一意谋发展，不断解放和发展社会生产力"，突出强调科学发展观"核心是以人为本，基本要求是全面协调可持续，根本方法是统筹兼顾"。[①] 科学发展观凸显了人在经济社会和生产力发展中的主体地位和根本意义，深刻揭示了经济社会发展的系统性和整体性，从而进一步丰富和发展了马克思主义生产力理论和中国共产党生产力思想。

党的十八大以来，习近平总书记根据世界经济发展新特征、新

[①] 胡锦涛.高举中国特色社会主义伟大旗帜 为夺取全面建设小康社会新胜利而奋斗.人民日报，2007-10-25.

趋势和中国发展实践的新目标、新要求，鲜明地提出新发展理念、生产力创新驱动发展论、生产力区域布局和协调发展论、国内外生产力联动论、全体人民共同富裕的社会主义生产目的论、安全生产论、新发展阶段论、新发展格局论和高质量发展论等一系列重要理念和理论，这些重要理念和理论是习近平经济思想的重要组成部分。正是在这一系列重要理念和理论的基础上，习近平总书记进一步提出了新质生产力范畴和理论，深刻揭示了推动中国经济高质量发展的深层支撑力量和重要着力点，是习近平经济思想合乎逻辑的最新发展成果，与中国共产党生产力思想既一脉相承，又与时俱进。

总之，新质生产力理论的形成具有坚实的实践基础和牢靠的事实依据、深厚的理论基础和丰富的思想来源，是当代世界经济发展潮流和趋势在理论上的科学反映，是马克思主义生产力理论和中国共产党生产力思想与中国新时代高质量发展实践相结合而形成的科学理论结晶，是习近平经济思想的重大发展，具有鲜明的理论科学性和创新性、实践指导性和引领性。

二、新质生产力理论的丰富内涵与核心要义

习近平总书记关于新质生产力的重要论述，全面阐明了新质生产力的丰富内涵、新质生产力形成和发展的复杂机理、培育和发展新质生产力的实践重点和方法论原则等一系列重大理论和实践问题，具有显著的系统性和完整性。深入学习习近平总书记关于新质生产力的重要论述，必须注重从理论与实践、历史与现实、当代与未来、国内与国际等方面的结合出发，系统认识和深刻理解新质生产力理论的丰富内涵及其逻辑关系，准确把握其核心要义。

1.新质生产力理论全面系统地揭示了新质生产力范畴的多层次内涵及其内在联系

习近平总书记明确指出,"新质生产力是创新起主导作用,摆脱传统经济增长方式、生产力发展路径,具有高科技、高效能、高质量特征,符合新发展理念的先进生产力质态。"[1] 正确理解新质生产力的内涵,不仅需要认识新旧生产力质态的根本区别,而且需要全面认识新质生产力范畴的多层次内涵,并深刻理解它们之间的内在联系。

生产力这一范畴既是对全体人类生产或创造物质财富的综合能力和水平的理论概括和表达,又是对一个社会、国家或经济体的物质生产能力和水平的理论概括和表达。无论是全体人类还是一个社会、国家或经济体的生产力,首先都是指所有具体的生产单位生产力的加总或总和,这里的生产单位包括公社、氏族、家庭、庄园、个体、企业及其联合体等。同时,在存在社会分工的前提下,由社会生产各部分之间的内在联系所形成的生产力并不一定等于各部分生产力的简单加总,而是有时大于或有时小于各部分之和。这正如马克思把一个工场内部工人的劳动协作形成的生产力称为"由于许多力量融合为一个总的力量而产生的新力量""创造了一种生产力""集体力"[2] 等,并将其区别于单个工人的劳动生产力。因此,必须坚持系统思想方法,从微观、中观和宏观及其统一的角度出发,深刻把握它们之间的内在联系。在现代市场经济中,除国家、高校和科研院所外,各类生产单位是技术、产品、商业模式等创新的主体,因此是形成现实物质生产力的主要承担者。一方面,新质生产力指

---

[1] 习近平在中共中央政治局第十一次集体学习时强调 加快发展新质生产力 扎实推进高质量发展.人民日报,2024-02-02.

[2] 马克思,恩格斯.马克思恩格斯文集:第5卷.北京:人民出版社,2009:378-379.

具体的生产单位（包括企业及其联合体、家庭、集体经济组织等）通过技术、产品、商业模式等创新，或者应用科技创新成果形成的微观先进生产力；另一方面，新质生产力又指摆脱传统经济增长方式、生产力发展路径，符合新发展理念的先进生产力质态的中观先进生产力和宏观先进生产力。同时，新质生产力不仅存在于中国，而且具有世界性。因此，必须从微观、中观、宏观和世观等方面的辩证关系出发，全面理解和把握新质生产力的多层次内涵，以"两点论"和"重点论"相统一的方法论为指导，正确认识和处理好它们之间的关系，推动微观新质生产力、中观新质生产力和宏观新质生产力三者之间相互促进和同向发展，不能用一个代替另一个，更不能用一个否定或损害另一个。同时，还必须正确认识中国新质生产力与世界新质生产力之间的关系，既要借鉴世界上其他国家特别是发达国家发展新质生产力的某些经验，更要从构建人类命运共同体的理念出发，加强国际合作，营造良好的国际环境，积极推动世界范围内的新质生产力发展，为人类文明进步贡献中国力量。

2.新质生产力理论深刻揭示了新质生产力形成和发展的内在机理

习近平总书记指出，新质生产力由技术革命性突破、生产要素创新性配置、产业深度转型升级而催生，以劳动者、劳动资料、劳动对象及其优化组合的跃升为基本内涵，以全要素生产率大幅提升为核心标志。必须从系统论的角度出发，深刻认识技术的革命性突破、生产要素的创新性高效配置和优化组合、产业布局优化和结构调整升级三个主要方面及其内在联系在新质生产力形成和发展中的地位和功能。

其一，必须深刻认识技术革命性突破在新质生产力形成过程中的核心地位和作用。人类生产力的发展过程既是生产力总量不断增加的过程，更是新质生产力不断形成并不断迭代的动态过程。在这个过程中，曾经的新质生产力会转变为旧质生产力，而更高级的新质生产力则取而代之成为生产力的主流。生产力总量或总和的线性增长往往可以在既定的生产力范式内单纯依靠要素投入的增加来实现。例如，在人类漫长的农业文明历史中，生产力的增长主要就是依靠土地面积的扩大、劳动人口数量的增加、手工工具的改进和手工劳动技能的提升等方式方法来实现的。英国古典经济学家配第所言"土地为财富之母，而劳动则为财富之父和能动的要素"[①]，正是对这种社会生产力发展状况的直观写照。18世纪第一次工业革命的爆发，开创了机器代替手工工具的人类生产力发展新途径，同时也开辟了机器生产和应用体系这种新的生产力发展方式，大工业开始取代农业在社会经济生活中的主导地位，这是人类历史上最具革命性和影响最为深远的生产力质变，人类也因此从农业文明跨入工业文明。18世纪以来，从手工工具到机器、从蒸汽机到电动机、从计算机到互联网、从数字技术到人工智能、从物理生化技术到太空深海技术等，这些都是推动人类生产力发生质的飞跃和人类社会生产生活整体面貌发生深刻变革的革命性技术突破。与一般的技术创新不同，原创性、颠覆性技术创新或技术革命性突破往往是指在技术体系和产业体系的系统性变革中具有方向引领性、应用和影响广泛且深刻的高难度技术创新，只有这种尖端的技术创新及其应用，才能创造出新的先进生产部门或产业，使已有的相关产业得到全面改造和升级，从而成为发展新质生产力的策源地和火车头。

其二，必须深刻认识科技发展与社会需要之间的内在联系。恩格斯曾经深刻地指出，"社会一旦有技术上的需要，这种需要就会比十所大学更能把科学推向前进。"[②] 从技术及其发展与人类社会需要

---

① 配第.赋税论：外二种：献给英明人士 货币略论.北京：商务印书馆，2021.
② 马克思,恩格斯.马克思恩格斯文集：第10卷.北京：人民出版社，2009：668.

的内在联系来看，任何新技术被发明并广泛应用于社会生产和生活，都是因为其能够更好地满足社会需要，能够更好地解决人类生产和生活面临的各种问题。就当代世界科技和经济发展总体态势来看，从计算机、互联网、移动通信、数字平台、大数据、云计算到通用人工智能、新能源、生物工程、太空深海技术、人形机器人等，技术发展已经呈现出发生重大跃迁的特征和趋势，人类生产力正在发生重大的质态转化。从人类生产和生活的需要来看，这些新兴技术解决的主要问题是：用智能技术及相关技术代替人类智力劳动中可数字化、编程化的一部分，不仅创造了数字产业、机器人生产等新的生产部门和产业，而且使传统生产行业的生产效率得到大幅提升。一方面，这提高了整个社会的劳动生产力，推动了生产的多样化，即催生了许多新业态；另一方面，这也极大地丰富了人们的生活内容，提高了人们的生活便利性及质量。新能源技术的开发和运用，不仅适应了人类应对全球气候变化和可持续发展的现实需要，而且适应了人类美好生活的需要。太空深海技术的发展和应用，极大地开拓了人类生产和生活的潜在空间与资源，也为尖端技术的研发提供了新的场景和刺激。不断累积的巨量信息的数据化，使数据成为重要的新生产要素和社会财富，再加上无处不在的数字化、智能化网络，深刻地改变着当代人类物质生产、生活、社会交往、社会治理等各方面的样貌。因此，发展新质生产力，必须从人类生产和生活的根本需要出发，瞄准和深刻把握当代世界新技术发展的趋势和前沿，深入研究不同技术赛道的竞赛规律，处理好跟跑、并跑和领跑的辩证关系，立体式推进战略性关键核心技术的研发和突破，推动多层次新质生产力的发展。

其三，必须进一步认识到，孤立的或单纯的技术，以及其他任何一种生产要素本身并不直接就是生产力，它必须在生产过程中与其他生产要素相结合和耦合才能成为现实生产力的实际要素。因此，在寻求技术革命性突破的同时，还必须培养训练出能够掌握和运用新技术、新技能的具有新素质的劳动者（及其新质劳动），开发和生产出体现新技术要求和效能的劳动资料（生产工具或物质手段，如数控机床、光刻机、机器人等）、能够吸纳新技术特性和要求的劳动对象和资源（自然资源和原材料及能源，如稀有元素的开发利用、新材料、新能源等），只有新技术、新质劳动力、新质生产资料和新质劳动对象的系统耦合和高效配置，才能形成现实的新质生产力，否则就有可能产生"木桶效应"。显然，把孤立的、单纯的重大技术突破、新质生产资料和新质劳动力等本身直接等同于现实的新质生产力是不符合新质生产力形成和发展内在要求的。如何在寻求技术革命性突破、打造新质生产资料和新质劳动力的同时，通过生产方式和组织方式的创新，实现新质生产力各类构成要素的有机耦合和高效配置，正是发展新质生产力的关键之所在。

其四，还要进一步认识到，社会经济是一个有机系统，社会经济活动各个部分之间具有内在联系，现代市场经济条件下的企业生产之间存在复杂的社会分工关系，从而形成了各种产业或生产部门及其相互依赖关系，即产业链和产业网。马克思的社会再生产理论认为，社会生产的各部类、各部门，即各产业之间必须相互适应和保持一定的比例关系，否则，整个社会再生产过程就会受到不同程度的影响，最严重的表现就是资本主义经济危机的周期性爆发。因此，要形成社会范围内的新质生产力，不能只是个别或少数企业或行业的单兵突进，而是必须从产业、产业链、产业网等多层次及其有机联系出发，系统推进各产业及其各环节各方面在结构上的技术升级和附加值的大幅提升，使整个社会生产的质量和效率得到全面跃升，从而提高整个社会的生产率。

其五，还必须深刻认识科学发展与技术创新的关系、基础科学研究与发展新质生产力的关系。技术是科学原理或劳动经验运用于生产过程而形成的手段、路线、程序、方法、方案和技能，既可以体现在科技含量更高的劳动资料和劳动对象等物质形式上，也可以表现为劳动者的更高技能劳动，还可以表现在生产要素的新组合或结合方式上。人类技术和经济发展的经验表明，技术的发明尤其是技术的革命性突破，一方面根源于社会生产的内在需要，另一方面高度依赖于科学原理的发展水平和掌握程度。新质生产力的形成和发展，既是技术内在发展逻辑的产物，又是当代科学成果转化为技术并应用于社会生产的过程和结果。因此，要加快发展新质生产力，一方面，需要在既有科学原理的基础上努力寻求新技术的革命性突破；另一方面，需要极力推动基础科学研究及其重大突破，只有在基础科学研究和发展方面领先于世界，才能真正实现在世界范围内具有引领意义的技术革命性突破。中国在一些关键核心技术上存在的"卡脖子"现象，从根本上说，仍然是长期以来基础科学发展相对落后的结果和表现。因此，深化教育体制和科研体制改革，大力推进基础科学建设和发展，对于加快发展新质生产力具有长远的重大战略意义。

总之，必须从科学—技术—生产—产业链—产业网—全社会生产率等之间的内在联系和逻辑关系出发，全面认识和深刻把握新质生产力形成和发展的系统机理，避免简单化和片面化。

3. 新质生产力理论深刻指明了发展新质生产力的重大意义

习近平总书记明确指出，发展新质生产力是推动高质量发展的内在要求和重要着力点。必须从全面建成社会主义现代化强国的战略要求出发，深刻理解高质量发展与新质生产力的内在逻辑关系，深刻认识发展新质生产力对实现高质量发展和中国式现代化的重大意义。

党的十八大以来，在习近平新时代中国特色社会主义思想特别是习近平经济思想的指引下，中国经济发展成功进入新时代。新时代中国社会的主要矛盾已经转变为人民日益增长的美好生活需要和不平衡不充分的发展之间的矛盾，如何解决"发展不平衡不充分"这个主要矛盾的主要方面，就成为新时代党和国家经济工作的主线和核心任务。与此同时，世界百年未有之大变局不断向纵深演进，中国面临的外部压力、风险挑战和不确定性日益突出。为此，以习近平同志为核心的党中央提出了推动高质量发展的重大命题和战略部署。实现高质量发展就是要推动中国经济不断向形态更高级、分工更复杂、结构更合理的阶段演化，从高速增长转向中高速增长，经济发展方式从规模速度型粗放增长转向质量效率型集约增长，经济结构从增量扩能为主转向调整存量、做优增量并存的深度调整，经济发展动力从传统增长点转向新的增长点。关于高质量发展的核心要义，习近平总书记明确指出，"高质量发展，就是能够很好满足人民日益增长的美好生活需要的发展，是体现新发展理念的发展，是创新成为第一动力、协调成为内生特点、绿色成为普遍形态、开放成为必由之路、共享成为根本目的的发展。"[1] 在阐述新质生产力的核心要义时，习近平总书记进一步明确指出，"新质生产力是符合新发展理念的先进生产力质态。"[2] 深刻认识发展新质生产力对于推动高质量发展的重大意义，必须以新发展理念为统领，深刻理解高质量发展与新质生产力之间的逻辑关系。

从推动高质量发展到加快发展新质生产力，二者在指导思想上是一以贯之的，即无论是推动高质量发展还是加快发展新质生产力，从根本上来说，都必须全面深入贯彻新发展理念。新发展理念是习

---

[1] 中共中央党史和文献研究院.十九大以来重要文献选编（上）.北京：中央文献出版社，2019：139.

[2] 新质生产力是符合新发展理念的先进生产力质态（深入学习贯彻习近平新时代中国特色社会主义思想）.人民日报，2024-05-22.

近平经济思想的主要内容，是指导中国新时代改革开放和发展的总方针。只有进一步深刻认识新发展理念和全面深入贯彻新发展理念的重大意义，才能深刻理解新质生产力与高质量发展的内在逻辑关系和加快发展新质生产力对实现高质量发展的重大战略意义。从提出推动高质量发展到提出新质生产力理论，这是发展理论的进一步发展和深化，即新质生产力理论进一步深刻揭示了高质量发展的底层逻辑和核心支撑力量，深刻揭示了经济发展与生产力发展之间的辩证关系，更加凸显了发展新质生产力对实现高质量发展的根本支撑地位和作用，从而更加彰显了马克思主义理论底色，更加鲜明地昭示了对人类社会发展基本规律的遵循。

4.新质生产力理论深刻指明了发展新质生产力的根本路径和战略重点

依据新质生产力的科学内涵和形成机理，以及发展新质生产力对高质量发展的重大意义，习近平总书记深刻指明了发展新质生产力的根本路径和战略重点，即必须加强科技创新特别是原创性、颠覆性科技创新，培育发展新质生产力的新动能；要围绕发展新质生产力布局产业链，提升产业链供应链韧性和安全水平；新质生产力本身就是绿色生产力，必须加快发展方式绿色转型，助力碳达峰碳中和；必须进一步全面深化改革和扩大高水平对外开放，形成与发展新质生产力相适应的新型生产关系，营造发展新质生产力的良好国际环境；要按照发展新质生产力的要求，畅通教育、科技、人才的良性循环，完善人才培养、引进、使用、合理流动的工作机制。

如上所述，无论是从内涵还是从形成机理来看，系统性都是新质生产力的重要特征。因此，发展新质生产力也必然是一个系统工程。从改革开放以来中国的发展实践经验来看，改革开放是使中国大踏步赶上世界发展潮流的关键一招。习近平总书记的重要论述清楚地表明，无论是推动科技创新，提升产业链供应链韧性和安全水平，还是推动发展方式的绿色转型，都必须从生产关系适应生产力发展要求这一马克思主义基本原理出发，深刻认识新质生产力的形成和发展需要什么样的新型生产关系，包括新型所有制及其结构、新型分配制度和方式、新型经济体制等。经过四十多年的改革开放，特别是党的十八大以来，包括社会主义市场经济体制在内的中国社会主义基本经济制度已经基本成熟，但是还需要进一步完善和巩固，全面深化改革和对外开放仍然在路上。因此，从一定意义上来说，提出加快发展新质生产力的重大战略任务，其重要目的就是为进一步全面深化教育体制、科技体制、人才体制、宏观经济调控和治理体制、金融体制、开放型体制等体制改革，以及进一步扩大对外开放提供新的强大推动力和思想引领。实现原创性、颠覆性的重大科技创新面临诸多难题，不仅面临西方国家奉行霸权主义遏制和封锁政策的巨大挑战，而且面临十分复杂的利益激励和巨大风险的承担、分解和消化的机制设计难题。只有以改革创新精神深入推进全面深化体制改革和扩大开放，为发展新质生产力提供充分的体制机制激励和强有力的体制机制保障，才能充分调动政府、企业、高等院校、科研机构、劳动者及社会各界的积极性和创造性，才能充分利用好国内国际两种资源，真正实现以技术的革命性突破带动新质生产力的形成和发展，从而实现高质量发展的首要任务和战略目标。创新是一篇大文章，发展新质生产力更非易事。必须从形成和发展与新质生产力相适应的新型生产关系这一指导思想和根本要求出发，深入研究和全面部署新一轮全面深化体制改革和扩大开放。

5.新质生产力理论深刻指明了发展新质生产力必须遵循的重大原则和方法论

习近平总书记明确指出，"发展新质生产力不是要忽视、放弃传统产业，要防止一哄而上、泡沫化，也不要搞一种模式。各地要坚持从实际出发，先立后破、因地制宜、分类指导。根据本地的资源禀赋、产业基础、科研条件等，有选择地推动新产业、新模式、新动能发展，用新技术改造提升传统产业，积极促进产业高端化、智能化、绿色化。"[1] 这就清晰地指明了发展新质生产力必须遵循的重大原则和方法论。

如上所述，新质生产力存在于微观、中观、宏观和世观等多层空间和领域，无论是从企业、产业、区域、国家还是世界的角度来看，都始终存在着不同层次和水平的生产力，以适应人类生产和生活的不同需要，构成生产力自身的生态系统，而新质生产力是其中最富有活力、最具有竞争力和引领力的一部分。从新质生产力的形成机理来看，无论是科技创新，特别是技术的革命性突破，还是新型产业和经营模式的出现；无论是新质生产要素的高效配置和优化组合，还是摆脱传统经济增长方式、生产力的发展路径，所有这一切无不来源于已有技术、产业、生产要素及其配置效率等与人类生产和生活发展需要之间的矛盾。换言之，已有的技术、产业、生产要素等都是产生新质生产力的土壤和出发点。人类生产力的发展是一个量变与质变辩证统一的过程，没有旧质生产力就不可能有新质生产力，而且新质生产力并不是在一切领域消灭或完全取代旧质生产力。例如，机器的产生并没有完全排除手工工具在许多领域的使用，石油的大规模开采和利用并没有彻底取代煤炭的使用，通信网络的产生也没有彻底消灭传统社会的交往手段和方式等。因此，必须深刻认识新质生产力与旧质生产力的辩证关系，避免因简单化而造成对整体生产力的破坏。

---

[1] 微镜头·习近平总书记两会"下团组"发展新质生产力要因地制宜（两会现场观察）. 人民日报，2024-03-07.

中国幅员辽阔，城乡、区域等之间经济和生产力发展水平差异明显，发展新质生产力的基础条件也各不相同。因此，在发展新质生产力的过程中，必须正确认识和处理好新质生产力与旧质生产力的辩证关系，不能简单地以"新"与"旧"作为判断标准，而是必须坚持以人民为中心的发展思想，坚持从最大限度满足人民日益增长的美好生活需要这一社会主义生产的根本目的出发，把投资是否有回报、企业是否有利润、员工是否有收入、政府是否有税收、是否符合新发展理念、是否有利于国民经济持续稳定发展、是否有利于维护社会公平正义、是否有利于个人和国家安全等多方面标准统一起来，从生产力发展的系统性要求出发，坚持先立后破原则，做好全面规划和顶层设计。既要因地制宜培育和发展新质生产力，又要实事求是保护和发展好已有生产力，避免不顾条件一哄而上、不顾全局盲目蛮干，坚决杜绝以破坏和消灭仍具有存在价值和生命力的生产力为代价片面发展新质生产力，从而背离高质量发展内在要求的错误做法。

三、新质生产力理论丰富发展了马克思主义生产力理论

理解新质生产力理论如何丰富发展了马克思主义生产力理论，需要全面认识马克思主义生产力理论的丰富内涵。与其他社会科学理论相比，马克思主义生产力理论突出强调了物质生产力及其发展在人类社会存在和发展中的终极决定地位和作用，从而把人类社会的发展理解为一个自然史的过程，这是马克思主义社会观和历史观之所以是唯物主义观的根本标志的原因、是马克思主义科学揭示人类社会发展规律的根本依据，并由此与一切唯心主义社会观和历史

观划清了界限，也是马克思从哲学转向政治经济学研究并集中研究政治经济学的思想基础。

在强调物质生产力在人类社会中的终极决定地位和作用的同时，马克思主义又深刻地揭示了物的因素和人，以及人的劳动在生产力及其发展中的不同地位和作用，从而确立了辩证唯物的社会观和历史观。马克思主义认为，利用生产工具生产物质产品来满足自己的需要，是人类区别于动物的根本标志。人类物质生产过程首先表现为人通过劳动这一能动性活动运用劳动资料（主要是生产工具）改造自然（原始劳动对象），从而创造出能够满足自身需要的物质产品的过程。因此，人和自然或物是生产过程的两个最一般的要素。劳动是人类生产活动中能动的、具有创造性的要素，物的因素只有通过人的劳动才能成为实际的生产要素。恩格斯深刻地指出，劳动创造了人。

所谓生产力，首先是指人类在物质产品生产过程中表现出来的综合能力。由于人及人的劳动是生产过程中能动的、具有创造性的要素，因而马克思在理论上把生产过程首先理解为劳动过程，把生产过程中表现出来的全部生产力概括为劳动生产力。由于劳动只有与生产资料相结合才能生产出物质产品，因而马克思把劳动、劳动资料、劳动对象概括为劳动过程的三个简单要素。由于人类的生产过程不仅是人及人的劳动与物相结合的过程，而且具有社会性，因而人类的生产过程受到多种因素的影响。马克思曾经深刻地指出，"劳动生产力是由多种情况决定的，其中包括：工人的平均熟练程度，科学的发展水平和它在工艺上应用的程度，生产过程的社会结合，生产资料的规模和效能，以及自然条件。"[1] 正是因为正确地区

---

[1] 马克思，恩格斯. 马克思恩格斯文集：第5卷. 北京：人民出版社，2009：53.

分了人和物在生产力中的不同地位和作用，并且特别强调了人在生产中的主体地位，才能进一步以人及人的劳动为中介把生产力和生产关系联系起来，进而科学地说明了生产力与生产关系的辩证关系，再加上政治、法律等上层建筑，就构建起了系统的历史唯物主义，科学揭示了人类社会发展的一般规律。马克思主义的社会观和历史观既是唯物的，也是辩证的，是一种辩证唯物论。深刻把握唯物和辩证两个方面的有机统一关系，既是准确理解和运用马克思主义的关键，又是克服片面的生产力决定论和唯意志论的法宝。

在科学说明生产力与生产关系辩证关系的基础上，马克思进一步从政治经济学的角度出发，说明了科学、技术与生产力的关系，提出了自然生产力、劳动生产力、社会生产力（两种含义）、资本生产力等十分丰富的生产力概念，从而系统地说明了生产力。另外，马克思还揭示了生产力的量变和质变规律、生产力—生产方式—生产关系的逻辑关系、资本主义社会生产力的本质特征及其与资本主义生产关系的内在矛盾、生产力的占有问题等。总之，马克思主义生产力理论是十分丰富的，也是非常深刻的。

列宁深刻地说明了生产力范畴在马克思主义理论体系中的重要地位，他指出，马克思主义的唯物主义"之所以第一次使科学的社会学的出现成为可能"[①]，是因为马克思"所用的方法，就是从社会生活的各种领域中划分出经济领域，从一切社会关系中划分出生产关系，即决定其余一切关系的基本的原始的关系"[②]，"由于只有把社会关系归结于生产关系，把生产关系归结于生产力的水平，才能有可靠的根据把社会形态的发展看做自然历史过程。不言而喻，没有

---

① 列宁.列宁专题文集.论辩证唯物主义和历史唯物主义.北京：人民出版社，2009：161.
② 同①158-159.

这种观点，也就不会有社会科学"①，"自从《资本论》问世以来，唯物主义历史观已经不是假设，而是科学地证明了的原理。"② 从一定意义上说，马克思主义的科学性和真理性，正在于相比其他任何哲学社会科学理论而言，其最深刻地洞察和揭示了人类物质生产力及其发展对人类社会的生产关系及其他一切关系、对人类的一切思想观念，以及人类社会本身的发展和文明进步所具有的根本基础地位和终极决定作用。同时，马克思主义从社会各组成部分之间的有机联系和系统性出发，深刻地揭示了历史形成的生产力、自然条件、社会生产关系、上层建筑及人类社会意识等对生产力发展的影响和作用。

特别值得一提的是，生产力不仅是历史唯物主义的重要范畴，而且是马克思主义政治经济学的重要范畴。关于政治经济学的研究对象是否包含生产力，在中国经济学界一直存在意见分歧。撇开这一点不说，生产力在马克思的《资本论》中具有十分重要和丰富的理论运用，因而是马克思主义政治经济学的重要范畴，这应该是无可争辩的事实。因此，以生产力不是政治经济学范畴为由，否定政治经济学研究生产力及其发展问题的重要性，是片面的，也是不能成立的。马克思确实说过，政治经济学不是工艺学，但马克思这句名言的意思并不是说政治经济学的研究可以撇开生产力，而只是表明政治经济学对于生产力的关注和研究不能像工艺学那样仅限于技术层面，而是要从生产方式和生产关系与生产力的一定发展水平或阶段的内在联系出发，深入研究和深刻认识一定的生产方式及与之相适应的生产关系赖以形成和发展的生产力基础与动因，从而把政治经济学置于彻底的唯物主义基础之上。

---

① 列宁.列宁专题文集.论辩证唯物主义和历史唯物主义.北京：人民出版社，2009：161.
② 同①163.

在新的历史条件下，需要不断深入研究马克思主义生产力理论，而习近平新质生产力理论正是对马克思主义生产力理论的坚持和继承、创新和发展。这种继承性和创新性体现在：新质生产力理论从生产力特别是新质生产力发展的角度出发，深刻揭示了经济高质量发展的底层力量和深厚基础，进一步明确了高质量发展的根本要求和重要着力点；新质生产力理论坚持从生产力与生产关系的辩证关系出发，明确提出要形成与新质生产力相适应的新型生产关系，深化经济体制、科技体制等改革，从而指明了发展新质生产力的根本路径；新质生产力理论运用马克思主义关于生产力基本要素的原理，深刻揭示了劳动者、劳动资料、劳动对象及其优化组合的跃升在发展新质生产力中的重要地位，从而为生产方式和组织方式的创新发展指明了方向。

新质生产力理论不仅丰富发展了马克思主义生产力理论，而且在坚持马克思主义世界观和方法论的基础上，拓展了历史唯物主义的理论深度，为坚持和发展历史唯物主义提供了重要的思想引领和启发。新质生产力范畴和理论的重大贡献，体现在对生产力进行了明确的质态规定和划分，这是马克思主义理论的又一个重要的"术语革命"。马克思主义有"新生产力""生产力的革命""生产力的发展阶段"等提法，但可能没有像对生产方式和生产关系的论述那样，明确地对生产力本身进行质态的理论规定和历史划分，这是导致人们对生产力与生产关系之间的关系的理解产生分歧的重要原因之一。这个分歧就是生产力有其自身的发展动力，从而单向地决定生产关系，还是生产力的发展始终是由生产关系决定的。新质生产力范畴的提出和新质生产力理论的创立，有助于在理论上彻底解决这个难题或疑惑。具体来说，运用生产力的不同质态这个概念，需要对不同历史阶段中生产力与生产关系之间的关系进行更加具体的认识和理解，特别是需要对不同社会形态的生产力质态在理论上作出清晰的界定和表达，并运用于对人类社会形态历史演进过程的更加精细和准确的解释，从而避免用生产力决定论或生产关系决定论解释全部人类社会发展史中所产生的理论困惑和矛盾。假如这个理解是能够确立的，那么新质生产力范畴的提出和新质生产力理论的形成，就是对马克思主义的创新发展作出的重大原创性贡献。

四、结语与展望

生产力是人类社会文明进步和经济发展的物质基础，一部人类文明史就是一部生产力发展史。以生产力为基点观察和认识人类社会及其发展，是唯物主义社会观和历史观的根本方法论，是人们科学认识人类社会发展规律的思想前提。从最抽象的角度说，生产力就是人类在进行物质生产过程中所发挥出来的利用和改造自然的综合能力。一方面，人类的生产活动体现着人与物和自然的关系；另一方面，人类的生产从来都是社会性的活动，并且具有历史性。生产力的发展水平和状况不仅受到自然条件（包括地理环境）、历史上已经积累的生产力和生产经验、生产要素的性质和形态特别是劳动经验和技能等生产力内在因素的影响，而且受到人与人的生产关系、社会政治法律制度、道德风俗习惯和文化思想传统及偶然事故等多种复杂因素的影响。在生产力及其发展问题上，一方面，人类已经从工程技术学、管理学、政治经济学和历史学等诸多层面获得了丰富的知识；另一方面，仍然存在许多问题，需要继续深入探索。

新质生产力范畴的提出和新质生产力理论的形成，为进一步深入研究生产力及其发展规律和相关的一系列问题提供了一个典范。新质生产力理论不仅原创性地提出了生产力质态概念，而且对新质生产力及其形成和发展进行了系统性的理论总结和概括，从而极大地拓展和深化了对生产力和新质生产力的认识，是生产力理论的重大创新。新质生产力理论不仅为新发展阶段推动中国高质量发展迈上新台阶提供了科学思想引领和根本遵循，而且为理论学术界提出了以新质生产力为中心的一系列重大课题。中国经济学界在短期内形成了新质生产力研究的丰硕成果，但还有许多重大理论和实践问题需要进行持续深入的研究。例如，如何理解新质生产力理论在习近平经济思想和中国特色社会主义政治经济学理论体系中的重要地位；如何正确理解新质生产力与旧质生产力的关系；如何构建新质生产力发展水平的科学评价体系；如何深入理解生产力的量与质的辩证关系；如何开展新质生产力的国际比较研究；如何理解和处理好发展新质生产力与实现共同富裕之间的关系；如何理解政府和市场在发展新质生产力中的地位和作用及二者关系；如何为发展新质生产力提供全方位的体制机制保障等。解放和发展生产力是社会主义的根本任务，发展新质生产力是实现高质量发展和中国式现代化的内在要求和重要着力点，新质生产力是一个具有广阔学术研究空间和巨大学术创新机遇的新领域。我们期待并相信，中国经济学界通过持续深入开展新质生产力理论和实践研究，一定能够为加快建构中国自主经济学知识体系作出重要贡献。

第五章
新质生产力的科学内涵、构成要素和制度保障机制

赵 峰[*]

新质生产力是习近平总书记在黑龙江考察调研期间提出的全新理论概念。在2023年中央经济工作会议上，习近平总书记再次强调"要以科技创新推动产业创新，特别是以颠覆性技术和前沿技术催生新产业、新模式、新动能，发展新质生产力"[①]，将发展新质生产力作为未来我国经济工作的首项关键任务作出战略部署。围绕对这一重大理论创新的阐释和研究，现有文献从四个方面进行了较为全面的讨论：一是阐述新质生产力的出场逻辑[②]；二是强调科技创新的首要和决定性作用，指出新质生产力的首要特征在于科技密度高于传

---

[*] 原文发表于《学习与探索》，2024（1）：92-101，175。赵峰，中国人民大学经济学院教授、博士生导师，教育部国家级青年人才项目，中国人民大学全国中国特色社会主义政治经济学研究中心研究员，《政治经济学评论》副主编、编辑部主任。本文合作者季雷，北京理工大学马克思主义学院助理教授。

① 中央经济工作会议在北京举行.人民日报，2023-12-13.

② 高帆."新质生产力"的提出逻辑、多维内涵及时代意义.政治经济学评论，2023（6）：127-145.

统生产力[1]；三是聚焦新质生产力的技术形态和产业形态，认为社会再生产过程的数智化是新质生产力的主要特征；四是阐述新质生产力与高质量发展的统一关系。这些研究从不同侧面为科学把握新质生产力的内涵和外延提供了依据。我们认为，生产力本身是一个"历史的范畴"，新质生产力是人类社会生产力发展的更高阶段，同时又是新时代我国实现高质量发展所必需的一类生产力，由物质生产能力和制度效能共同孕育，具有鲜明特质。系统、准确把握新质生产力的内涵及其对经济社会的影响和制度保障机制对新时代推进中国式现代化有着重大的理论和现实意义。

一、新质生产力科学内涵的三个层次

新质生产力有着丰富的内涵，我们可以从三个层次来系统地说明。

1. 新一轮科技革命和产业变革及战略性新兴产业集群发展是新质生产力的核心内涵

从技术形态来看，新质生产力是以新一轮科技革命和产业变革为主导力量、以战略性新兴产业集群为产业形态形成的社会生产力。马克思将科学技术视为"在历史上起推动作用的、革命的力量"[2]，并尤为重视重大科技变革对生产力发展的巨大推动力。以第一次工业革命为现代经济发展史的分水岭，马克思将工场手工业与机器大工业生产区分开来，强调后者真正形成了与现代资本主义生产方式相适应的物质基础，所造成的生产力比过去世世代代总共造成的生产力还要大、还要多。从社会再生产过程看，重大科技革命具有系统性，能够催生新的生产要素，同时促进旧有生产要素以新的技术和

---

[1] 魏崇辉.新质生产力的基本意涵、历史演进与实践路径.理论与改革，2023（6）：25-38.
[2] 马克思，恩格斯.马克思恩格斯全集：第25卷.北京：人民出版社，2001：597.

组织方式重新结合，在创造新的产业集群的同时系统重构社会再生产的各个环节，使社会使用价值极大丰富、价值创造能力极大提升。佩蕾丝就曾指出，"科技革命是紧密地交织在一起的一组技术创新集群，一般包括一种重要的、通用的低成本投入品——这种投入品往往是一种能源，有时则是一种重要的原材料——再加上重要的新产品、新工艺和新的基础设施。"[①] 历史地看，重大科技革命将催生新支柱部门和新产业集群，推动人类社会从以农业为主导的自然经济迈向以机器生产为主导的现代工业社会，进而迈向以互联网和信息技术为主导的信息社会。表5-1展现了重大技术变革与产业集群变化的详细内容。

表5-1 重大技术变革与产业集群变化

	技术和组织创新集群	极其显著、技术上成功、盈利颇丰的创新	经济支柱部门和其他主导部门	核心投入和其他关键投入	交通运输和通信基础设施
1.	工业机械化（水力）	阿克莱特设在克罗姆福特的工厂（1771年）亨利·科特的搅拌工艺（1784年）	棉纺织品 铁制品 水车 漂白剂	铁 棉花 煤	运河 收费公路 轮船
2.	工业和运输机械化（蒸汽）	利物浦—曼彻斯特铁路（1830年）布鲁奈尔的"伟大的西部号"大西洋蒸汽船（1837年）	铁路 铁路设备 蒸汽机 机床 碱业	铁 煤	铁路 电报 蒸汽船
3.	工业、运输和家庭电气化	卡耐基以贝塞麦技术炼制的钢轨（19世纪70年代左右）	电气设备 重型机械 重化工 钢制品	钢 铜 合金	钢轨 钢制舰船 电话
4.	运输、民用经济和战争动力机动化	福特在海兰公园建造的装配线（1913年）博顿重油裂化工艺（1913年）	汽车 卡车 拖拉机 坦克 柴油机 飞机 炼油厂	石油 天然气 合成材料	无线电 高速公路 机场 航线

---

① 佩蕾丝.技术革命与金融资本：泡沫与黄金时代的动力学.北京：中国人民大学出版社，2007.

续表

技术和组织创新集群	极其显著、技术上成功、盈利颇丰的创新	经济支柱部门和其他主导部门	核心投入和其他关键投入	交通运输和通信基础设施
5. 国民经济计算机化	IBM1410和360系列（20世纪60年代）英特尔处理器（20世纪70年代）	计算机软件电信设备生物技术	"芯片"（集成电路）	"信息高速公路"（互联网）

资料来源：弗里曼，卢桑.光阴似箭：从工业革命到信息革命.北京：中国人民大学出版社，2007.

  新质生产力的核心内涵是新一轮科技革命以及由此催生的战略性新兴产业集群所展现出的生产力。习近平总书记在首次提出新质生产力时就强调，"整合科技创新资源，引领发展战略性新兴产业和未来产业，加快形成新质生产力。"① 在主持召开新时代推动东北全面振兴座谈会上，习近平总书记再次强调"积极培育新能源、新材料、先进制造、电子信息等战略性新兴产业，积极培育未来产业，加快形成新质生产力，增强发展新动能。"② 习近平总书记的这两次重要讲话都蕴含了"科技—产业—生产力"的内在逻辑，其形成反映了以习近平同志为核心的党中央对社会生产力形成规律把握的不断深化。早在2013年，习近平总书记就对新一轮科技革命作出了重大战略判断，"新一轮科技革命和产业变革正在孕育兴起，一些重要科学问题和关键核心技术已经呈现出革命性突破的先兆，带动了关键技术交叉融合、群体跃进，变革突破的能量正在不断积累。即将出现的新一轮科技革命和产业变革与我国加快转变经济发展方式形成历史性交汇，为我们实施创新驱动发展战略提供了难得的重大机

---

① 习近平在黑龙江考察时强调 牢牢把握在国家发展大局中的战略定位 奋力开创黑龙江高质量发展新局面.人民日报，2023-09-09.

② 习近平主持召开新时代推动东北全面振兴座谈会强调 牢牢把握东北的重要使命 奋力谱写东北全面振兴新篇章.人民日报，2023-09-10.

遇。"① 党的十八届五中全会首次提出新发展理念，将"创新"摆在五大发展理念首位，明确创新是引领发展的第一动力，"一次次科技和产业革命，带来一次次生产力提升，创造着难以想象的供给能力。"② 2021年5月28日，习近平总书记在两院院士大会、中国科学技术协会第十次全国代表大会上首次提出"实现高水平科技自立自强"，系统归纳了新一轮科技革命"广度显著加大、深度显著加深、速度显著加快、精度显著加强"的总体特征。③ 这些重要论述标志着以习近平同志为核心的党中央对新一轮科技革命的特征、与经济发展的关系及其历史意义等形成了系统认识。党的二十大报告重申对新一轮科技革命和产业变革深入发展的战略判断，在此基础上提出建设现代化产业体系，并将推动战略性新兴产业融合集群发展作为其重要内容，明确将"新一代信息技术、人工智能、生物技术、新能源、新材料、高端装备、绿色环保等"作为着力推动高质量发展的新增长引擎。这些创新论述系统阐述了我国创新驱动发展的载体，明确了我国新一轮科技革命和产业变革的重心是实体经济发展，与西方国家技术进步的去工业化选择存在根本区别。

2. 新质生产力是新时代实现高质量发展的生产力

从我国经济社会发展的阶段看，新质生产力是新时代新征程与实现经济高质量发展要求相适应的社会生产力。马克思在阐述工业革命与机器大工业生产时指出，"机器生产是在与它不相适应的物质基础上自然兴起的。机器生产发展到一定程度，就必定推翻这个最初是现成地遇到的、后来又在其旧形式中进一步发展了的基础，建

---

① 习近平：敏锐把握世界科技创新发展趋势 切实把创新驱动发展战略实施好.人民日报，2013-10-02.
② 习近平.习近平谈治国理政：第2卷.北京：外文出版社，2017：255.
③ 习近平.加快建设科技强国 实现高水平科技自立自强.求是，2022（9）：4-15.

立起与它自身的生产方式相适应的新基础。"① 从社会总资本运动的角度看，重大技术变革是在现有生产方式与其物质基础矛盾不断深化的过程中产生的。资本积累与社会消费的对抗性矛盾使经济中出现过剩的商品资本，生产过剩随着两大部类商品货币交换而扩散，最终引发部类比例关系失衡。技术变革率先从局部生产部门开始，"为游离出来的资本和劳动创造出一个在质上不同的新的生产部门，这个生产部门会满足并引起新的需要。"② 进一步地，"一个工业部门生产方式的变革，会引起其他部门生产方式的变革。这首先涉及因社会分工而孤立起来以致各自生产一种独立的商品、但又作为一个总过程的阶段而紧密联系在一起的那些工业部门。"③ 由此，重大技术变革能够极大增加社会再生产的迂回度，使过剩的商品资本和货币资本重新回到产业资本运动中，恢复一般利润率，是开启新一轮增长巨潮的钥匙。

新质生产力是百年未有之大变局下加快实现经济结构调整和发展方式转变必须依靠的一类社会生产力。从国际视角看，2008年后全球范围内接连爆发的金融危机、债务危机将世界经济拖入泥潭，信息技术革命带来的增长动能已趋于衰减。从国内视角看，在2013年中央经济工作会议上，习近平总书记作出我国经济发展进入新常态的战略研判，并在次年中央经济工作会议上系统阐述经济新常态的九大趋势性变化，这些趋势性变化表明依靠土地、劳动力、资本等要素密集投入的传统粗放式增长已难以为继，以国内大规模生产和国际大规模消费为支柱的经济循环已经不能维持经济的持续发展。转变发展方式，实现形态更高、分工更复杂、结构更合理的高质量

---

① 马克思,恩格斯.马克思恩格斯全集：第23卷.北京：人民出版社，1972：419.
② 马克思,恩格斯.马克思恩格斯全集：第30卷.2版.北京：人民出版社，1995：389.
③ 马克思,恩格斯.马克思恩格斯全集：第42卷.2版.北京：人民出版社，2016：394.

发展是我国跨越中等收入陷阱的唯一选择。

新常态的重大战略判断提前十年研判了我国经济发展的长期走向和面临的风险挑战。2023年中央经济工作会议指出，当前进一步推动我国经济回升向好需要克服的主要困难和挑战包括"有效需求不足、部分行业产能过剩、社会预期偏弱、风险隐患仍然较多，国内大循环存在堵点，外部环境的复杂性、严峻性、不确定性上升。"[1] 这些因素是经济新常态的发展和延伸，高质量发展是多重约束条件下的最优解。而着力推动高质量发展不能仅仅依靠传统生产力的扩张，单纯扩大旧有生产方式的要素配置、组织方式和经济结构的再生产将加剧经济的结构性失衡。因此必须依靠新技术形态、新产业组织形成的新质生产力内生地改变我国经济增长的动能构成，以增量发展促进结构性调整，推动经济实现质的有效提升和量的合理增长。

但是，新质生产力并不意味着对传统生产力的简单替代或否定。恰恰相反，重大技术变革引发的社会生产力的每一次跃迁都将重新拉动传统生产力的复苏，赋予其更大的生产效益。新质生产力将深刻改造社会总资本运动过程，借由产业结构升级吸收过剩产能和货币资本重新回到经济循环，成为新型工业化、信息化、城镇化、农业现代化的驱动力量，创造企业利润、劳动者工资和政府税收协同增长的空间，激发国内大循环的内生活力；同时为组建以我国为中心的全球生产网络创造可能，全面提升我国外循环的规模和质量，推动双循环相互促进。

3. 新质生产力为社会生产力的进一步解放和发展提供了物质基础

从更一般的意义上讲，新质生产力代表人类社会生产力解放和

---

[1] 中央经济工作会议在北京举行.人民日报，2023-12-13.

发展进入了新的历史阶段。生产力是人类在生产实践中形成的改造和影响自然以使其符合社会需要的物质力量。但人类的社会需要并非一成不变，这就决定了不同历史阶段的生产力存在质的差别，每一次生产力的质变都使得人类的劳动能力被进一步解放，这为社会生产力的进一步解放和发展提供了物质基础。

在前资本主义社会，社会需要的满足主要是使用价值满足，简单商品交换在商品经济中占据主导地位，与这种有限社会需要相适应的是社会生产力的缓慢发展，仅仅从"刀耕火种"迈向"男耕女织"，分散的小规模生产资料私有制的家庭农业生产和简单手工业生产成为主要的生产方式。第一次工业革命是历史上人类劳动能力的首次大解放，这一解放主要集中在对体力劳动的大规模替代。自动机器系统使直接生产过程极大限度地摆脱了来自劳动者肌肉、神经、感官、手工工艺的限制，不再是一个"以人为器官的生产机构"，而是以许多个工具机为器官组成的机器系统；蒸汽机使动力系统摆脱了对人畜力的依赖，轮船、铁路极大缩短了流通时间，使商品贸易的地理范围极大扩张。这种解放使社会生产力跃升到新的阶段，"生产方式就获得一种弹力，一种突然地跳跃式地扩展的能力，只有原料和销售市场才是它的限制"[①]。第二次工业革命延续了对体力劳动的解放。电力、化工产品和廉价钢铁的大规模使用使自动机器系统的规模进一步扩大，机器对劳动者和原材料的结合能力进一步增强，直接生产过程中原本依靠工艺匠人的具体劳动被进一步分解为沿流水线分布的标准化简单重复劳动，汽车、飞机、电话、电报的发明使商品和信息流通的时间进一步缩短。同时，垄断企业的规模膨胀使生产中的分工、协作、组织等依靠脑力进行的管理型工作变得日

---

① 马克思,恩格斯.马克思恩格斯全集：第23卷.北京：人民出版社，1972：494.

益重要，并且在银行、信贷机构等专门从事"办公室工作"的行业中具有进一步发展的趋势。因此进入20世纪后，现代企业生产中的管理型工作迅速增加并成为一种独立的生产分工。① 第三次工业革命不仅延续了对体力劳动的进一步解放，还将对劳动能力的解放提升到对脑力劳动的大规模替代。集成电路、计算机处理系统、存储介质、互联网改变了生产的控制系统，使原本依靠人类脑力劳动的信息处理被计算机和互联网替代，人类社会信息接收、处理和存储能力获得指数级增长，社会生产能够以更小的控制单元在极短时间内遥控世界各地广泛的生产供应网络，处理复杂的股权、财务关系和进行行政管理，生产的规模、效率、效能得到极大提升。

新质生产力的发展把劳动能力的解放提升到新高度。一方面，物联网、数字技术、云计算等新技术形态和强大的算力能够对生产过程进行精准的数字化刻画，将其分解为多个模块并求得最优参数，这使大量原本难以标准化、精确化的精密劳动能够由算力指挥的机械力完成，或将其分解为更加细致的简单标准化劳动。另一方面，相比于传统信息技术生产力，以人工智能为代表的未来技术有望具有相当的"智慧力"。马克思在阐述人类劳动的特殊性时指出，"劳动过程结束时得到的结果，在这个过程开始时就已经在劳动者的表象中存在着，即已经观念地存在着。他不仅使自然物发生形式变化，同时他还在自然物中实现自己的目的，这个目的是他所知道的，是作为规律决定着他的活动的方式和方法的，他必须使他的意志服从这个目的。"② 未来，这种"观念地存在着"的特殊智慧可能在相当程度上被替代。颠覆性技术、未来技术可能将现有人类全部知识进行数据化处理，通过海量数据投喂和深度学习模拟人类思维方式，

---

① 布雷弗曼.劳动与垄断资本：二十世纪中劳动的退化.北京：商务印书馆，1979.
② 马克思,恩格斯.马克思恩格斯全集：第44卷.2版.北京：人民出版社，2001：208.

学习远超人脑掌握的知识，同时对信息化的知识重新组合并进行创造性运用，从而具有能动的、主动的知识创造和运用能力。目前，人工智能对工业设计、美工绘图、商业决策等领域的深度改造方兴未艾，对人类智慧力的解放可能成为新质生产力在生产力发展史中的里程碑。

二、新质生产力的要素支撑体系

社会生产力发展具有历史的规定性，马克思指出，"劳动过程的简单要素是这个过程的一切社会发展形式所共有的。但劳动过程的每个一定的历史形式，都会进一步发展这个过程的物质基础和社会形式。"① 因此，对于新质生产力要素支撑体系的科学把握必须从劳动过程的构成要素理解。

1. 新质劳动对象是新质生产力的形成基础

人类社会生产力进入新阶段的第一重特征是劳动对象的质变。在自然经济时代，劳动对象以土地、林木、矿产等天然存在的物质为主，"土地（在经济学上也包括水）最初以食物，现成的生活资料供给人类，它未经人的协助，就作为人类劳动的一般对象而存在。所有那些通过劳动只是同土地脱离直接联系的东西，都是天然存在的劳动对象。"② 在工业经济时代，劳动对象则普遍发展为凝结了人类一般劳动的产品，马克思在描述17世纪甚至更早的生产过程时就指出，"在采掘工业中，劳动对象是天然存在的……除采掘工业以外，一切产业部门所处理的对象都是原料，即已被劳动滤过的劳动

---

① 马克思，恩格斯.马克思恩格斯文集：第7卷.北京：人民出版社，2009：1000.
② 马克思，恩格斯.马克思恩格斯选集：第2卷.2版.北京：人民出版社，1995：178.

对象，本身已经是劳动产品。"① 20世纪60年代后，信息技术革命实现了对知识、技术等难以实体化的生产要素的信息化处理，将其编码后储存在特定介质中，成为可被改造的劳动对象。新一轮产业革命的深入使数据提取的成本不断降低，为数据的更大规模应用创造可能。随着互联网的扩大，企业在业务的各个方面都依赖于数字通信，数据变得越来越重要，它们训练和赋予计算程序竞争优势，能够协调和外包给工人，它们允许生产过程的优化和灵活性，可以将低利润的货物转化为高利润的服务；而数据分析本身又生成数据，形成一个良性循环。鉴于记录和使用数据的显著优势，数据不可避免地将会代表一种有待提取的巨大新资源。

新质生产力的要素支撑体系首先包括数据这一新质劳动对象，其在生产中的重要性前所未有地提高。发达的识别、处理、传感技术能够捕捉和传控海量数据，将其清洗和处理后进行建模，将现实中的生产、分配、流通、消费等全部环节越发精确地投射到虚拟空间中，使数据成为可供规模化使用的劳动对象。这既使数据成为可被生产的商品，即实现数据产业化，又使传统社会再生产过程被数据要素深刻改造，即实现产业数字化。同时，数据作为新质劳动对象还展现出与传统劳动对象不同的商品属性。数据在生产过程中可以无限循环使用，使用价值不会损耗，价值也不会降低，这使得数据作为劳动对象具有类似资本商品的属性，马克思在讲述货币作为资本商品时阐述了这一特殊属性，"就其余的商品来说，使用价值最终会被消费掉，因而商品的实体和它的价值会一道消失。相反，资本商品有一种属性：由于它的使用价值的消费，它的价值和它的使用价值不仅会保存下来，而且会增加。"② 数据的价格也反映了这一

---

① 马克思.资本论：第1卷.2版.北京：人民出版社，2004：212.
② 马克思，恩格斯.马克思恩格斯全集：第25卷.北京：人民出版社，1974：393.

特殊属性,为获取数据要素而支付的货币通常不会占有数据的所有权,只是换取它在一段时间内的使用权,不影响所有者将完全相同的数据在同一时间卖给其他使用者。这使得购买数据要素的价格实际上具有类似于利息之于生息资本的含义,"如果我们把利息叫作货币资本的价格,那就是价格的不合理的形式,与商品价格的概念完全相矛盾。在这里,价格已经归结为它的纯粹抽象的和没有内容的形式,它不过是对某个按某种方式执行使用价值职能的东西所支付的一定货币额;而按照价格的概念,价格等于这个使用价值的以货币表现的价值。"① 事实上,自互联网信息技术革命以来,信息化的知识、技术都具有类似资本商品的属性,但这些劳动对象使用价值和价值的改变仍或多或少地需要活劳动施加其上。相比之下,数据要素则具有"自我增殖"的可能。随着神经网络和机器学习技术的发展,以 GPT 模型、智能摄像、传感和信息处理设备为代表的新型劳动资料能够对各类生产性劳动、非生产性劳动和物化劳动(机器而非人力的劳动)进行自动捕捉,将与大量生产相关和不相关(这种情况更多)的价值纳入其中,这使得数据的价值和使用价值没有因生产性消费而折旧或损耗,反而在生产过程中不断增加。

  数据这一新质劳动对象的特征决定了使用数据要素生产的商品的价值构成与传统生产力下的商品存在重大区别,数据的所有权、使用权、定价、使用数据要素生产的商品的价格等都可能发生重大变革。而且数据要素的提取需要数量巨大的固定资产,其费用远远高于一般的知识和技能的学习成本,在各类市场主体中只有大型垄断企业有可能掌握。这将使数据资本成为继金融资本之后新的、居于主导地位的生产组织者,从而深刻改变自 20 世纪末以来形成的全

---

① 马克思,恩格斯.马克思恩格斯全集:第 46 卷.2 版.北京:人民出版社,2003:396.

球网络化生产组织方式。因此，以数据为新质劳动对象的新质生产力的发展可能引发市场经济体系的系统性变革。

2.新质劳动资料与产业体系变革是新质生产力的关键构成

人类社会生产力进入新阶段的第二重特征是劳动资料的质变。马克思指出，劳动资料是划分人类社会生产力发展不同阶段的首要依据，"各种经济时代的区别，不在于生产什么，而在于怎样生产，用什么劳动资料生产。劳动资料不仅是人类劳动力发展的测量器，而且是劳动借以进行的社会关系的指示器。"① 在自然经济时代起决定性作用的是农业生产工具，在工业经济时代则是机器装备等固定资本，在信息经济时代则进一步发展为集成电路、处理器、软件系统等控制单元。但如果仅从纯技术角度出发，就难以准确识别生产力发展的质变。

在对工场手工业和机器大工业的比较中，马克思批判了"工具是简单的机器，机器是复杂的工具"的片面观点，认为其没有包含"历史的要素"②，"这些工具部分地在工场手工业时期，个别地甚至在更早以前，就已经发展为机器，但并没有引起生产方式的革命。"③ 在他看来，真正使机器具有划时代意义的原因在于其对劳动过程的革命，"劳动工具的专门化，局部工人的形成以及局部工人在一个总机构中的分组和结合，造成了社会生产过程的质的划分和量的比例，从而创立了社会劳动的一定组织，这样就同时发展了新的、社会的劳动生产力。"④ 这里"质的划分"指的是技术基础变革引发的生产过程分工协作的重大变革。机器生产体系大大削弱了分工对劳动者主观条件的依赖，使其完全取决于力学、化学等技术上的客观条件，因此机器生产体系能够结合远超工场手工业规模的同质化产业工人，

---

① 马克思，恩格斯.马克思恩格斯全集：第44卷.2版.北京：人民出版社，2001：210.
② 同①428.
③ 同①431.
④ 同①421-422.

引发生产过程"量的比例"即资本有机构成的重大变化,从而催生现代工厂制度这一划时代的生产组织方式。随着工具机规模的扩大和工具机上同时作业的工具数量的增加,工具机系统中的机器体系替代单一机器,动力系统中的自然力替代人力,生产方式的变革由此从量变到质变地展开,价值和剩余价值的生产能力出现历史性跃升。正是在这个意义上,马克思将机器视为工业革命的起点,"大工业必须掌握它特有的生产资料,即机器本身,必须用机器来生产机器。这样,大工业才建立起与自己相适应的技术基础,才得以自立。"[1]

新质生产力的最重要的构成要素和根本特征在于颠覆性技术、前沿技术等新一轮产业革命催生的新质劳动资料。从技术形态看,新质劳动资料使算力成为数字经济时代新的、占主导地位的生产力,以嵌入式传感器、高性能服务器、图形处理单元(GPU)、张量处理单元(TPU)、5G通信基站、云服务器和高性能存储设备为代表的新质劳动资料深刻改造了传统工具机、传动机和控制系统。以工业4.0的物联网技术为例,企业能够通过在生产线上布置大量传感设备收集数据,形成一个实时互联的生产网络,将与生产相关的所有数据都传输到一个集中的云平台上,通过大数据分析对其进行实时分析、优化和匹配,如预测设备的维护需求、与供应商共享需求和库存数据、管控流通成本等。以人工智能为代表的未来技术则通过机器学习、深度学习、神经网络等,使企业从海量数据中提取到有价值的信息,进行更准确的预测和决策,并通过智能算法优化自主决策和实现持续的效率提升。

劳动资料的变革推动生产过程的分工与协作方式发生质的变革。新技术形态一方面使大量此前难以标准化的精密劳动实现标准化,

---

[1] 马克思,恩格斯.马克思恩格斯全集:第44卷.2版.北京:人民出版社,2001:441.

从而为更先进的智能机器人替代活劳动创造条件，另一方面使大量系统性劳动过程被模块化地拆解为多个简单重复劳动，进一步降低生产所受特定技能劳动者主观意愿和客观生理状况的限制。这使得参数调配、设备维护、流程监测、市场营销等环节不再依赖高级工艺匠人的特定技能和经纪人的知识、信息优势，生产过程各个局部的分工与结合在更大程度上取决于数据所表达的客观因素，劳动对象通过劳动过程不同阶段的时间大幅缩短，劳动者之间、机器设备之间、各流通环节之间的协作对人力控制的信息传递的依赖度大大降低，转而依靠云计算进行实时调控，这使协作作为一种"集体力"得到了前所未有的提高。

生产过程中劳动资料的质变必然引发社会各生产部门的系统变革，其中就包括新材料、新能源的发展。在实现数智化对大工业生产的进一步改造后，价值及剩余价值生产的跃升还必须突破原材料和销售市场的制约，其中最具代表性的是能源动力系统对化石能源的依赖，因此新质生产力必然还包含以可控核聚变、氢能、光伏能、可循环新能源等为代表的新的动力系统。如果说"机器生产同工场手工业相比使社会分工获得无比广阔的发展，因为它使它所占领的行业的生产力得到无比巨大的增长"[①]，那么以新动力系统、新传动系统、新工具机体系、新控制系统为代表的新质生产力劳动资料将引发新一轮社会分工大变革，使生产的社会化程度达到新高度，为未来经济增长注入强大新动能。

3.新质劳动技能是发展新质生产力的前提条件

人类社会生产力进入新阶段的第三重特征是劳动者的劳动技能革新，这种革新不是指技能化或去技能化，而是指劳动者必须具备

---

① 马克思，恩格斯.马克思恩格斯全集：第44卷.2版.北京：人民出版社，2001：512.

与生产力革命相适应的劳动技能。在自然经济时代，劳动者只需要掌握耕地、狩猎和家庭手工制造等简单劳动技能。在工业经济时代，劳动者必须掌握机器的使用，了解机器的基本构造和运转方式。在信息经济时代，使用计算机、手机等电子设备已经成为不需刻意强调的基本技能。这种劳动技能的培训必须先于生产力变革，马克思指出，"沃康松、阿克莱、瓦特等人的发明之所以能够实现，只是因为这些发明家找到了相当数量的、在工场手工业时期就已准备好了的熟练的机械工人。"① 在这些劳动者大军中，一批掌握先进技术、知识和劳动技能且能够从事科技创新的劳动者逐渐成为生产力中的革命性力量。

新质生产力中的新质劳动对象、新质劳动资料必然要求劳动者具备与之相适应的新质劳动技能。可以预见，一旦数字化、智慧化等未来技术成为普遍业态，那么使用或至少适应智能装备、人工智能数字传感设备将成为普通劳动者的必需条件，这意味着传统行业劳动者的技能必将经历一个深刻的改进过程。更重要的是，新质生产力的发展对知识型、技能型、创新型劳动者的需求更为庞大，嵌入式编程、数据分析、虚拟仿真、机器学习与深度学习、新能源开发与储能研究、新材料研究等正在成为高级劳动技能。世界经济论坛发布的《2023年未来就业报告》预测，未来五年全球劳动力市场对数据分析、大数据、人工智能和机器学习、网络安全等领域的高级技术人才的需求将保持每年30%的增长。

三、加快形成新质生产力的制度保障

新质生产力的形成不仅是一个技术过程或经济过程，还是一个

---

① 马克思,恩格斯.马克思恩格斯全集：第44卷.2版.北京：人民出版社，2001：439.

系统的政治和社会过程。根据历史唯物主义，社会生产力的发展是生产力与生产关系、经济基础与上层建筑相适应的长期结果。新质生产力既发端于新一轮产业革命，又孕育于现有物质基础和制度的总和之中。因此，为加快形成新质生产力培育强大动力，还要充分认识制度的重要作用，避免陷入技术决定论的误区。

佩蕾丝指出，制度领域是每一阶段的政治、意识形态和社会的一般思维地图所盘踞的地方。它也是标准、法律、规则、监督机构和负责社会治理的整个结构所组成的网络。技术革命能否引发经济增长的巨潮不仅与技术本身的革命密切相关，还取决于现有的制度环境能否普遍接纳新的技术-经济范式。[1] 新技术革命必然会塑造出与其组织社会生产的方式相适应的技术-经济范式，技术革命的扩散同时意味着技术-经济范式的扩散。但是已经建立的社会调节体系和旧有的技术、生产组织方式具有强大的耦合力，难以在短时间内适应新的条件，这将引致经济体系与社会调节体系之间不匹配，从而引起制度领域的深刻变革。技术、范式和制度的往复动荡与摩擦可能引发较长一段时间的增长停滞甚至危机。积累的社会结构学派（SSA学派）和法国调节学派也提出了类似的观点，其共同的核心思想是长期中资本积累过程的主要特征是一整套社会制度的支撑作用的产物。[2] 前者将这一整套制度称为积累的社会结构，即在特定的时间和地点对积累起到促进作用的一整套社会制度的总和。[3] 后者则将

---

[1] 根据佩蕾丝的定义，这里的技术-经济范式是指"一个最佳惯行模式"，它由一套通用的、同类型的技术和组织原则所构成，这些原则代表着一场特定的技术革命得以运用的最有效方式，以及利用这场革命重振整个经济并使之现代化的最有效方式。一旦得到普遍采纳，这些原则就成为组织一切活动和构建一切制度的常识基础。参见佩蕾丝.技术革命与金融资本：泡沫与黄金时代的动力学.北京：中国人民大学出版社，2007。

[2] 段雨晨.法国调节学派积累体制理论与中国积累体制变革.政治经济学评论，2023（1）：77-99。

[3] 科茨，田方萌，孟捷.法国调节学派与美国积累的社会结构学派之比较.西北大学学报，2018（5）：121-129。

概念工具进一步精确化，将新技术形态带来的两大部类平衡的社会再生产过程称为积累体制，将与积累体制相适应的制度总和称为调节方式，即由规范、制度、组织形式、社会网络和行为模式构成的维持和指导特定积累体制的一组集合。[①] 当旧有调节方式不再与新的积累体制相适应时，此前稳定的增长模式将陷入危机。阿玛布尔则更加强调制度系统内部的互补性，他将促进社会生产力发展的一整套制度系统称为创新和生产的社会体系，包括科学、技术、产业、教育与培训、劳动力市场、金融等六方面子制度，科技创新、基于创新形成具有比较优势的产品和产业体系等需要六方面子制度的协同配合。虽然观点各异，但这些研究共同指向的是制度在形成新的社会生产力中发挥着不亚于技术革命的重要作用，因此改革旧有制度是适应生产力发展和经济长期增长的必要条件。

为加快形成新质生产力，培育强大动力，必须向全面深化改革要答案。习近平总书记指出，要把全面深化改革作为推进中国式现代化的根本动力。[②] 这一战略判断深刻揭示了我国经济长期中高速增长和社会长期稳定的原因。历史地看，西方国家抓住三次工业革命的契机创造了发达的物质生产力，但是历次重大技术变革引发的增长巨潮全部建立在危机后的废墟之上，系统性经济和金融危机仍然是摆脱旧有范式和建立新范式的必经阶段。一个重要的原因在于，在旧有技术形态下的社会生产过程中取得竞争优势的资本集团始终无法进行长期有效的制度改革，以有限调节方式再生产出社会总资本运动条件的同时，也不断再生产出自身的否定因素，彻底的改革意味着对自身的否定。因此在资本主义生产关系下，社会生产力向新阶段迈进只能介由危机暴力地解决。

---

① Jessop, B. *The Future of the Capitalist State*. Cambridge：Polity Press，2002.
② 全面深化改革开放，为中国式现代化持续注入强劲动力. 人民日报，2024-05-16.

中国共产党拥有自我革命的属性，习近平总书记在党的十九届六中全会上庄严宣告，党代表中国最广大人民根本利益，没有任何自己特殊的利益，从来不代表任何利益集团、任何权势团体、任何特权阶层的利益，这是党立于不败之地的根本所在。[①] 这使中国共产党具有坚持全面深化改革的政治勇气和强大能力，敢于突进深水区，敢于啃硬骨头，敢于涉险滩，敢于面对新矛盾新挑战，冲破思想观念束缚，突破利益固化藩篱，坚决破除各方面体制机制弊端，不断提高国家治理体系和治理能力的现代化水平。习近平总书记在2023年中央经济工作会议上强调深化重点领域改革，指出要谋划进一步全面深化改革重大举措，为推动高质量发展、加快中国式现代化建设持续注入强大动力。[②] 因此，加快形成新质生产力必须坚持全面深化改革，为进一步解放和发展社会生产力激发内生动力。这主要有以下几方面内容。

一是深化金融供给侧结构性改革。金融是国民经济的血脉，货币资本是社会再生产的第一推动力。18世纪以来四次重大技术革命引发增长巨潮的历史证明了金融资本促进科技创新爆发和扩散的巨大效能。加快形成新质生产力必须发挥好金融资本组织和扩大社会生产的积极作用，构建金融支持新质生产力形成的体制机制。中央金融工作会议把促进科技创新摆在优化资金供给结构的首要位置，将科技金融列为金融高质量服务经济社会发展五篇大文章之首。当前，我国金融资本脱实向虚趋势得到根本性扭转，在新一轮产业革命的部分领域取得先发和领先优势，大量传统支柱产业部门投资趋于饱和，这为金融资本与新质生产力健康协同发展创造了有利条件。未来深化金融供给侧结构性改革，应加快建立起鼓励和引导金融资

[①] 中共中央关于党的百年奋斗重大成就和历史经验的决议.人民日报，2021-11-17.
[②] 中央经济工作会议在北京举行.人民日报，2023-12-13.

本向新一轮产业革命、战略性新兴产业流动的机制，破除制度性壁垒，使科技创新、产业发展、金融资本长期协同发展。

二是构建高水平社会主义市场经济体制。构建高水平社会主义市场经济体制是提振市场信心、激发市场经济活力、调动人民生产积极性、促进社会生产力发展的关键。要不断完善落实"两个毫不动摇"的体制机制，一视同仁保护不同所有制企业公平参与市场竞争的权利。构建更加完善的要素市场化配置体制机制，推进土地、劳动力、资本、技术、数据等要素在不同所有制企业中自由流动。

三是加快完善劳动保护与社会保障制度。新质生产力在将劳动者劳动能力的解放推向新高度的同时也深化了相对过剩人口规律。一旦对智慧力的解放达到产业级规模，大量从事金融、统计、数据科学、工业设计、传媒等行业的专用技能劳动者就可能面临人工智能的替代，大量精密加工也可能被进一步分解为去技能化的简单重复劳动，这将加剧劳动力市场的二元分割。新时代以来，我国社会保障制度发展取得历史性成就，但与经济的结构转型仍然存在一定脱节，普通劳动者的收入水平与经济发展水平仍然存在一定差距，灵活就业者、低收入群体的收入保障、社会保险和劳动保护仍存在一定短板。这不仅带来了社会治理风险隐患，还导致我国技术进步在一定程度上朝着更好发挥劳动力成本优势的方向前进，背离新质生产力所需的重大技术变革和固定资本更新。我国必须对此作出提前研判，加快完善收入保障、社会保险、劳动保护等兜底型保障政策，加强转移支付的结构性优化，重点向农村劳动力和低收入群体倾斜，探索建立长期有效的职业培训制度，引导企业帮助劳动者优化劳动技能结构，适应社会生产力发展。

四是正确处理政府与市场的关系。处理好政府与市场的关系是坚持社会主义市场经济改革方向的核心问题。现代经济发展史一再证明，市场是配置资源最有效的方式，同时在历次重大技术变革和经济增长巨潮中，国家都发挥着不可替代的重要作用。政府与市场作为两种资源配置方式的关系不是一成不变的，而是要与社会生产力发展特定阶段的特定要求相适应。加快形成新质生产力必须使市场在资源配置中起决定性作用，尊重科技创新、产业发展、资本流动等按照价值规律充分运行，减少行政力量对微观主体的直接干预。同时必须坚持正确发挥政府作用，按照经济规律办事，合理运用宏观政策引导资源向新质生产力有关领域聚集，依法保护各类市场主体合法权益，维护公平有序的竞争环境，提高市场经济的法治水平，以有为治理为形成新质生产力激发内生活力。

五是健全新型举国体制。习近平总书记强调，要发挥我国社会主义制度能够集中力量办大事的显著优势，强化党和国家对重大科技创新的领导，充分发挥市场机制作用。[①] 生产的社会化趋势要求科技创新的社会化，能否将各类生产要素和创新主体有机组织起来形成合力决定了技术革命和产业革命的成败。党的领导是新型举国体制的本质特征、最大优势和根本保证。形成新质生产力必须健全新型举国体制，围绕国家战略需求把政府、市场、社会有机结合起来，明确主攻方向和核心技术突破口，科学制定发展规划，科学统筹和集中力量、优化机制、协同攻关，把党的领导优势不断转化成新质生产力的发展动能。

---

① 习近平主持召开中央全面深化改革委员会第二十七次会议强调 健全关键核心技术攻关新型举国体制 全面加强资源节约工作.人民日报，2022－09－07.

第六章
生产要素创新性配置与新质生产力

范 欣[*]

适逢百年未有之大变局加速袭来、信息技术革命风起云涌、数字化转型迫在眉睫的关键变革期，加快发展新质生产力便成为进一步提升生产效率和资源利用率，应对高质量发展需要和劳动力市场变化的必然选择。与之相对应，中国数字经济规模从2012年的11万亿元增长到2022年的50.2万亿元，成功跻身世界第二，数字经济占GDP比重提升至41.5%。2023年7月以来，习近平总书记在四川、黑龙江、浙江、广西等地考察调研时，提出"要整合科技创新资源，引领发展战略性新兴产业和未来产业，加快形成新质生产力"[①]，要"积极培育新能源、新材料、先进制造、电子信息等战略性新兴产业，积极培育未来产业，加快形成新质生产力，增强发展

---

[*] 范欣，中国人民大学经济学院教授；本文合作者宋晓雨，中国人民大学经济学院博士生。
[①] 习近平. 发展新质生产力是推动高质量发展的内在要求和重要着力点. 求是，2024(11)：4-8.

新动能。"①

关于新质生产力这一新范畴，习近平总书记在中共中央政治局第十一次集体学习时概括性地指出，"新质生产力是创新起主导作用，摆脱传统经济增长方式、生产力发展路径，具有高科技、高效能、高质量特征，符合新发展理念的先进生产力质态。它由技术革命性突破、生产要素创新性配置、产业深度转型升级而催生，以劳动者、劳动资料、劳动对象及其优化组合的跃升为基本内涵，以全要素生产率大幅提升为核心标志，特点是创新，关键在质优，本质是先进生产力。"② 这一重大论断不仅阐明了新质生产力这一先进生产力质态的内涵及特点，而且指明了新时代加快发展新质生产力的核心要义与价值。本章立足于什么是新质生产力、为何在此时提出发展新质生产力的时代命题，致力于厘清新时代加快发展新质生产力的理论逻辑。在此基础上，运用理论逻辑与实践逻辑相统一的分析框架探讨生产要素创新性配置与新质生产力的内在逻辑，并从新质生产力的要素新、技术新和载体新三个角度出发分析如何深刻变革生产要素的配置方式，以期为加快新质生产力的发展提供切实可行的政策建议。

一、加快发展新质生产力的理论逻辑

生产力是推动社会进步最活跃、最具革命性的因素，其发展具有历史性和阶段性，新质生产力便是社会主义社会发展到一定历史

---

① 习近平主持召开新时代推动东北全面振兴座谈会强调 牢牢把握东北的重要使命 奋力谱写东北全面振兴新篇章.人民日报，2023-09-10.
② 习近平在中共中央政治局第十一次集体学习时强调 加快发展新质生产力 扎实推进高质量发展.人民日报，2024-02-02.

阶段的产物。随着社会经济的不断发展，生产力的质态及其特点也有所不同。为此，正确理解和把握新发展阶段下加快发展新质生产力的理论逻辑，核心在于准确把握新时代新质生产力的时代内涵与特性规律，并对新质生产力理论形成的渊源和时代条件有清晰的认识。

1.马克思主义生产力理论是新质生产力的理论源泉

对于新质生产力范畴的理解可以围绕生产力特征和性质的变化进行。马克思主义政治经济学和西方经济学流派均对生产力问题进行了诸多探讨，为我们理解新质生产力范畴提供了重要理论参考。

英国古典经济学家威廉·配第凭借"土地为财富之母，而劳动则为财富之父和能动的要素"[1]的观点，提出了生产力概念的雏形，但他片面地将生产力与财富画上了等号。[2] 法国重农学派的创始人魁奈则认为"大人口和大财富，则可以使生产力得到很好的发挥"[3]，他首次提出了生产力概念，但对生产力的探讨局限于农业生产领域。随后，英国经济学家亚当·斯密在1776年出版的《国民财富的性质和原因的研究》的开篇正式提出了"劳动生产力"的概念，他认为生产力不仅包括劳动的生产力，还包括资本的生产力，强调劳动分工对提高生产力的关键作用。此后，英国经济学家大卫·李嘉图和法国经济学家让·巴蒂斯特·萨伊分别在其著作《政治经济学及赋税原理》和《政治经济学概论》中提出了"比较生产力"和"生产力的比例"的概念，并丰富了生产力影响因素的研究。不同于古典经济学家对财富增长和生产力影响因素的关注，德国历史学派的先驱者弗里德里希·李斯特在其著作《政治经济学的国民体系》中将

---

[1] 配第.赋税论：外二种：献给英明人士 货币略论.北京：商务印书馆，2021.
[2] 蒲清平，黄媛媛.习近平总书记关于新质生产力重要论述的生成逻辑、理论创新与时代价值.西南大学学报（社会科学版），2023（6）：1-11.
[3] 魁奈.魁奈经济著作选集.北京：商务印书馆，1997.

国家作为一个独立的经济单元来考察，他深刻认识到生产力对于国家发展的重要意义。基于对李斯特将生产力视为精神本质的批判，马克思反驳了贬低人的价值的论调，强调了人推动、发展和驾驭生产力的主动性。进一步地，基于对资本主义社会的全面考察，马克思将生产力与生产关系联系起来，形成了十分丰富且系统的生产力理论，构成了新质生产力的理论渊源，这一理论体系主要包括以下四个方面的内容。

一是生产力的含义及其地位作用。马克思和恩格斯曾在《德意志意识形态》中指出："人们为了能够'创造历史'，必须能够生活。但是为了生活，首先就需要吃喝住穿以及其他一些东西。因此第一个历史活动就是生产满足这些需要的资料，即生产物质生活本身。"[1] 这一论断既肯定了物质生产活动对满足人类生存与生活需要的基础性地位，又指明了生产力是满足人类实际生活需求的物质生产力量。[2] 基于此，马克思进一步提出，"物质生活的生产方式制约着整个社会生活、政治生活和精神生活的过程"[3] 和"人们所达到的生产力的总和决定着社会状况"[4] 等论断，强调了生产力发展对推动人类社会发展进步的决定性意义。至于生产力的含义，马克思指出，生产力是"生产能力及其要素的发展"[5]，而生产能力只有在劳动过程中才得以形成，"劳动过程的简单要素是：有目的的活动或劳动本身，劳动对象和劳动资料。"[6] 可见，生产力是指在生产过程中具有一定生产经验和劳动技能的劳动者运用生产工具对劳动对象进行加工所形成的物质力量，表现为人类利用自然、改造自然，并通过劳

---

[1] 马克思，恩格斯.马克思恩格斯文集：第1卷.北京：人民出版社，2009：531.
[2] 魏崇辉.新质生产力的基本意涵、历史演进与实践路径.理论与改革，2023 (6)：25-38.
[3] 马克思，恩格斯.马克思恩格斯全集：第31卷.2版.北京：人民出版社，1998：9.
[4] 马克思，恩格斯.马克思恩格斯全集：第3卷.北京：人民出版社，1960：33.
[5] 马克思，恩格斯.马克思恩格斯全集：第46卷.2版.北京：人民出版社，2003：1000.
[6] 马克思，恩格斯.马克思恩格斯全集：第44卷.2版.北京：人民出版社，2001：208.

动过程创造财富的能力，反映着劳动过程中人与自然的关系。因此，生产力可以理解为人类在生产实践过程中利用自然、改造自然、进行物质资料生产，以满足自身需要所形成的物质生产能力，它由进行活劳动的劳动者、劳动资料及劳动对象构成。

二是生产力的影响因素及其组合。生产力作为一个典型的政治经济学范畴，马克思在界定其概念与地位的基础上，还结合资本主义机器大工业的发展现实，具体分析了社会化大生产过程中原有要素的更新、新要素的加入以及新旧要素组合的变化，进一步指明了影响生产力质量的多维因素，他指出："劳动生产力是由多种情况决定的，其中包括：工人的平均熟练程度，科学的发展水平和它在工艺上应用的程度，生产过程的社会结合，生产资料的规模和效能，以及自然条件"[①]，即生产力的快速发展不仅取决于良好的自然条件和高素质的劳动力，还取决于劳动的社会力，即科学技术的发展水平和各种生产要素的组合效能。其中，良好的自然条件依赖于先天资源禀赋，很难通过人力加以改变，高素质的劳动力可以经过后天训练培养得到，相较而言，科学技术的发展水平和各生产要素的组合效能的提升则是最能够提高生产力质量的方式。[②] 关于科学技术对生产力发展的推动作用，马克思早在《政治经济学批判》中就明确将社会智力视为一般生产力。恩格斯曾评价道："在马克思看来，科学是一种在历史上起推动作用的、革命的力量。"[③] 马克思还指出生产力中也包括科学技术，他认为生产力的发展，"最终总是归结为发挥着作用的劳动的社会性质，归结为社会内部的分工，归结为脑力

---

① 马克思, 恩格斯. 马克思恩格斯文集：第5卷. 北京：人民出版社, 2009：53.
② 任保平, 王子月. 数字新质生产力推动经济高质量发展的逻辑与路径. 湘潭大学学报（哲学社会科学版）, 2023 (6)：23-30.
③ 马克思, 恩格斯. 马克思恩格斯全集：第25卷. 2版. 北京：人民出版社, 2001：597.

劳动特别是自然科学的发展。"① 总之，生产力作为一个由多要素构成且各要素相互渗透影响的复杂系统，其不仅包括劳动者、劳动资料和劳动对象这些基本要素，还包含科学技术的发明应用、分工协作、组织管理和自然条件等渗透性要素。②

三是生产力的发展具有阶段性。基于对生产力及其影响因素的分析，马克思进一步分析了生产力各构成要素组合方式的阶段性变化，这种阶段性变化也反映出生产力发展的阶段性特征。马克思指出，劳动者和生产资料"在彼此分离的情况下只在可能性上是生产因素。凡要进行生产，就必须使它们结合起来。实行这种结合的特殊方式和方法，使社会结构区分为各个不同的经济时期。"③ 可见，不同的结合体现着不同发展阶段的生产方式和生产力水平。④ 而不同经济时期生产力发展水平的区别则在于使用什么样的劳动资料，即"各种经济时代的区别，不在于生产什么，而在于怎样生产，用什么劳动资料生产。"⑤ 人类社会诞生至今，以劳动资料的规模化改进为标识，生产力的一般性新质化从未间断，而生产力的系统性新质化只完成了两次，但每一次都推动着人类社会实现跨越式发展，在人类社会发展史上留下划时代的里程碑。生产力的第一次系统性新质化是以磨制石器替代打制石器成为社会主要劳动资料为标识，推动人类社会由渔猎采集时代跨越到农耕时代。生产力的第二次系统性新质化则是以机械制器替代人力制器成为社会主要劳动资料为标识，推动人类社会由农耕时代跨越到工业时代。当下，作为社会主要劳动资料的功能机器正逐步为智能机器所取代，生产力的第三次系统

---

① 马克思，恩格斯.马克思恩格斯全集：第46卷.2版.北京：人民出版社，2003：96.
② 翟青，曹守新.新质生产力的政治经济学阐释.西安财经大学学报，2024 (2)：15-23.
③ 马克思，恩格斯.马克思恩格斯全集：第24卷.北京：人民出版社，1972：44.
④ 刘刚.工业发展阶段与新质生产力的生成逻辑.马克思主义研究，2023 (11)：111-125.
⑤ 马克思，恩格斯.马克思恩格斯全集：第44卷.2版.北京：人民出版社，2001：210.

性新质化正加速演进,将推动人类社会实现由工业时代到数字信息时代的跨越发展。①总之,生产力的发展具有历史动态性和显著的阶段性,"劳动生产力是随着科学和技术的不断进步而不断发展的"②,不同科技时代的生产力显然具有不同的表现形态。

四是生产力与生产关系构成特定的社会生产方式。马克思在《资本论》开篇便写道:"我要在本书研究的,是资本主义生产方式以及和它相适应的生产关系和交换关系"③,故而,研究生产力问题便不能孤立地研究生产力问题,还需要将其与生产关系联系起来。关于生产力与生产关系的相互作用,马克思认为,"人们所达到的生产力的总和决定着社会状况"④,即生产力首先决定着生产关系,而生产关系的总和构成经济基础,经济基础又决定着政治、法律、文化等社会的上层建筑。因此生产力通过对生产关系发挥决定性作用,进而决定着生产方式、经济形态、社会制度等人类社会的各个领域。从唯物史观来看,生产力对于人类社会的发展具有基础性作用,生产力的发展决定着人类社会形态的演进。"随着新生产力的获得,人们改变自己的生产方式,随着生产方式即保证自己生活的方式的改变,人们也就会改变自己的一切社会关系。"⑤生产力一旦发生变化,就必然会引起与之相适应的生产关系的变化,从而引起经济基础的变化,与之相适应,"全部庞大的上层建筑也或慢或快地发生变革"⑥,最终推动人类社会从一个形态迈进另一个形态。生产关系不适应生产力状况就会阻碍生产力的发展,还可能导致社会革命,从

---

① 蒋永穆,乔张媛.新质生产力:逻辑、内涵及路径.社会科学研究,2024(1):10-18,211.
② 马克思,恩格斯.马克思恩格斯全集:第44卷.2版.北京:人民出版社,2001:698.
③ 马克思.资本论:第1卷.2版.北京:人民出版社,2004:8.
④ 马克思,恩格斯.马克思恩格斯全集:第3卷.北京:人民出版社,1960:33.
⑤ 马克思,恩格斯.马克思恩格斯全集:第4卷.北京:人民出版社,1958:144.
⑥ 马克思,恩格斯.马克思恩格斯全集:第31卷.2版.北京:人民出版社,1998:413.

而建立新的、适应生产力状况的生产关系。但是生产力和生产关系的发展都要经历从量变到质变的过程。正如马克思所指出的,"无论哪一个社会形态,在它所能容纳的全部生产力发挥出来以前,是决不会灭亡的;而新的更高的生产关系,在它的物质存在条件在旧社会的胎胞里成熟以前,是决不会出现的。"[1] 这体现了生产力对生产关系的主动性、关键性作用。[2]

2.新质生产力提出的深层次原因

当前,我国正处于全面建设社会主义现代化国家的新征程,新一轮科技革命和产业变革方兴未艾,世界百年未有之大变局加速演进,风险挑战与战略机遇并存。加快发展新质生产力是我国基于构建新发展格局和实现高质量发展的要求所作出的战略布局,它不仅是我国把握战略机遇期,尽快实现高水平科技自立自强的必然选择,而且是适应我国社会主要矛盾变化的必然要求。

首先,发展新质生产力是把握战略机遇、实现科技突围的必然选择。新中国成立以来,我国长期处于引进发达国家先进科学技术与管理经验的被动地位,在科技创新方面一直在追赶国际先进经验。经过几十年的努力与奋斗,中国在世界知识产权组织发布的全球创新指数上的排名已由2012年的第34位提升至2022年的第11位,全社会研发经费也从2012年的1万亿元增长到2022年的3.09万亿元,科技创新实力从量的积累迈向质的飞跃。至此,我国终于迈进了世界创新型国家的行列,甚至在3D打印、激光制造、超级钢、人造太阳、量子通信、高铁运输、超级水稻、液态金属、特高压输电等诸多领域已经具有领跑优势,例如,2017年,中国建成全球首个量子

---

[1] 马克思,恩格斯.马克思恩格斯全集:第31卷.2版.北京:人民出版社,1998:413.
[2] 高帆."新质生产力"的提出逻辑、多维内涵及时代意义.政治经济学评论,2023(6):127-145.

通信网络"京沪干线"，总长度超过 2 000 公里。2022 年，中国 3D 打印市场规模达到约 30 亿美元，占全球市场的 22%，成为全球第二大 3D 打印市场；中国科学院长春光学精密机械与物理研究所研制出的高功率光纤激光器，打破了国外技术垄断，广泛应用于制造业、医疗、通信等领域；2021 年末，中国"人造太阳"EAST（全超导托卡马克装置）实验装置实现了 1 056 秒的长脉冲高参数等离子体运行，创造了新的世界纪录。纵观近年来全球经济的增长情况可以发现，无论是具有先发优势的发达国家，还是迅速崛起的新兴经济体，抑或是尚在追赶中的发展中国家，科技创新已然成为各国家及地区实现经济增长和培育竞争优势的新引擎与重要抓手。党的十八大以来，以习近平同志为核心的党中央便把科技创新摆在了国家发展全局的核心位置，推动我国从世界科技创新的"跟跑参与者"向"领跑开拓者"转变。但在国际竞争新格局下，世界百年未有之大变局加速演进，新一轮科技革命和产业变革方兴未艾，我国面临着愈加严峻复杂的战略环境，国际竞争愈演愈烈，风险挑战与战略机遇并存。现阶段，我国正处在新一轮科技革命和产业变革与建成社会主义现代化强国的历史交汇点，一方面应牢牢把握战略机遇，强化科技创新的引领作用，尽早布局前沿领域，积极培育战略性新兴产业和未来产业，推动技术革命性突破，加快实现高水平科技自立自强，下好抢占发展制高点的先手棋；另一方面也要立足当前、着眼长远，增强底线思维，积极防范风险。正如习近平总书记所说，"挑战前所未有，应对好了，机遇也就前所未有。"[①] 发展新质生产力便是我国把握战略机遇、抢占发展制高点、培育竞争新优势、实现科技突围的必然选择。

---

① 《求是》杂志发表习近平总书记重要讲话 新发展阶段贯彻新发展理念必然要求构建新发展格局. 人民日报，2022 – 09 – 01.

其次，发展新质生产力是适应我国社会主要矛盾变化的必然要求。生产力作为一个历史的、进步的范畴，其发展是具有阶段性的。马克思和恩格斯曾明确指出，对任何问题的分析"随时随地都要以当时的历史条件为转移"[①]，人们进行物质生产活动的方式"是暂时的和历史性的形式"[②]，"随着新生产力的获得，人们改变自己的生产方式，随着生产方式即保证自己生活的方式的改变，人们也就会改变自己的一切社会关系"[③]，也就是说不同的生产力发展水平总是与不同的生产关系和社会发展阶段相适应。而推动生产力发展和社会发展阶段演进的根本动力则需要从社会主要矛盾的变化中寻觅。新中国成立以来，通过解放和发展生产力，中国人均 GDP 从 1952 年的 119 元大幅提升至 2022 年的约 1.27 万美元，实现了从贫困国家到中等收入国家的飞跃，研发支出占 GDP 的比重也由 2000 年的 0.9% 提升至 2022 年的 2.55%，研发支出总额达到约 2.79 万亿元，科技创新不断取得突破，人民生活水平大幅提高。实践证明了解放和发展生产力是解决社会主义各阶段基本矛盾和推动社会进步的根本动力。观察新中国成立以来我国的经济社会发展实际可以发现，坚持不断解放和发展生产力既是解决社会主义各阶段基本矛盾的根本手段，又是促进社会进步的根本动力。中国特色社会主义进入新时代以来，我国社会主要矛盾已经从人民日益增长的物质文化需要同落后的社会生产之间的矛盾转变为人民日益增长的美好生活需要和不平衡不充分的发展之间的矛盾。新阶段，无论是推动高质量发展、加快推进城乡区域协调发展、促进共同富裕的提出，还是全面提升基础设施建设、深化供给侧结构性改革、建设现代化经济体系

---

① 马克思，恩格斯.马克思恩格斯全集：第 28 卷.2 版.北京：人民出版社，2018：531.
② 马克思，恩格斯.马克思恩格斯全集：第 27 卷.北京：人民出版社，1972：479.
③ 马克思，恩格斯.马克思恩格斯全集：第 4 卷.北京：人民出版社，1958：144.

的落实，都是为了解决新时代我国面临的人民日益增长的美好生活需要和不平衡不充分的发展之间的矛盾。只有解决了这一新时代社会主要矛盾，我国生产力水平才能真正实现质的跃升，建成社会主义现代化强国才指日可待。

最后，发展新质生产力是推动经济高质量发展的内在要求。发展不仅是党执政兴国的第一要务，而且是关系国家经济实力和综合国力的重要基础。随着社会经济的快速发展，中国经济已经由高速增长阶段转变为高质量发展阶段。如何全面贯彻新发展理念，提升整体国民经济的活力、创新力和竞争力以实现高质量发展便成为重要的时代命题。为此，新时代以来，党中央作出了一系列重大战略部署，包括构建以国内大循环为主体、国内国际双循环相互促进的新发展格局，加快建设现代化经济体系，推动高水平科技自立自强，不断深化改革开放等，以确保我国在推动高质量发展上有所建树。近年来，中国经济高质量发展取得重大进展，不仅表现为以第三产业比重提高和制造业高端化为主的经济结构优化，而且表现为以能源结构转型和环境保护加强为主的可持续发展。数据结果显示，中国第三产业（服务业）增加值占 GDP 的比重由 2010 年的 43.0% 显著提升至 2022 年的 53.9%，高技术制造业增加值占规模以上工业增加值的比重由 2010 年的 9.4% 上升至 2022 年的 15.5%，全国的森林覆盖率从 2000 年的 16.55% 提高至 2022 年的 23.04%，此外，我国还提出 2030 年前实现碳达峰、2060 年前实现碳中和的目标，积极推进能源结构优化和绿色低碳发展。尽管近年来我国在高质量发展方面取得了创新驱动发展效力日益显现，城乡区域发展协调性、平衡性明显增强，绿色低碳转型步伐显著加快等诸多成效，但依然存在着高素质人才供给不足、科技成果落地转化周期较长、金融体系不健全、市场监管不完善、经济结构转型不够彻底、绿色发展标准不统一、科技创新瓶颈难以突破、政策落地难度大等制约因素，需要我们高度重视并加以解决。因此，我们需要新的生产力理论来指导我们的实践，而新质生产力作为创新起核心主导作用，摆脱传统经济增长方式和生产力发展路径，集创新、质优、高效、绿色等特点于一体的符合中国式现代化和绿色发展理念的先进生产力，已经在实践中展现出了对高质量发展的强大支撑力和助推力。可以发现，发展新质生产力恰恰是我们推动高质量发展的内在要求和重要支撑，我们需要继续注重创新、关注绿色发展、加速新质生产力的发展，以实现经济的绿色转型和中国式现代化。

3. 正确理解新质生产力的科学内涵

马克思提出了生产力的构成要素和决定因素，但并没有系统地考察各要素之间的相互关系及其发展变化。① 在中国特色社会主义进入新发展阶段的背景下，习近平总书记开创性地提出了"新质生产力"这一新范畴。与传统生产力相比，它的标志由劳动生产率转变为全要素生产率，拓展了生产力的内涵与边界，实现了生产力质态的跃迁。从理论层面来看，发展新质生产力是科技创新起核心主导作用的系统性生产力理论，并从微观、中观、宏观三个层面实现了对马克思主义生产力理论的继承与创新发展，具体如图6-1所示。

首先，从微观层面来看，新质生产力是由科技创新主导而催生的以高素质劳动者、高科技劳动资料和更广范围劳动对象优化组合从而进行物质生产活动为内涵的生产力理论。随着数字技术革命的到来和创新主导地位的加强，与传统生产力相比，新质生产力的构成要素呈现出新的质态变化，主要包括劳动者的高素质化、劳动资料的高科技化和劳动对象的更广范围化。具体来看，一是劳动者的

---

① 发展新质生产力的理论创新与实践旨向. 中国社会科学报，2024-03-21.

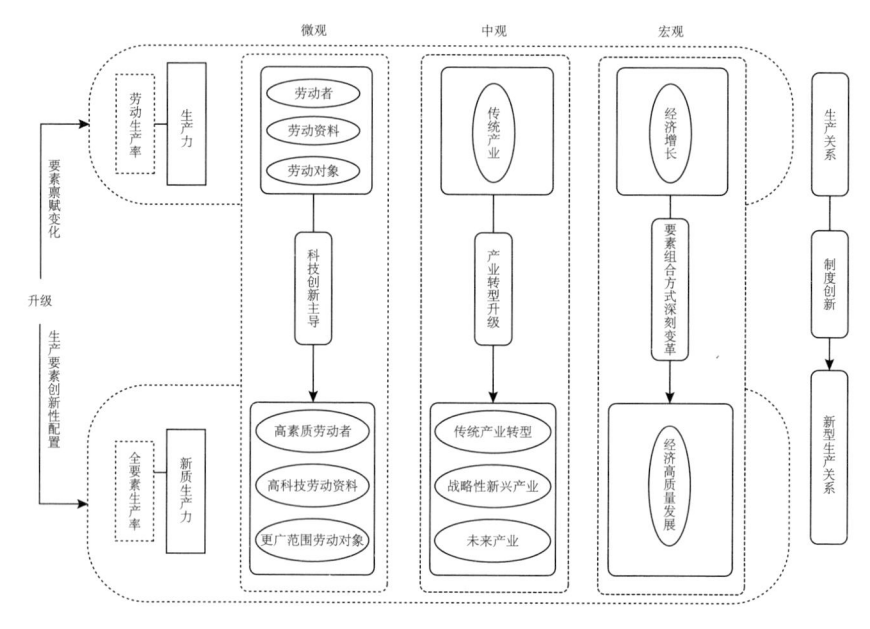

图 6-1 理解新质生产力内涵的逻辑框架

高素质化。相较于传统生产力，新质生产力不仅涉及战略性新兴产业、未来产业等新领域，而且蕴含着更高的技术含量，与之相契合的便是具有更高素质和专业劳动技能的劳动者，以适应劳动资料的智能化和高科技化。在新质生产力框架下，劳动者鲜少从事传统的简单、重复和机械性的劳动，而是从事更为复杂和更具创造性的劳动，劳动中脑力劳动的占比显著提高，数字劳动发展成为新的劳动形式。劳动者和自然之间的关系也由传统的征服和被征服关系转变为和谐共生关系，经济发展的绿色可持续受到重视。二是劳动资料的高科技化。与传统生产力相比，新质生产力产生于第四次科技革命拉开序幕和数字经济时代到来的大背景下，劳动资料作为生产过程顺利进行的中介要素，传统的机械性工具和大机器设备已然被更先进、更高效和更前沿的数字化智能设备所取代。高科技劳动资料不仅凭借着更高的准确度、灵活性和更广的适用范围促进了生产劳动过程对时空限制的突破，还凭借着其智能优化功能极大地减少了操作误差、提升了运行效率。同时，高科技劳动资料还具有绿色环保属性，是适应资源节约型和环境友好型社会建设的劳动资料。三是劳动对象的更广范围化。传统生产力框架下的劳动对象主要为以自然形态存在的物品或者经过劳动者初步加工的原材料等物质化的原料，而在新质生产力发展过程中，劳动对象不仅包括物质化的原料，还包括因科技创新和技术改造而出现的数据、信息等非物质化的新型劳动对象。[1] 值得注意的是，在数字经济时代，数据成长为新型劳动对象，其具有与传统劳动对象所不同的诸多特点，比如渗透性强、覆盖面广、流动性高、可复制性、可追溯性和共享性等，我们应把握数据要素的这些特性以更好地赋能物质生产过程。

其次，从中观层面来看，新质生产力是由产业转型升级而催生的以传统产业深度转型、战略性新兴产业迅速发展、未来产业积极培育为重要载体的生产力理论。纵观人类文明发展史可以发现，不同经济时代对应着不同的生产力发展水平和生产方式，生产工具、发展动力、产业形态的变革，都佐证了生产力的跃升和经济发展阶段的演进。具体来看，渔猎、农耕时代的生产工具多以石器、木器、铜器、铁器为主，其发展动力则主要为自然力，包括风力、水力、人力、畜力等，相对应的，此时的产业形态也主要是渔业、农业、畜牧业等第一产业。产业革命作为技术革命性突破的代名词，促使人类社会步入工业时代，这时的生产工具便以机械化设备、大机器等为主，发展动力也演变为热力、电力等机械力，相对应的，此时的产业形态也发展为以纺织业、制造业、铁路运输业、煤炭业、钢铁业、汽车、飞机、石化等机器大工业为主，是依靠大量资源投入

---

[1] 胡洪彬.习近平总书记关于新质生产力重要论述的理论逻辑与实践进路.经济学家，2023（12）：16-25.

和高度消耗资源能源的生产力和产业发展方式。而新质生产力则诞生于第三次科技革命和第四次科技革命交接之际，这一时代的生产工具以信息技术和数字智能工具为主，具有信息化、网联化、数字化、智能化、自动化、绿色化、高效化的鲜明特点，其发展动力也演变为基于信息技术和数字技术的网力、算力，相对应的，此时的产业形态也发生了深刻的变革。一方面，推动实体经济与数字经济深度融合，加快传统制造业数字化、网络化、智能化改造，促进传统制造业的高端化、自动化、绿色化发展；另一方面，积极培育和发展新一代信息技术、生物技术、新能源、新材料、高端装备、新能源汽车、绿色环保以及航空航天、海洋装备等战略性新兴产业和类脑智能、量子信息、基因技术、未来网络、深海空天开发、氢能与储能等未来产业，以实现产业的深度转型升级。

最后，从宏观层面来看，新质生产力是由要素组合方式深刻变革而催生的以经济高质量发展为核心要义的生产力理论。马克思在《资本论》中指出了影响生产力的多种因素，除了工人的平均熟练程度、生产资料的规模、科学的发展水平和它在工艺上应用的程度、自然条件外，还包括生产资料的效能和生产过程的社会结合，也就是说生产要素的效率和生产关系对生产力的发展水平也具有重要影响。但马克思探讨的生产力仅指劳动生产力，即劳动生产率，而新质生产力则强调优化生产要素组合以促进全要素生产率的大幅度提升。所谓全要素生产率是指在生产过程中，扣除各种生产要素投入量带来的经济增长部分后所剩下的经济增长部分，其核心驱动力在于科技创新和生产要素的优化组合。[①] 生产力内涵与外延的变化也决定了不同的经济发展方式，"旧"的生产力更注重生产要素量上的增

---

① 刘伟. 加快培育新质生产力 推进实现高质量发展. 经济理论与经济管理，2024 (4)：1-11.

长、物质财富增加和经济增长，而新质生产力则更强调生产要素质上的提升、科技创新引领和经济高质量发展。与此相对应，中国特色社会主义进入新发展阶段以来，经济增长方式逐渐由依靠要素投入量增加驱动的粗放型传统增长方式转变为主要依靠科技创新和全要素生产率提升的集约型新型增长方式。新质生产力作为与中国特色社会主义伟大实践相契合的先进生产力，其核心就在于以全要素生产率提高为主要动能，是推动经济高质量发展的重要着力点。

此外，政治经济学的研究对象是生产关系，即一定历史发展形态的生产方式以及与之相适应的社会生产关系和人们之间的交往关系。因此，我们研究生产力问题便不能只研究生产力，还应将其与生产关系联系起来。而根据唯物史观的基本原理，生产力决定生产关系，生产关系对生产力有反作用。新质生产力作为生产力发展的新质态，建立在生产力极大跃升的基础上，是与中国特色社会主义制度相适配的先进生产力。关于提升劳动生产力的途径，马克思认为"增加劳动的生产力的首要办法是更细地分工，更全面地运用和经常地改进机器"[①]，这是提升劳动生产力的一般方法，而根本方法在于变革资本主义生产方式，只有摆脱了资本主义生产的局限性的社会才可以实现真正进步。而社会主义社会恰恰实现了对资本主义生产方式的根本变革，形成了以生产资料公有制为基础的生产关系，进而孕育了具有中国特色的社会主义制度。纵观人类社会经济发展史可以发现，生产力的重大发展变革离不开生产关系的完善，即生产方式的变革和社会制度的更新。因此，发展新质生产力不仅要坚持科技创新引领和生产要素创新性配置，而且要促进中国特色社会主义制度的完善。

---

① 马克思，恩格斯.马克思恩格斯全集：第6卷.北京：人民出版社，1961：499.

二、生产要素创新性配置与发展新质生产力的内在逻辑

生产力是推动社会进步的最活跃、最具革命性的因素。社会主义的根本任务就是解放和发展生产力。因此，伴随着新一轮科技革命和产业变革及数字经济时代的到来，为了更好地适应国际竞争新格局、实现高质量发展和建成社会主义现代化强国，我们必须摆脱传统经济增长方式和生产力发展路径，加快发展新质生产力。新质生产力作为以劳动对象及其优化组合的跃升为基本内涵，以科技创新为核心驱动和以全要素生产率大幅提升为核心标志的先进生产力，其快速发展必然离不开生产要素的创新性配置。关于生产要素创新性配置与发展新质生产力的内在逻辑，纵观新时代以来我国的经济社会发展实践可以发现，新质生产力的要素新、技术新和载体新均呼唤新的要素组合方式、新的生产要素配置主体和新的制度支撑等创新性生产要素配置与之相适应。总之，对两者之间内在逻辑的深入探究既是对马克思主义理论中国化的创新和发展，又是党中央领导推动经济社会高质量发展的深邃洞见。

1.新质生产力要素新，需要新的要素组合方式

新质生产力是生产力现代化的具体体现，即新的高水平现代化生产力，是具有高效率、高质量、高科技、新结构、新要素、可持续等特点的绿色先进生产力。相较于传统生产力，新质生产力的这种"新"集中体现在新型生产要素的出现和既有生产要素从量到质的发展两个方面，这两个方面的发展均要求生产要素组合方式的进一步优化。

首先，新型生产要素的出现带来了生产要素层面从无到有的变

革。随着新一轮科技革命和产业变革序幕的拉开，数字技术、大数据、物联网、平台经济等新型经济形态快速发展，催生了数据这一新型生产要素，与资本、劳动力等传统生产要素相比，数据要素具有渗透性强、覆盖面广、流动性高、可复制性、共享性等鲜明特点，这便要求我们找到与数据要素相适应的新的生产要素配置方式。针对数据要素的渗透性强、覆盖面广和流动性高的特点，我们在生产要素配置过程中更应遵循社会主义市场经济的运行规律，以市场供求为主导，充分发挥价格机制和竞争机制的作用，同时加快构建高水平社会主义市场经济体制，完善市场监管，规范数据要素的发展路径与行为边界。针对数据要素的可复制性特点，我们在生产要素配置过程中要不断加强有关数据的立法建设，妥善处理数据所有权问题，即应科学回答数据要素归谁所有、数据要素如何与其他要素结合和数据要素收益归谁所有的问题。针对数据要素的共享性特点，我们在生产要素配置过程中应采取切实的奖惩措施，一方面，应鼓励各类市场主体积极共享数据资源；另一方面，应做好关系到消费者切身利益的隐私保护，比如加大对平台厂商垄断行为的惩治力度，健全公民的隐私保障制度，搭建数据信息的合法交易渠道和覆盖范围更广的大数据信息共享平台等。

其次，既有生产要素从量到质的发展体现了新质生产力质的提升。新质生产力作为先进的生产力质态，其内涵体现着经济社会发展从对生产要素量的增长的绝对追求到更注重生产要素质的提升的转变，这一转变必然蕴含着资本、劳动力、技术等既有生产要素被赋予的新的内涵和质的跃升，所以既有生产要素的配置方式也需要进行革新。从资本要素来看，不同的经济社会发展阶段对应着不同的主要资本形态。产业资本是资本主义自由竞争阶段的主要资本形态；进入资本主义垄断竞争阶段，金融资本在资本主义生产中便超越了产业资本逐渐占据了主导地位；而数字经济时代以来，平台资本等虚拟资本也在不断发展，其在国民经济中的作用增强、地位持续上升，意味着资本要素具有了更庞大的规模体量、更快的周转流通速度和更高的风险性，这便要求我们在生产要素的配置过程中更应健全金融系统和宏观经济管理机制，增强风险防范意识，避免虚拟经济脱离实体经济过度发展，引发经济泡沫。从劳动力要素来看，随着科学技术和教育的发展，劳动力队伍中高素质和高技能劳动者的占比显著增加，这就意味着在生产要素的配置过程中我们不能只进行有组织的简单化的机械分工，更应重视人才的优化配置问题，建立健全人才自由流动机制，充分发挥劳动者创造物质财富的主体作用。从技术要素来看，新质生产力诞生于第三次科技革命和第四次科技革命交接之际，是由技术革命性突破所催生的以数字技术为典型代表的生产力，这就要求我们在生产要素配置过程中充分运用数字技术，把握全局，深度统筹，以促进资源的有效整合。

最后，无论是新型生产要素的出现还是既有生产要素从量到质的发展，均要求生产要素进一步优化组合。具体而言，新质生产力不仅涵盖了各类生产要素的新内涵，而且包含着生产要素的新组合，传统生产力组合多为资本、劳动力、土地等生产要素的线性组合，而新质生产力则代表着以科技创新要素为主导，通过数据、资本、劳动力、技术、知识等生产要素的非线性叠加组合来实现生产力要素禀赋和组合方式的深刻变革，以全方位深层次提升要素及其禀赋的有效性和全要素生产率。新型生产要素的出现和既有生产要素从量到质的发展当然需要与之相适配的生产要素组合方式的优化升级。在数字经济时代，数据已成为驱动绝大多数经济活动的核心要素，其在生产过程中的地位已远远超越了农业时代和工业时代的资本、劳动力和土地等传统要素。与之相对应的，当今社会的科技水平也发展到了前所未有的高度，人工智能和数字信息技术已经取代热力、电力等机械技术成为社会经济发展的核心驱动力。大数据、物联网、平台经济、数字技术和人工智能的飞速发展无不使得生产要素配置过程中科学技术和知识的作用越来越大，这就要求我们在生产要素配置过程中应贯彻新发展理念，坚持创新驱动发展战略，加强科技创新，特别是原创性、颠覆性技术创新，充分发挥科技创新对生产效率提升的叠加组合作用，培育发展新质生产力的新动能，加快实现高水平科技自立自强，深刻变革生产函数，全面提升全要素生产率。

2. 新质生产力技术新，需要新的生产要素配置主体

在新一轮科技革命和产业变革背景下，科技创新带来的技术发展是驱动新质生产力发展的核心要素，近年来我国持续改善科技基础条件，不断增加科技创新投入，优化研发新型技术的条件，为发展新质生产力提供了可靠的物质技术保障。但从现实情况来看，我国科技创新与技术发展的现实情况还不足以适应新质生产力纵深发展的需要，部分领域关键核心技术受制于人，对新质生产力的策源力不强。发展新质生产力不仅对科技创新与技术发展的社会分工协作方式、共性技术创新供给与科技成果转化体系提出了新要求，也在主体层面对生产要素创新性配置提出了更高的要求。

首先，科技创新与技术发展需要新的社会分工协作方式，这便要求各主体间要素资源的有序协调调度。发展新质生产力需要社会化的分工协作方式，要求创新生产要素配置方式以实现各主体间的要素交叉渗透。当前，新产品、新技术的生命周期不断缩短，市场要求的创新频率不断加快，新技术从想法到大规模实现所需投资日益增加。许多关键领域的科技创新需要打通基础研究、应用研究、中试、商品化、产业化、生产、销售等众多环节，具有高投入、高

风险等特点，对场地、设备、人才、技术等也有相当高的要求。这使得以科技创新为核心驱动的新质生产力日益成为一个系统工程，对创新主体分工协作方式的要求也日渐发生变化，创新活动从孤岛化向社会化协作转变、技术创新从"点的突破"向体系化跃迁转变成为新质生产力长远发展的必然要求。通过科技创新推动新质生产力发展，政府、高校院所、中介机构等主体为共同目标相互作用，构成了复杂网络。为实现这一社会化的协作网络，如何将分散的生产要素进行创新性配置，实现主体间多类型创新要素交叉渗透是关键因素。[①] 为此，我们需要促进各主体间生产要素的合理配置，以将各异质性创新主体联合起来，形成一个相互作用、相互合作的创新网络，从而促进创新活动的顺利开展，促使技术进步。

其次，科技创新与技术发展需要新的关键共性技术创新供给，这便要求有新型政府干预以激励创新主体。发展新质生产力需要有充足的共性技术创新供给，要求创新生产要素配置方式以改善市场失灵。关键共性技术是指在多个领域广泛应用并对整个产业链或产业体系形成瓶颈制约作用的技术，具有难度大、周期长、不确定性高等特征，是我国实现新质生产力形成与发展的关键内容。但是，由于关键共性技术的超前性、外部性与集成性等特点，多数企业更倾向于开展"短、平、快"的创新活动，进行逆向研发工程或直接引进先进产品；而国家有组织的科研活动如国家专项计划项目、国家研究机构等则存在缺乏市场导向从而无法充分反映企业需求、各单位管理条块分割与规划实施效率低等现实问题，这使得我国关键共性技术获得面临创新主体缺位、创新组织失效等现实问题，容易

---

① 谢荷锋，蒋晓莹.创新范式：概念建构、理论基础与演化评价研究进展述评.中国科技论坛，2023（7）：42-52，62；赵志耘，杨朝峰.创新范式的转变：从独立创新到共生创新.中国软科学，2015（11）：155-160.

造成供给不足与供给低效的市场失灵困境。因此，完全依靠市场内在驱动或政府有组织的创新活动无法推动创新链的循环顺畅运行。在这一背景下，政府需要有条件地干预以矫正市场失灵，并对传统的生产要素配置方式进行革新，以市场需求牵引创新方向，合理区分基础类共性技术和应用类共性技术，从要素层面进行规划指导与组织协调，有助于化解关键共性技术创新过程中的各种阻力，减少关键共性技术创新的成本与风险，激励创新主体加大投入力度，实现关键共性技术多角色参与和受益主体清晰化。

最后，科技创新与技术发展需要新的科技成果转化体系，这便要求有全链条、多主体、精准化的技术转化模式与之相适配。发展新质生产力需要高效率的科技成果转化体系，这要求生产要素创新性配置实现创新链的全链条贯通。推动科技成果转化，是实施创新驱动发展战略的重要内容，是促进科技与经济紧密结合的关键环节，也是发展新质生产力的重要内容。但是科技成果转化面临着从实验室到产业化、从想法到市场的挑战，由于涉及的链条长、主体多、关系复杂，它往往是创新发展中的"痛点"。从我国现实情况来看，我国技术要素高效流动机制尚未完全建立，存在市场化配置体系不完善的问题，特别是高校院所科技成果的使用权、处置权、收益权的确权比例不明确，这使得科研人员成果转化动力不足。同时，技术与资本等其他要素协同配置的效能有待提升，严重制约了我国科技成果转化体系的效率提升，科技转化相关平台普遍重平台建设、轻服务能力，通过"牵线搭桥"的阶段式服务方式，难以精准发力并提供全周期支撑。而且由于科技成果转化过程中的概念验证、中试等环节对场地、设备、技术等要求高，因此如果缺少专项经费支持，资本、人才等相关要素就会独立分散，难以建立相关机制形成强大合力。在这一背景下，亟须完善技术要素的流通与配置，以加快技术要素在市场体系中的周转循环及与其他要素的协调配合，从而实现创新链的全链条贯通。

3.新质生产力的载体新，需要新的制度支撑

当前，社会经济已经发展到大科学时代，新质生产力作为技术水平更高、质量更好、效率更佳、更可持续的现代化先进生产力，通过产业深度转型升级实现了对传统生产力载体的系统更新。较之传统生产力的载体以传统制造业为主，新质生产力载体的系统更新主要体现在传统产业深度转型升级、战略性新兴产业迅速发展、未来产业积极培育三个方面，这三个方面的系统更新需要新的生产要素配置制度，同时对我们利用新型举国体制凝聚资源，创新生产要素配置方式以全面提升要素效率提出了更高的要求。

从传统产业深度转型升级层面来看，发展新质生产力并不意味着要忽视和放弃传统产业，而是要充分利用科技创新和产业创新，坚持实现高水平科技自立自强的目标定位，推动传统产业转型升级。为此，习近平总书记特别指出："发展新质生产力不是忽视、放弃传统产业，要防止一哄而上、泡沫化，也不要搞一种模式"[①]，要多措并举，加快建设现代化产业体系。然而传统产业的转型升级是一个结构性的问题，不可以一蹴而就，其发展过程是一个长期演进的过程。虽然北京、上海、广东、江苏、浙江等地已初步实现了以高端制造业和现代服务业为经济支柱的高级产业结构，但河北、河南、黑龙江、吉林、海南等地传统产业的转型升级依旧道阻且长。此外，我国传统产业体系还存在诸多短板，比如在核心基础零部件和元器件、先进基础工艺、关键基础材料等方面与国际先进工业水平还存在差距，这就要求我们创新生产要素配置方式以适应传统产业在数

---

① 习近平在参加江苏代表团审议时强调 因地制宜发展新质生产力.人民日报，2024－03－06.

字化和智能化浪潮冲击下所面临的转型升级的巨大压力，提升我国产业体系的先进性。科技创新是产业结构升级的核心动能，在新发展阶段下，我们更应完善科技创新的相关制度安排，依托实用型科研促进创新和产业深度融合发展，加大政府对传统产业转型升级的扶持力度，坚持高科技产业发展与传统产业升级并重，顺利实现传统产业深度转型升级。

从战略性新兴产业迅速发展层面来看，近年来战略性新兴产业的发展壮大无疑为新质生产力的发展提供了新的载体，这一载体的更新必然要求有新的生产要素配置方式与其相适应。虽然新时代以来，我国科技创新能力和产业体系的技术水平不断提高，基础研究和原始创新不断加强，一些关键核心技术实现突破，战略性新兴产业不断发展壮大，载人航天、探月探火、深海深地探测、超级计算机、人工智能、生物医药等领域取得重大成果，我国进入创新型国家行列，但随着新一轮科技革命和产业变革深入发展，国际力量对比深刻调整，逆全球化思潮抬头，单边主义、保护主义明显上升，世界经济复苏乏力，局部冲突持续发酵，世界进入新的动荡变革期，产业安全与风险问题日益上升为各国稳定国内经济和维护自身利益的重要议题。近年来，随着全球制造业和产业链供应链格局的加速调整与重塑，尤其是数字化、智能化时代，全球创新活动空前活跃，各类科技成果加速涌现，产业迭代周期明显缩短，各国都开始谋求建立独立自主、安全可控的产业体系，加快发展战略性新兴产业便日益成为世界各国战略必争的主要阵地。总体来看，积极培育战略性新兴产业不仅是我国确保产业安全和增强发展主动权的重要战略部署，而且是我国提升国家创新体系整体效能、建设现代化产业体系和发展新质生产力的重要抓手。故而，推进科技体制改革，形成支持全面创新的基础制度，创新生产要素配置方式以提升战略性资源供应保障能力，统筹资源进行针对"卡脖子"技术的集中攻关，加大对涉及重大公共利益的关键共性技术研究的资金支持力度，不仅有利于积极推进科技创新与产业创新、鼓励科技成果转化应用和完善全链条的资源贯通机制，而且对于加快发展战略性新兴产业、提升我国的综合国力和发展新质生产力具有重要的助推作用。

从未来产业积极培育层面来看，布局建设未来产业是我国适应国际竞争新格局和把握新质生产力突破性发展机遇的战略选择，这一战略选择呼唤生产要素配置制度的创新性发展。当前，世界正在经历百年未有之大变局，新一轮科技革命和产业变革突飞猛进，基于全球未来技术发展路径，未来产业体系正在加速形成，为我国实现"换道超车"和加快发展新质生产力提供了战略机遇。针对这一发展机遇，我们更应前瞻谋划未来产业，充分发挥科技在经济结构调整和经济增长方式转变中的引领作用，推进科技创新中心建设以整合密集的创新资源和创新成果，使其在未来技术研发和未来产业培育中发挥关键作用。值得注意的是，未来产业作为集高成长性、战略性、先导性、阶段性和不确定性于一体的产业类型，其发展既为我国提供了打造全球竞争新优势、抢占国际竞争制高点和实现新质生产力突破性发展的战略机遇，又蕴含着影响国家产业安全、增加经济发展不确定性的风险。现阶段，加速新兴技术、前沿技术与传统产业的融合已成为未来产业发展的重要范式，并且要从只重视技术创新转换为同时重视研发模式、生产方式、业务模式和组织结构的革新。而未来产业不同于现有的农业、工业和服务业，它是依托高技术服务业，融入新型要素的新产业业态。因此，我国在积极培育未来产业的过程中，要注重未来产业所激发的生产力质的革新，并在此基础上形成与之相匹配的生产要素配置制度，深刻把握要素投入结构和定价机制，尽力提升劳动力、资本和数据等新型要素的适配程度，同时加强各类创新主体之间的协同联动和空间布局，完善财税、产业、金融、人才等政策工具的配合使用，以适应未来产业网络化、开放化、多元化的发展路径。

三、新征程上通过创新生产要素配置方式来加快发展新质生产力

经过多年发展，我国科技资源加快汇聚，科技投入大幅增加，我国致力于在原始创新、基础研究、前沿科技探索与高水平科技人才培育等方面占领制高点。各类新产业、新技术、新业态与新模式也相继涌现，这为我国新质生产力的产生和发展提供了物质与组织保障。新征程上，加快发展新质生产力既为我国发掘经济增长新动能、抢占科技发展制高点提供了重要机遇，又意味着经济发展不确定性的增强。由于国内外经济结构深度调整，现阶段我国经济高质量发展面临高技术"卡脖子"问题突出、产能相对过剩、新型生产要素流通机制亟待完善、资源跨地域与部门流动受阻、全要素生产率尚有较大提升空间等堵点。因此，我们需要围绕随着新质生产力发展所涌现的新要素、新技术与新载体，从多角度出发深刻变革生产要素的配置方式，为加快发展新质生产力提供切实可行的政策建议。

1.遵循新要素发展规律创新生产要素配置方式

新质生产力作为要素禀赋和要素组合方式均发生深刻变革的先进生产力，其发展不仅包含了新出现的数据要素的迅速崛起，而且对资本、劳动力等要素的质量也提出了更高的要求，起主导作用的要素也已转变为科技创新。针对新质生产力发展过程中的这一要素新变化，我们应当深刻把握并遵循新要素发展规律，创新生产要素

配置方式，以期加快新质生产力的发展。

随着数字技术的不断突破，数字经济的发展速度愈来愈快、辐射范围愈来愈广、影响程度愈来愈大，正推动着经济社会生产方式、生活方式和治理方式深刻变革，成为重组要素资源和重塑全球竞争格局的关键力量。随着数字经济成为主要经济形态，数据要素日益成长为经济社会生活中占据主导地位的关键要素，从方方面面便利了我们的社会生活。但在享受数字经济发展带来的行业红利的同时，我们也应清醒地认识到，数字经济在进一步发展的过程中也面临一些亟待解决的问题。比如，数字技术在快速发展的同时会产生"数字鸿沟"及"算法歧视"，将一部分老年人和其他弱势群体排斥在外，有失社会公平与正义；部分机构存在违规获取用户数据、信息泄露等问题，在数据安全、隐私保护和消费者权益保护等方面亟待加强。总之，在国家战略布局和系列政策支持下，我国在数字技术上不断突破，数字经济发展影响的广度和深度前所未有，在数字基础设施建设、数字产业化与产业数字化、数据要素市场建设与数字生态建设等各方向全面发力，并取得了重要成就。但为应对国内外新形势新挑战，进一步发掘经济潜力，搭建完善的数据要素市场，促进数据要素资源与传统要素资源的有效整合，大幅提升全要素生产率，推动新质生产力快速发展，创新生产要素配置方式责无旁贷。

针对数据要素的规范发展问题，首先，我们应完善数据要素的确权机制和定价机制，将数据要素作为新型资产纳入企业核算和国民经济核算体系，规范数据资源的交易与流通；其次，我们应尽快搭建起完善的数据要素市场，构建数据资源共享和管理平台，根据公共数据开放共享的条件、类型和领域，制定分类分级的公共数据开放共享原则和方法，优先推动民生保障、公共服务、市场监管等公共数据向全社会有序开放共享；最后，应做好数据安全保护、隐私保护和消费者权益保护等工作，由政府率先示范搭建数据要素应用场景，扩大数据要素的应用广度和深度。针对资本、劳动力等传统要素质的提升问题，在资本方面，我们应贯彻引导资金流入科技创新或关键环节，吸引高水平新创企业等私有资本积极参与，鼓励银行等金融机构为高新技术企业和"专精特新"企业开辟信贷绿色通道，对科技型中小微企业减费让利，以降低企业参与科技创新的综合融资成本。同时盘活存量，增强政府性融资担保机构的服务能力，发挥政府作为资金杠杆的"杠杆撬动"效应，鼓励发展多层次资本市场服务平台。在劳动力方面，我们应动态调整重点领域急缺人才目录，通过"破四唯"和"立新标"等措施实施科技人才分类评价，同时完善青年科技人才培养体系，加强与科研院所及高校的合作，增设成果转移转化相关专业，从源头增加专业转化人才的供给，培养"懂科技、懂产业、懂资本、懂市场、懂管理"的复合型科技产业人才，强化重点产业领域科技人才支撑。

针对如何大幅提升全要素生产率的问题，一方面，我们应建立全国互联互通的技术交易市场，从统一交易规则、交易对象、交易流程、交易服务等着手，逐步统一全国技术交易市场的行业标准，进而实现技术交易信息互通、项目资源互通，提升全国技术交易匹配效率和精度，促进跨区域的技术互联互通，充分发挥科学技术在提升全要素生产率中的引领作用。另一方面，我们应鼓励有条件的地方或产业协会打造市场化信息平台，面向各类主体发布技术、人才、资金、政策等供需信息，精准推送，提升制度体系的透明度和开放度，从而全方位提高要素资源供给与需求的匹配精度，贡献全要素生产率的增长。

2.遵循科技创新发展规律创新生产要素配置方式

新征程上，科技创新已经成为构建新发展格局和促进经济高质量发展的关键因素，将为新质生产力发展提供核心驱动力。现阶段，我国科技创新实力不断增强，并不断寻求新的发展优势，已顺利跻身创新型国家行列，国际竞争力持续上升。但也应看到，在世界百年未有之大变局、国内国际竞争格局加速演化的背景下，当前我国科技创新发展虽取得了一系列重大成就，但在应对新时代战略发展需要和适应日益激烈的国际竞争要求方面，还存在原始创新能力不强、科技投入产出效益较低、关键核心技术受制于人等亟待解决的突出问题，我们需要遵循科技创新发展规律，进一步完善科技创新的社会分工协作、关键共性技术创新供给与成果转化体系建设等方面的生产要素配置方式，为新质生产力的纵深发展提供重要策源力。

我国科技创新发展过程中存在的问题，主要体现在以下三个方面：一是科技创新分工协作机制不完善。一方面，科技创新活动的顺利开展涉及政府、企业、高校、科研院所、中介机构等诸多主体，各主体出于不同的目标而开展科技创新活动，很容易导致科技创新活动的重复开展、资源浪费与结果低效；另一方面，我国科技创新治理涉及部门繁多，各个部门之间分工不明、职责交叉，加之中央与地方事权划分不清晰，科技创新相关政策不能得到有效落实，存在制度性障碍，导致创新资源在部门之间协同性差，甚至相互扯皮，致使科技创新效率不高。二是关键共性技术创新供给不足。由于我国原始创新能力较弱，所以加强难度大、周期长、不确定性高的关键共性技术的共建共享便具有十分重要的现实意义。然而在现实中，多数企业出于自身经济利益考量，往往选择直接引进先进技术经验或开展"短、平、快"的创新活动，造成关系到突破产业发展瓶颈的关键核心技术发展缓慢、关键共性技术创新主体缺位、创新组织失效等现实问题。三是科技成果转化存在较大障碍。科技成果的顺利转化本身受到成果来源、资金投入、平台搭建、利益分配、产业化运作、经济效益最大化等多方面因素的影响，而我国目前在科技成果转化方面依旧存在诸多障碍，例如缺乏相应利益分配机制的设计及其相关配套制度、法律，缺乏专业性的科技成果转移转化交易平台，缺乏专门化的科技成果产业化运作机构等。

针对科技创新分工协作机制不完善的问题，我们应当打造高校与科研院所主动和科技创新中介、金融机构等进行协同创新的旗舰性空间平台，为各科技创新主体的协同合作提供系统性资源支持。同时鼓励大型企业、央企把一部分资源分配到基础研究上，推进大中小企业间、国有企业与民营企业间的创新资源共享。针对关键共性技术创新供给不足的问题，我们应加大基础研究投资力度，鼓励企业参与重大应用类科技项目，探索科技领军企业牵头重大科技项目、建设和使用重大科技平台的良性机制，加大针对关键共性技术科技创新活动在税收、补贴、土地、融资等方面的政策优惠与资金支持的力度，减少关键共性技术创新主体的各项成本，完善关键共性技术的联通共享机制。针对科技成果转化存在较大障碍的问题，一方面，我们需要探索建设大型科技创新中介，以市场化产业化运营为抓手，构建与科技成果转化规律相适应的定价机制和议事决策机制，汇聚融通人才、资金、技术、平台、政策等创新资源，减少要素流动过程中的市场壁垒、信息壁垒、行政壁垒和制度壁垒等，提升创新资源的配置效率；另一方面，我们应当强化孵化培育、成果供需对接、科技金融服务、复合人才培养等事关科技成果转化成败的关键功能建设，加强基础研究、技术开发、成果转化一体化部署，探索企业、高校和科研院所共建创新平台、共享创新收益的新做法，按照互惠互利、各得其所，按投资比例分成，按劳分配等原则完善创新收益分配机制。

3.围绕产业结构转型升级创新生产要素配置方式

新征程上,新质生产力的快速发展不仅需要以大量的技术革命性突破为驱动力,而且需要以产业结构深度转型升级为载体。近年来,以传统产业深度转型升级、战略性新兴产业迅速发展、未来产业积极培育为主要表现形式的载体更新,不仅为我国实现高水平科技自立自强开辟了新赛道,还为我国抢占经济发展制高点下了一步先手棋。但要想抓住国内国际形势深刻变革背景下的这一战略机遇,我们在技术革命性突破的基础上,还应进一步创新生产要素配置方式,以真正完善产业结构深度转型升级这一载体,进而加快培育新质生产力,扎实推进经济高质量发展。

当前,经济社会已经发展到数字经济时代,新质生产力载体的系统更新虽然为我们构建新发展格局和推进经济高质量发展提供了客观平台,但也存在一系列现实问题阻碍着要素效率的全面提升。首先,传统产业作为以劳动密集型为主的制造加工行业,其升级改造既有利于新旧动能转换接续,又关系到经济高质量发展。但从现实情况来看,传统产业深度转型升级在供需匹配、自主创新驱动、政策匹配、法制保障等方面仍存在不足。一方面,关键核心技术装备"卡脖子"问题凸显,自主开发创新能力亟待提升,应降低制度性交易成本,营造公平竞争的市场环境和营商环境。另一方面,传统产业供需不匹配的结构性问题突出,低附加值、低技术含量和劳动密集型产品已无法适应需求端的高级化转变,应加强政策统筹,做好区域间行业间的产业转移工作,从根本上解决融资难融资贵、高技能人才供给不足和基础性保障不到位等问题。其次,新发展阶段下,我国在促进战略性新兴产业快速发展方面面临着战略性、前沿性关键核心技术集成能力薄弱,企业尚未成为真正的创新主体,产学研用结合不够紧密,科技创新成果转化机制尚不健全,针对新产品、新技术的应用示范、标准制定和基础设施建设尚未完成，相关鼓励支持创新创业的财税政策和投融资政策的体制机制不完善等突出问题，制约了全要素生产率的有效提升。最后，未来产业作为满足未来中长期发展和国家战略需求的新型产业群，在前瞻布局未来产业的过程中需要优化技术策源、孵化服务、资金支持、治理创新、时空布局等方面的政策设计，克服这一过程中所出现的一些地方政府对培育未来产业存在畏难情绪；部分地方政府扎堆布局未来产业，导致重复化建设严重；针对未来产业的孵化服务与时空布局缺乏统筹优化等问题。

  针对传统产业深度转型升级的问题，首先，我们应突破传统产业的技术路径依赖，提高技术创新与研发能力，抓住数字技术这一关键，促进传统产业与新技术融合，促进传统产业的数字化、智能化转型。其次，我们应深化供给侧结构性改革，挖掘国内市场的消费潜力，重点提升供给体系与国内需求的适配性，同时规范资本市场，提高金融服务科技创新的能力，并加强急需和紧缺的专业人才和跨产业融合类技能人才的培养，强化资本、劳动力等要素的保障能力。最后，我们需要引导传统产业合理有序转移，加强统筹规划、合理布局，并完善相关配套基础设施的建设。针对战略性新兴产业迅速发展的问题，一方面，我们要着力推进科技成果转化机制改革、资本市场建设等重点领域和关键环节的体制机制改革，通过政府应用示范、完善配套基础设施建设等方式强化市场环境培育，引导社会资源与消费流向，促进科技创新发展与新质生产力形成。另一方面，我们需要完善投融资政策与财税政策支持体系，创新财税金融对科技创新的支持方式，同时加强统一规划引导和区域协调，引导资金、人才等资源的流向，避免因盲目投资和重复建设而浪费资源。针对未来产业积极培育的问题，一方面，我们应依托新型举国体制优势，构建集突破型、引领型、平台型于一体的新体制、新机制，建设集科研、生产、销售、科技交流、成果转化于一体的服务全国的新兴产业硅谷，充分汇聚各种尖端科技力量与高端人才，促进创新资源的有效利用，大幅提升全要素生产率。另一方面，我们应通过先行先试、政府采购、重大项目等方式提高新技术新产品的市场接受度，探索重大科学研究和技术开发的应用场景，打造面向量子计算、6G、未来网络、无人技术、超材料等领域的概念验证中心和未来技术应用场景，以应用场景为突破口汇聚创新资源，为新质生产力的加快形成提供助力。

第七章
产业变革与新质生产力

于 泽[*]

生产力是马克思主义的核心范畴之一，在马克思主义生产力理论体系中占有十分重要的地位。新质生产力的范畴和理论，丰富了马克思主义生产力范畴的内涵，明确提出了"生产力质态"概念，从质和量的有机统一的方法论角度深化了对于生产力及其发展规律的认识。对于生产力的质，可以用每个历史时期经济发展的主导部门带来的产业深度转型升级来度量。当新的主导部门的增长率不断提高时，与之相适应的基础设施和新的生产组织方式也从萌芽逐步扩散发展为取得主导地位，生产力的质也随之发生变化，可以说发生了新一轮的生产力变革。产业变革是生产力变革的表现，也是生产力变革的动力。新质生产力的发展，就是现代产业体系逐渐成形的过程。为此，我国要通过及时将科技创新成果应用到具体产业和产业链上来健全相关规则和政策，促进各类先进生产要素向发展新

---

[*] 于泽，中国人民大学经济学院副院长、教授，主要研究领域为中国经济转型、宏观经济治理和高质量发展。

质生产力集聚，改造提升传统产业，培育壮大新兴产业，布局建设未来产业，完善现代化产业体系。

一、生产力发展与产业变革

生产力理论是马克思主义政治经济学的重要组成部分。一般认为，生产力是人类利用自然和改造自然，进行物质资料生产的能力。在分析生产力的概念时要注意三个方面。

首先，生产力是一个系统性概念。生产力的基本要素是劳动者、劳动资料和劳动对象。马克思指出，随着分工的不断深化，协作作为生产力的要素，"结合工作日的特殊生产力都是社会的劳动生产力或社会劳动的生产力。这种生产力是由协作本身产生的。"① 马克思也多次指出，科学技术是生产力的重要组成部分，强调"生产力中也包括科学"②。

其次，生产力需要从整体性、全面性的角度辩证理解。不能将生产力作为一个孤立的概念，而是要利用辩证思维从整体性、全面性的角度理解它。就像我们看待一所房子，可以从门的角度看，可以从窗户的角度看，也可以从天上俯瞰。只有在不同概念之间的联系中，才能整体性地把握生产力。习近平总书记提出："只有把生产力和生产关系的矛盾运动同经济基础和上层建筑的矛盾运动结合起来观察，把社会基本矛盾作为一个整体来观察，才能全面把握整个社会的基本面貌和发展方向。"③

最后，生产力是一个社会历史概念。马克思强调，"劳动者和生

---

① 马克思.资本论：第1卷.2版.北京：人民出版社，2004：382.
② 顾海良.新政治经济学的理论创新和学科建设：基于马克思主义生产力理论中国话语的思考.中国高校社会科学，2015（3）：4-14，156.
③ 习近平：推动全党学习和掌握历史唯物主义 更好认识规律更加能动地推进工作.人民日报，2013-12-05.

资料始终是生产的因素。但是，二者在彼此分离的情况下只在可能性上是生产因素。凡要进行生产，它们就必须结合起来。实行这种结合的特殊方式和方法，使社会结构区分为各个不同的经济时期。"①

从辩证法和历史唯物主义的角度看，生产力的发展离不开随社会历史变化的生产方式和生产关系。生产力的发展不仅由自然规律决定，它以人们掌握的科学知识和技术能力为前提，更体现了社会历史属性。"一定的生产方式或一定的工业阶段始终是与一定的共同活动方式或一定的社会阶段联系着的，而这种共同活动方式本身就是'生产力'；由此可见，人们所达到的生产力的总和决定着社会状况，因而，始终必须把'人类的历史'同工业和交换的历史联系起来研究和探讨。"②

伴随着社会历史发展，生产力展现出了不同时期的量和质。生产力发展的一个重要表现为产品和部门结构的创新，即不断发生的产业变革。林岗和张宇指出：在产品结构或生产的部门结构向着日益复杂化和高级化的方向变动的情况下，生产力的发展就不能仅仅用既定产品结构条件下劳动生产率的提高来衡量。在这种情况下，生产力的发展表现为劳动分工的发展。这种发展一方面表现为分工在原有部门结构基础上的深化，即同一部门内部不同环节的生产活动分解为专业化的独立行业（这是劳动生产率提高的一个重要原因）；另一方面还表现为分工范围的扩展，即新技术和新生产方式出现导致新产品、新部门的产生和发展。这增加了产品的种类，扩大了生产的范围，提高了人类总体劳动的复杂程度，使人类的需要在更多方面得到满足。事实上，历史上社会生产力的每一次重大变革都是通过产品创新来实现的。③

---

① 马克思，恩格斯.马克思恩格斯文集：第6卷.北京：人民出版社，2009：44.
② 马克思，恩格斯.马克思恩格斯文集：第1卷.北京：人民出版社，2012：160.
③ 林岗，张宇.生产力概念的深化与马克思主义经济学的发展.教学与研究，2003（9）：5-10.

一次技术革命并不是一件产品的创新，或者一种新工艺的出现，因为新产品很快就会达到市场饱和。技术革命意味着出现一批有强大影响力的、崭新的且动态的技术、产品和部门，它们在整个经济中能带来巨变，并能推动长期的发展高潮。[①]

佩蕾丝描述了过去五次相继出现的技术革命（见表 7-1）。产业革命是以机器的出现和工业时代的来临命名的。19 世纪中叶的人们普遍认为当时属于蒸汽和铁路时代，稍后，当钢代替了铁、科学改造了工业，钢铁、电力、重工业时代到来了。石油、汽车和大规模生产时代在 20 世纪初来临，而 70 年以后，人们越来越多地使用信息时代或者知识社会等说法。

表 7-1 五次相继出现的技术革命

技术革命	该时期的通行名称	核心国家	诱发技术革命的事件	年份
第一次	产业革命	英国	阿克莱特在克罗姆福特设厂	1771 年
第二次	蒸汽和铁路时代	英国（扩散到欧洲大陆和美国）	蒸汽动力机车"火箭号"在利物浦到曼彻斯特的铁路上试验成功	1829 年
第三次	钢铁、电力、重工业时代	美国和德国追赶并超越英国	卡耐基酸性转炉钢厂在宾夕法尼亚州的匹兹堡开工	1875 年
第四次	石油、汽车和大规模生产时代	美国（起初与德国竞争世界领导地位），后扩散到欧洲	第一辆 T 型车从密歇根州底特律的福特工厂出产	1908 年
第五次	信息和远程通信时代	美国（扩散到欧洲和亚洲）	在加利福尼亚州的圣克拉拉，英特尔的微处理器宣告问世	1971 年

资料来源：佩蕾丝.技术革命与金融资本：泡沫与黄金时代的动力学.北京：中国人民大学出版社，2007.

---

① 佩蕾丝.技术革命与金融资本：泡沫与黄金时代的动力学.北京：中国人民大学出版社，2007.

每次技术革命均产生于一组协同作用、相互依赖的产业，以及一个或多个基础设施网络。表7-2展示了五次技术革命的新产业和新基础设施。在技术革命的过程中，新产业从原有产业中分化出来，然后将生产率传递给传统产业，促进经济的生产率提高。

表7-2 五次技术革命的新产业和新基础设施

技术革命	新技术、新产业或得到更新的产业	新基础设施或得到更新的基础设施
第一次	机械化的棉纺织业； 熟铁； 机器	运河和水道； 收费公路； 水力（经过重大改良的水力涡轮）
第二次	蒸汽机和机器（铁质；以煤为动力）； 铁矿业和煤矿业（当时在增长中起到核心作用）； 铁路建设； 铁路车辆生产； 工业（包括纺织业）用蒸汽机	铁路（使用蒸汽动力）； 普遍的邮政服务； 电报（主要在一国铁路沿线传输）； 大型港口、仓库和航行世界的轮船； 城市煤气
第三次	廉价钢铁（尤其是酸性转炉生产的钢铁）； 用于钢铁轮船的蒸汽动力的全面发展； 重化工业和民用工程； 电力设备工业； 铜和电缆； 罐装和瓶装食品； 纸业和包装	钢制高速蒸汽轮船在世界范围内的航运（通过苏伊士运河）； 世界范围内的铁路（使用标准尺寸的廉价钢轨和枕木）； 大型桥梁和隧道； 世界范围的电报； 电话（限于一国范围内）； 电力网络（用于照明和工业）
第四次	批量生产的汽车； 廉价石油和石油燃料； 石化产品（合成品）； 内燃机（用于汽车、运输、拖拉机、飞机、军用坦克等）； 家用电器； 冷藏和冷冻食品	公路、高速公路、港口和机场组织的交通网络； 石油管道网络； 普遍的电力供应（工用和家用）； 世界范围内的有线或无线模拟远程通信（电话、电报、海底电报）
第五次	廉价微电子产品； 计算机、软件； 远程通信； 控制设备； 计算机辅助的生物技术和新材料	世界数字远程通信（电缆、光纤、无线电和卫星）； 互联网或电子邮件和其他E化服务； 电力网络； （水陆空）高速物流运输系统

资料来源：佩蕾丝.技术革命与金融资本：泡沫与黄金时代的动力学.北京：中国人民大学出版社，2007.

二、现代化产业体系是新质生产力的载体

新质生产力的发展载体是现代化产业体系。① 发展新质生产力要认清所处历史方位和发展阶段，明晰阶段性主导生产要素、主导技术、主导产业等，尊重生产要素特性，动态调整传统产业与现代产业的关系，根据阶段性主要矛盾制定行之有效的战略举措，以期实现阶段性发展目标。

我国在迈向中等发达国家的新征程中，比发达国家落后之处不在于体量，而在于结构。结构提升就是效率要素提升，经济结构呈现的载体是产业，落脚点在产业。只有一系列战略性新兴产业涌现，产业结构升级才能取得实质性进展。从历史发展来看，新质生产力的"新"是一个相对概念，是在技术迭代升级中不断动态调整的。每一次技术革命都是生产力新的质的飞跃。纵观人类社会生产力发展史，新质生产力是以科技创新为主导，以新产业、新业态、新模式为重要载体，在技术内生化作用下实现生产活动效率和社会生产力总和的大幅提升的生产力。

新质生产力的关键在于"新"和"质"。新就是创新，质就是高质量发展。创新包含了技术的革命性突破、生产要素的创新性配置、全要素生产率的大幅提升。高质量发展包括产业深度转型升级、可持续发展、绿色发展、普惠发展。现今，新一轮技术革命性突破的重点是数字技术，算法、算力和数据的进步共同催生的人工智能技术正在代替人类脑力劳动，参与创新研究和知识生产；数据要素和其他要素创新组合，在生产、流通、消费和分配等社会生产全过程中，发挥倍增效应，降本提质增效，促进创新；传统产业通过数字

---

① 刘伟.科学认识与切实发展新质生产力.经济研究，2024（3）：4-11.

化转型，实现智能化、绿色化和高端化；平台作为一种新型组织方式，在满足消费者日益增长的个性化和多样化需求，促进数据驱动的个性化、智能化生产和服务，有效匹配供给和需求方面发挥了重大作用。在发展数字经济、培育新质生产力的过程中，也需要防范和降低技术变革带来的负面影响，包括技术替代劳动力尤其是中产阶层劳动力带来的失业问题和收入极化问题、数字素养与数字接入不平等带来的数字鸿沟问题、马太效应带来的不平等问题、信息传播导致的信息茧房与观点极化带来的社会冲突问题、技术赋能超级平台与政府带来的个人权利被过度剥夺问题等。

三、我国产业结构转型升级的动力变化

发展新质生产力需要不断推动产业升级。一般来说，产业结构转型升级的动力有两个：收入效应和相对价格效应。收入效应强调了需求方恩格尔定律的作用。随着人均收入的提高，消费者会逐渐减少必需品的消费，增加高收入弹性产品的消费。相对价格效应强调了不同商品之间的相对价格变化导致了消费比重的变化。当相对价格发生变化之后，消费者的预算约束线变化，从而导致消费结构的变化。在当前研究中，相对价格效应有两个来源，即部门间技术进步率的差异和资本劳动比的差异。鲍莫尔认为，影响产业结构变迁的主要因素是不同产业间的替代弹性和各部门的产出增长率，即如果部门间的产品是可替代的，那么当制造业部门的产出增长率小于服务业的产出增长率时，生产要素就会从制造业部门流向服务业部门。[①] 阿西莫格鲁等发现，决定产业结构变迁的主要因素是部门间

---

① Baumol, W., "Macroeconomics of unbalanced growth: The anatomy of urban crisis," *American Economic Review*, 1967 (3): 415-426.

要素密集度的差异，核心变量是整个经济的资本劳动比。① 当整个社会处于资本深化（资本深化可以理解为长期中人口增长速度比资本增长速度慢，从而导致资本劳动比不断上升）的状态时，就会发生从制造业到服务业的转型，即服务业与制造业相对比重的上升。

于泽和吴珂利用消费增加值对我国产业结构转型升级的动力进行了分解。② 图 7-1 显示的是在保持相对价格不变时得到的结果，虚线反映收入效应导致的产业结构转型升级；图 7-2 显示的则是保持总消费增加值固定，即保持收入不变时得到的结果，虚线反映相对价格导致的产业结构转型升级。

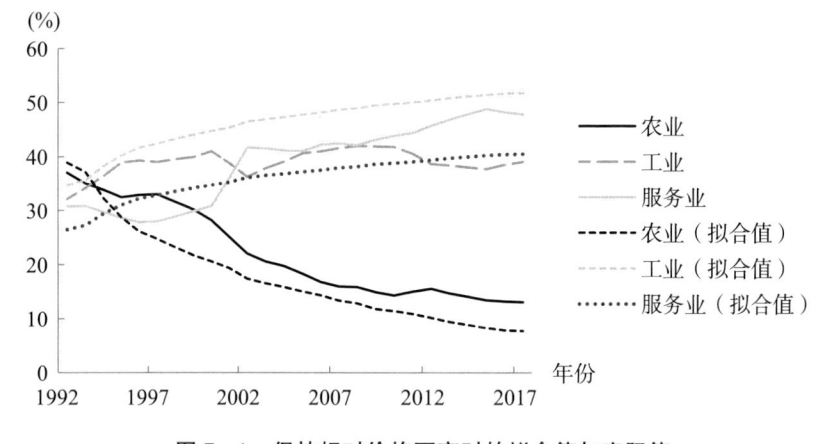

图 7-1　保持相对价格不变时的拟合值与实际值

显然，图 7-1 的拟合效果整体上优于图 7-2。当只有收入效应起作用时，图 7-1 显示模型仍能刻画出农业比重下降和服务业比重上升的整体趋势；而当只有相对价格效应起作用时，图 7-2 显示模型拟合出与三部门比重实际变化趋势截然相反的结果。这一结果意

---

① Acemoglu, D., and Guerrieri, V., "Capital deepening and non-balanced economic growth," *Journal of Political Economy*, 2008 (3): 467-498.
② 于泽, 吴珂. 中国居民消费结构转型驱动力: 收入效应还是相对价格效应. 经济理论与经济管理, 2024 (2): 31-48.

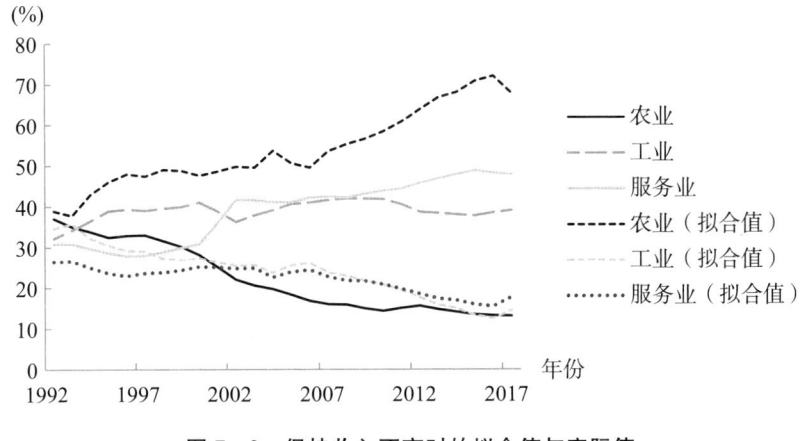

图 7-2　保持收入不变时的拟合值与实际值

味着，在中国 1992 年以来的居民消费结构升级过程中，收入效应起到了至关重要的作用，而相对价格效应的贡献较小。

进一步采用国内生产总值的支出数据来看，对于农业和服务业两个部门，图 7-4 显示当只有相对价格效应起作用时，模型得到了与实际趋势相反的结果；而图 7-3 则显示当只有收入效应起作用时，模型大致刻画出这两个部门的整体变化趋势。然而值得注意的是，对于工业部门而言，收入效应较好地拟合了 2002 年之前的变化趋势，而在 2002 年之后相对价格效应对整体趋势的贡献更大。这意味着，从整体上看，收入效应在我国 1992 年以来的居民消费结构升级过程中发挥着至关重要的作用，但自 2002 年起，相对价格效应的重要性逐渐上升。

综合以上两种方法，从消费增加值角度看，收入效应是推动我国居民消费结构升级的主要动力。需要注意的是，利用支出法构造消费增加值时，相对价格效应在 2002 年以来我国的居民消费结构升级过程中发挥着更加重要的作用。

收入效应是我国居民消费结构升级的主导驱动力，这反映出我

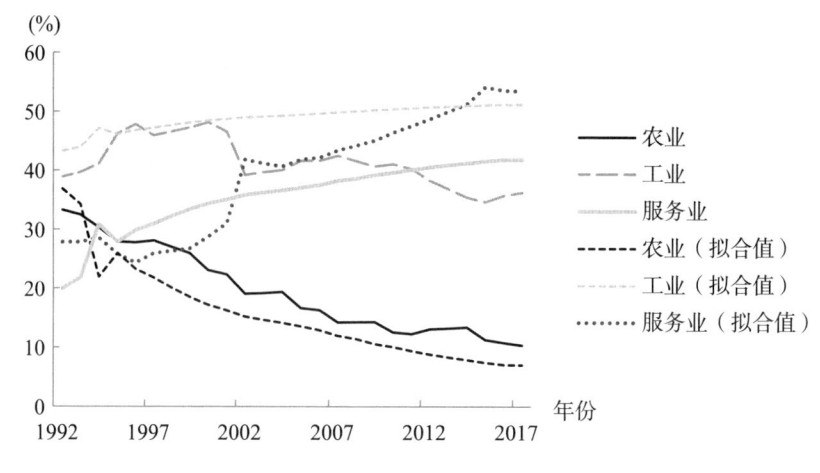

图 7-3　支出法保持相对价格不变时的拟合值与实际值

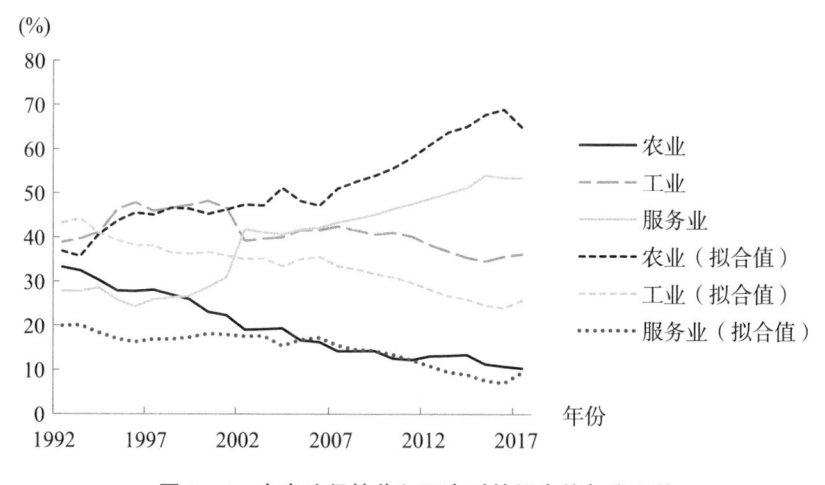

图 7-4　支出法保持收入不变时的拟合值与实际值

国居民收入快速增长带动消费层次不断提高的重要事实。随着我国经济进入高质量发展阶段，促进居民消费结构升级仍需要重点发挥收入效应的作用。因为只有收入水平提高，人们才会减少对农副产品等基本生存型消费的需求，而增加对服务等发展享受型消费的需求。要继续深化收入分配体制改革，适时调整基本工资标准，推动工资正常增长机制的形成，拓宽居民工资性收入和财产性收入增加渠道，完善社会保障体系和社会福利制度，促进居民收入平稳增长。

同时，为消费的扩大和升级扫除体制机制障碍，有序取消正常消费的限制性措施，努力优化消费环境，激发消费潜力，多渠道培育消费新增长点，推动居民消费结构升级。

相对价格效应对居民消费结构升级的重要性在上升。这意味着，加快居民消费结构升级不仅需要继续在需求侧增加居民收入，更需要在供给侧激励技术创新和资本积累，提升供给体系的水平和质量，让供给更好地适应、引领和创造新需求，通过供给侧结构性改革带动供需的良性互动。供给侧结构性改革的核心是加强技术创新、稳定投资。继续为中小企业的技术创新提供资金支持，制定相应的激励政策鼓励企业进行数字化转型。进一步健全以企业为主体的产学研一体化创新机制，促进科技创新成果的转化，增强企业技术创新能力，推动企业高质量发展。这些发展要求需要通过深化改革、构建好现代化产业体系的体制机制基础来实现。

四、深化改革推动现代化产业体系建设

建设好现代化产业体系，要求重塑微观创新主体，正确处理好政府和市场的关系，从政府主导推动、技术模仿赶超的体制机制向市场引导、政府助推的以科技自立自强为动力的新机制转变。从"中等收入陷阱"等国际经验来看，实现以创新为主导的机制转变是非常困难的，为此，需要调整资源配置方式，建立与创新相一致的激励机制，切实实施好供给侧结构性改革。

此类改革的难度远远大于1978年开始的改革，突出的两大原则是存量改革和系统性改革。1978年开始的改革，坚持以经济总量迅速提升为导向的赶超理念，在保持原有利益格局基本不动的前提下，引入新的增量。乡镇企业和民营企业在政府允许的特定领域内，通

过对国际前沿技术的模仿和国有企业的技术扩散,增加出口以迅速提升经济总量。随着我国走向技术前沿,模仿空间逐步缩窄,同时面对百年未有之大变局,需要全面调整激励机制和利益格局,走向自主创新。这就要求全社会通过存量改革释放资源,全面加强基础研究,从源头和底层解决关键技术问题。存量改革是一个从不平衡到新平衡不断演化的过程。还要体现协调性,进行系统性改革,以顶层设计整体性推进,在整体中发挥好地方积极性,避免过度碎片化等问题。需要着重注意以下几个方面。

调整政府职能,建立创新导向的高水平社会主义市场经济体制。加强基础研究、突出原创、鼓励自由探索,要求进一步理顺政府和市场的关系,重新界定政府和市场的分工。这种重新界定需要构建适应原创性创新的政府和市场环境,逐步改变模仿型技术进步中的政府和市场的关系。一方面,政府的职能范围需要逐步缩小,更多地将试错空间留给企业,切实提升企业在创新中的主体地位。这与模仿型技术进步不同,后者因为能够看得清未来的发展方向,故以政府为主导。另一方面,政府的职能方向需要调整。在模仿阶段,政府更需要进行基本的基础设施建设,如公路、通信等,从而降低企业的固定成本,促进出口和技术学习,提升生产效率。而在创新阶段,企业更需要关注长期融资和风险分担等问题;政府则更多地发挥社会风险分担功能,提供更大的试错空间。

重新界定政府和市场的关系着重体现在两方面:一是财政体制改革,二是国有企业改革。

1. 财政体制改革

(1) 调整支出结构,强化民生支出。

我国的财政资金在模仿阶段持续向铁路、公路等基础设施领域的建设上倾斜。在这一阶段或单纯发挥比较优势的阶段,从我国的比较优势出发，政府能够预见到哪些技术和产业是我们能学习的，哪些是我们还学习不了的。这样就可以根据我们的优势选择产业。政府需要做的是为这些产业提供基础设施，尤其是更为便捷、高效和低成本的运输体系。

随着发展模式调整，我国更需要提供企业试错需要的公共产品。一方面，需要加强社会安全网建设，更好地提供社会保障与就业；另一方面，需要增加医疗领域公共支出，更好地提供人力资本。其中尤其需要强调的是社会保障与就业支出有较大的提升空间。相比于世界技术前沿的国家，我国现有财政体制的覆盖空间还相对有限，基准较低，企业承担的社会功能还比较重，这都需要国家提供更为广大的社会安全网，为前沿试错过程中可能出现的问题提供保障，是补短板的一个重要领域。

需要注意的是，支出结构的调整是一个缓慢的动态过程。在时间维度上，这种调整并不是一蹴而就的过程。同时，由于技术发展，经济社会对公共产品的需求内容会发生变化，公共产品的内容也会发生变化。需要建立动态的调整机制，适应社会的发展需要，主动调整公共产品的支出。

（2）清理税收优惠政策，建立统一市场。

税收优惠固然具有诸多积极功效，譬如刺激劳动供给、促进养老储蓄、吸引外国直接投资和全球企业总部迁入、激励研发投入和服务外包、推动新兴产业发展等，然而过多的且不规范的税收优惠必然会破坏税政的统一而且不利于税收的筹集，进而不利于财政支出政策调整。因而，有必要对目前政出多门的税收优惠政策进行清理。

从税权角度看，不仅中央政府（包括全国人大、国务院和财政部、国家税务总局等）在行使税收优惠决定权，地方政府（主要是地方人民政府及地方财税机关）实际上也在行使税收优惠决定权。就税收优惠所涉领域而言，中央政府规定的税收优惠，不仅包括行业税收优惠，还包括区域税收优惠。而地方政府规定的税收优惠则主要是区域税收优惠，虽然这样的税收优惠也会涉及特定行业，但它主要是从区域利益出发，而不是从全国性整体行业利益出发。

这种区域税收优惠政策正是和原有的增量为主、地方政府从下而上的常识性改革相适应的。该优惠政策在原有改革阶段发挥了积极作用，但是不适应以一体化为基础的创新引领发展阶段，不适应以顶层设计为基础的系统性改革，只会鼓励地方政府从数量的角度拉项目、上产业，导致改革碎片化。因此，需要加大地方税收优惠的治理力度，一方面建立全国统一市场，为创新提供公平环境，另一方面可以提高财政收入。

（3）完善政府间财政关系，提供地方政府与创新经济相容的激励机制。

现阶段动能转化的一个重大问题是地方政府激励机制缺位。在上一轮改革中，地方政府是主力军，地方政府间竞争促进了经济增长。但是，这种激励机制并不适合未来以创新为导向的发展模式。在新模式下，企业是主体，市场是主要推动力量，在创新带来的试错过程中企业尚且不能明确未来的方向，政府就更无法做到，因此在模仿阶段行之有效的激励地方政府招商引资、促进增长的办法就失效了。这就需要建立新的政府间财政体制，激励地方政府在新形势下建立新的行为模式。需要特别注意的是，新激励机制并不是简单解决不作为、乱作为现象，而是要让地方政府的行为与市场创新激励相容，目标是综合解决不想办和不会办的问题。

2.国有企业改革

国有企业改革的核心是明确其在新的发展模式中承担的职能。党的二十届三中全会要求，未来要进一步明晰不同类型国有企业功能定位，完善主责主业管理，明确国有资本重点投资领域和方向。推动国有资本向关系国家安全、国民经济命脉的重要行业和关键领域集中，向关系国计民生的公共服务、应急能力、公益性领域等集中，向前瞻性战略性新兴产业集中。

在这些要求中，国有企业可以利用在自然垄断类的上游产业获得的经济租调节下游产业的利润，改变社会的利润和工资占比，促进全社会发展。同时，可以将索取的经济租通过社保等渠道转移给普通消费者，提高消费者的消费能力，促进工资占比提高，扩大中等收入群体，提升总需求。在这个过程中，国有企业需要减少行政性垄断，将行政性垄断领域交还给市场，推进竞争性环节市场化改革，增加市场空间。

第一，改革金融领域，放松企业的外部融资约束。当前我国金融领域存在较多问题，例如监管体制不健全、抵御系统性风险能力较差等。最为关键的问题是金融的基本职能即融资并不能适应新的发展模式。创新有着极大的不确定性，是资金密集型活动。为了适应新的发展模式，需要进一步减少企业融资约束，鼓励和规范发展天使投资、风险投资、私募股权投资，更好发挥政府投资基金的作用，发展耐心资本。

第二，改变要素价格扭曲带来利润的模式，倒逼企业创新。在模仿阶段，为了迅速扩大生产规模，发挥规模优势，抢占国际市场，我国的要素价格长期偏低。这一问题在模仿阶段并不严重，但是，随着经济逐步迈向以创新为导向的发展阶段，低要素价格只会激励企业采用粗放式的生产方式，而不利于创新。这就需要让要素价格回归，倒逼企业创新。例如，土地价格扭曲了利润来源。某些地方政府为了发展经济，长期用行政手段扭曲和压低工业用地价格，人为降低了工业企业的生存成本，提高了工业企业的利润。这导致企业不会集约使用土地资源，而是盲目追求规模。由此可见，这种扭曲的利润来源会减弱企业创新的动力。

第三，从以规模为导向的产业政策转向关注市场失灵。我国原有的产业政策更多以规模为导向，例如，对于国有企业改革"抓大放小"，促进国有企业联合重组。这在模仿阶段是最优政策，可以通过扩大规模发挥规模优势，降低成本，促进经济增长。但是，在以创新为导向的发展阶段，中小企业将成为主力。根据熊彼特的创造性破坏理论，关键的创新并不总是在位企业作出的，而往往是新进入企业作出的。新进入企业规模并不大，如果以规模为导向设置产业政策，就会阻碍创新型中小企业发展。因此，我国的产业政策需要从以规模为导向转向关注市场失灵。

成功的产业政策应该更多发挥市场力量在产业发展中的关键性和基础性作用，而政府仅仅作为市场失灵时的补充。实现这个目的最为行之有效的办法就是找到产业发展中存在的市场失灵。例如，一般来说，政府需承担推进通用技术发展的责任。这是因为这类技术在产业发展过程中具有很强的外部性特征，有些甚至具有公共产品的特征，导致企业对其研发投入不足，以致难以达到社会最优水平。需要注意两点。首先，产业政策不能再定位于"引导"市场，而应该变为"补充"市场，是为市场发挥作用创造良好环境。"引导"市场这一定位看似发挥了市场的主体作用，实质上是政府自己决定应该发展什么产业，每个产业应该怎样发展。这种产业政策干预了企业的决策，导致企业为了获得相应的税收、土地、融资等方面的优惠，不再考虑市场供需状况，而是跟着规划走。这将严重影响市场运行效率，甚至还将带来寻租等弊端。实际上，政府不仅没有能力甄别应该发展什么产业，也不知道怎么发展这个产业。政府要做的是为市场竞争创造良好的条件，弥补市场外部性，例如，补贴通用技术研发，对具有污染性等特征的技术进行惩罚。其次，政府要关注重大技术而不是特定行业。我国政府为了引导市场，制定了一些特定行业的发展规划。这些行业发展规划往往规定凡属于鼓励发展的行业，就可以享受到相应的税收、土地和融资等方面的优惠。这就扭曲了市场对行业的选择，不利于市场效率的发挥。政府应该将选择权交给市场，更多关注重大技术而不是特定行业。

第四，进一步强化产品标准和市场监管，提升产品品质。创新需要良好的市场环境，通过高水平的产品标准和市场监管为创新保驾护航。随着收入提高，人们对产品品质的要求日益提高。当前国内产品标准较低，产品安全问题屡见不鲜。这需要在部分产能特别过剩的行业，强力提高国内标准，达不到标准的企业必须退出，集中优势资源推动企业的整合和产品的创新。在资源再配置过程中，随着优质企业规模扩大，规模经济和标准倒逼的创新会抵消品质上升产生的额外成本。质量标准检查等权力在现行分税制下部分集中在地方政府手中，地方政府以此为手段招商引资，促进本地短期经济增长，但也危害了全社会的竞争力。我们需要借助财政体制改革来将监管权力上移，加强统一监管。

第八章
"高水平开放"视角下的新质生产力与高质量发展

孙浦阳[*]

2024年，新质生产力被首次写入政府工作报告，"大力推进现代化产业体系建设，加快发展新质生产力"成为2024年政府十大工作任务中的首要任务，这充分彰显了发展新质生产力对于实现高质量发展的重大意义。新质生产力这一概念由习近平总书记于2023年9月在黑龙江调研考察时首次提出。简言之，科技创新是新质生产力的核心要素，生产要素的创新性配置是新质生产力的重要发展路径，产业深度转型升级是新质生产力形成和发展的重要载体；而且，新质生产力代表了一种生产力的跃升，其不仅有助于推动中国经济的高质量发展，也必将为全球生产力的可持续发展贡献中国力量。

习近平总书记在中共中央政治局第十一次集体学习时着重强调："要扩大高水平对外开放，为发展新质生产力营造良好国际环境"[①]；

---

[*] 孙浦阳，中国人民大学崇实书院副院长，经济学院国际经济系教授，研究方向为国际经济、世界经济、发展经济。

[①] 习近平在中共中央政治局第十一次集体学习时强调 加快发展新质生产力 扎实推进高质量发展. 人民日报，2024-02-02.

2024年政府工作报告也将"扩大高水平对外开放"列为十大任务之一。由此可见，高水平开放是发展新质生产力、实现我国经济高质量发展的重要内容。简而言之，通过国内外人才、资本、技术等创新要素和服务要素的国际流动和全球范围内的交换，充分提高生产要素的创新性配置效率，以全球共同的创新促进国家整体创新能力提升和产业结构转型升级。这将有助于我国形成更深层次、更高水平、具有全球竞争力的开放创新生态，进而推动新质生产力的形成和发展。

结合2024年政府工作报告，关于在高水平开放视角下发展新质生产力的重点举措，大致可以归类为以下三个方面。

一、以制度型开放促进国际要素流动

制度型开放已经成为我国当前对外开放工作的重点。2024年政府工作报告指出，扩大高水平对外开放应"主动对接高标准国际经贸规则，稳步扩大制度型开放……培育国际经济合作和竞争新优势"。这一表述显示出我国对外开放已经进入一个新的阶段，主要体现在两方面：逐步从政策层面开放向制度层面开放转变，逐步从完善产业性政策向营造高质量的经济发展环境大步迈进。这一表述同时说明，在具有外溢效应的经济领域内，为促进中国和世界经济安全有序融合，应重点关注国际的高标准规则，在贸易规则规制、投资规则规制、生产管理和标准三方面，要逐步实现国内外市场的有效对接与协调。这种国内外高标准的规则对接与协调（也即制度型开放），符合市场发展规律，将有效促进创新要素和服务要素的国际流动和全球交换，为发展新质生产力提供了重要的国际环境保障。

制度型开放促进新质生产力发展的作用机制主要体现在以下三

方面。首先，新质生产力本质上是创新发挥主导作用的生产力，而要实现高水平的创新，我国市场必须要有汇聚高水平国际要素的强大引力。与普通商品等要素不同，高水平的人才、资本、技术、数据、中间投入等生产要素，往往对所在地区的制度环境异常敏感，也正因如此，制度型开放通过完善国内制度环境，吸引全球高水平生产要素聚集，最终为我国新质生产力的发展提供了重要保障。其次，制度型开放还通过对接国际高标准规则、"倒逼"国内体制机制改革，能够更好地激励国内企业开展技术创新，最终促进新质生产力的形成和发展。例如，通过构建与国际接轨的知识产权保护体系，可以为技术确权、维权提供更高效的保障，竞争政策、政府采购、透明度和反腐败等议题的推进，也有助于形成更加稳定、透明、可预期的技术创新激励机制，纠正要素市场存在的各种扭曲。最后，战略性新兴产业往往具有很强的规模经济特征，而经贸规则与生产标准的国际对接，则能够增加国外市场对我国出口产品的需求，因而制度型开放通过扩大需求市场的规模、增加创新收益，能够更有效地培育、发展和提升这些产业的国际竞争力，最终推动新质生产力的进一步发展。

当前我国在推进制度型开放的过程中，存在着一定的现实约束与不足。一是面临严峻的外部环境挑战。西方发达国家仍是国际经贸规则制定的主导者，从国际贸易规则和国际投资规则的制定、协议达成到机制推行，均是西方发达国家占据主导地位。且美日等国长期视中国为非市场经济国家，企图利用"长臂管辖""毒丸条款"等制度方式孤立中国，限制中国经济发展，这些制度打压大大增加了中国参与制度供给与全球经济治理的难度和成本。二是外资来华投资限制措施有待进一步缩减。现行负面清单中仍存在较多模糊措辞和兜底性条款，清单透明度与开放度受限，外资企业在华"准入不准营"的问题仍然存在。三是我国现阶段推进制度型开放仍以政策手段为主，法律手段运用明显不足。由于制度创新涉及多方利益，当改革渐入深水区时，若缺乏相关法律法规支撑和保护，在多部门利益纠葛和改革预期收益不确定的重压之下，制度创新必将进展缓慢。四是我国部分产品标准与产业发展进程不匹配，难以满足创新成果转化和经济提质增效的需求，而且我国标准体系存在先进性不足的问题，与国际通行标准存在一定差距，难以获得国际认可。

基于此背景，如何有效推动我国制度型开放建设，进而为新质生产力发展提供良好的制度保障和强劲推动力，是我国当前对外开放工作的重心。

1. 继续增强我国科技与制造业实力，扩大国内市场规模

制度型开放不仅仅是实现国内规则与国际规则对标的过程，随着我国深度融入全球经济，我国还需要在全球经济治理参与过程中提高自身的制度性话语权，能动地为全球经济治理供给一定的制度，以弥补既有制度的不足。这就需要我国具备引领全球突破性技术创新、战略性新兴产业和未来产业发展的能力，而强大的科技与制造业实力，以及庞大的国内市场规模，则是实现这种引领的保障，也是应对和突破西方国家制度打压的关键。

观察美国和其他西方发达国家的制度型开放路径可以发现，领先的科技优势、产业优势和市场规模优势，是它们引领构建国际经贸规则、拥有话语权和主动权的根本基础；换言之，没有坚实的物质技术基础和庞大的国内需求市场，在国际经贸规则制定过程中就难以实现从跟随到引领的转变。以国际生产标准的制定为例，具有领先的实力和技术是掌握国际生产标准制定权的基础——工业革命以来，以英美为代表的西方国家凭借其强大的工业制造能力、先进的生产技术以及管理经验，掌握了国际生产标准的制定权；二战结

束后，美国凭借其拥有的先进技术，主导了绝大多数国际生产标准和规则的制定，并以此维护其世界霸权，对于挑战其主导地位的国家和企业进行打击。基于同样的逻辑，如果一个国家的技术领先优势减少或者丧失，那么其在国际生产标准制定权中的地位以及话语权就会下降。

因此，我国应继续增加科研投入，尤其是在信息技术、高科技制造、生命科学和医药、绿色能源、新材料等关键领域，扎实推动我国技术进步，不断增强我国科技与制造业实力，同时要坚定不移地实施扩大内需战略，充分挖掘超大规模国内市场的潜力，这是我国推动制度型开放建设的基础和压舱石。

2. 积极加入区域性双边或多边贸易协定

在当今的世界贸易组织框架下，自多哈回合谈判陷入僵局以来，发达国家和发展中国家在农业和非农产品市场准入两个议题上始终无法弥合分歧，致使多哈回合谈判历经多次谈判也没能取得突破性进展，并被搁置至今。也正因如此，区域性双边或多边贸易谈判开始不断兴起，各种类型的区域性贸易协定大量涌现，例如《区域全面经济伙伴关系协定》（RCEP）、《经济伙伴关系协定》（EPA）、《美墨加协定》（USMCA）等。区域性贸易协定具有较大的灵活性，可以迅速满足少数几个国家（地区）的共同需求，能够对世界贸易组织框架下无法取得进展的敏感话题展开讨论并取得成果，因而其所构建的规则体系标准往往更高。区域性贸易协定已经成为各国推进国际经贸合作的重要手段，并有取代现有经贸规则的趋势。根据世界贸易组织的相关文本和数据，图8-1统计了1948—2023年全球区域性贸易协定的数量变化情况。可见，无论是从区域性货物贸易协定视角来看，还是从区域性服务贸易协定视角来看，两者的累计生效数量都呈现出稳定增长趋势，截至2023年，全球已累计通告了

600余个生效区域性货物贸易协定、229个区域性服务贸易协定。区域性双边或多边贸易协定已经成为当今国际经贸规则的重要存在方式之一。

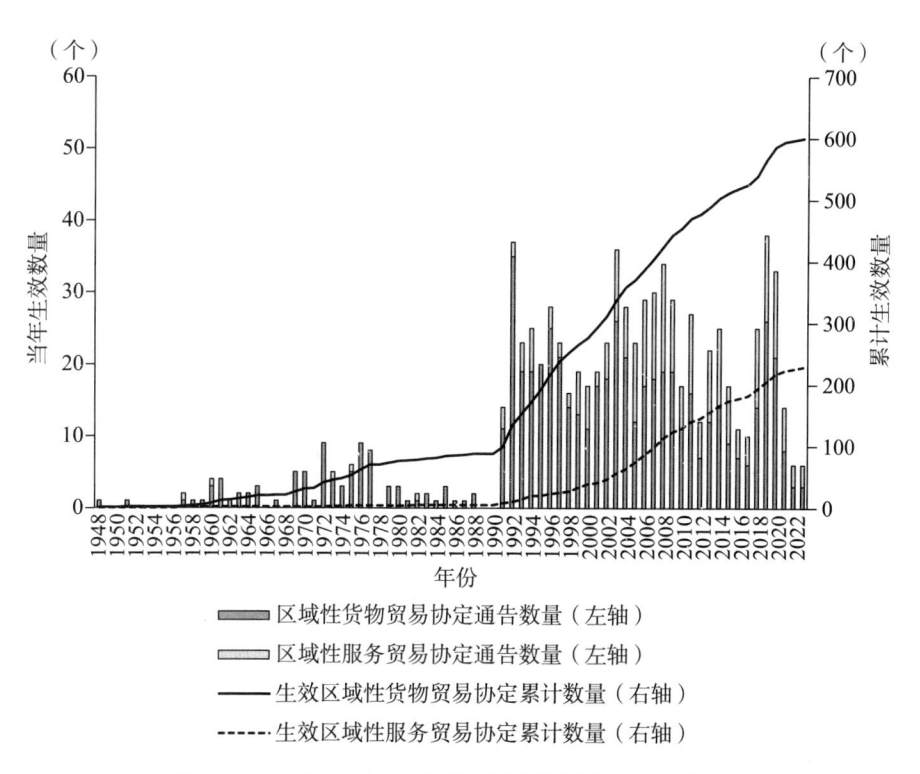

图 8-1　1948—2023 年全球区域性贸易协定的数量变化

资料来源：根据世界贸易组织公开的全球区域性贸易协定（RTAs）数据统计整理得到。

基于此背景，积极加入高标准的区域性双边或多边贸易协定，是当今我国对接国际经贸规则的重要方式，也是我国提高生产要素配置效率、开拓需求市场规模的重要途径，这将为新质生产力提供良好的发展环境。一方面，我国发展新质生产力需要充分利用全球的人才、技术、数据等先进优质生产要素，这是因为新质生产力是科技密集型的生产力，相较于传统生产力，其更加依赖高水平优质生产要素的快速发展；而通过高标准的区域性双边或多边贸易协定，生产要素跨区域流动的制度成本和协调成本将大幅下降，进而有利于提高我国利用区域内优质生产要素、发展新质生产力的能力。另一方面，基于产业的规模经济特征，积极加入高标准的区域性双边或多边贸易协定，也有利于为发展新质生产力创造和扩大国际市场。此外，高标准的区域性双边或多边贸易协定还将"倒逼"国内体制机制改革，尤其是通过法律法规等手段进行明确的制度革新，能够形成更明确的制度预期，更好地激励国内企业开展技术创新。

因此，我国应通过积极加入高标准的区域性双边或多边贸易协定，抓住《区域全面经济伙伴关系协定》与"一带一路"倡议两个重要合作机遇，加强国内对于高标准经贸规则的理解和认识，并基于其约束性条件克服国内压力，这是实现对接高标准国际经贸规则的重要途径。

3. 建设由市场驱动的国内行业标准制定体系

生产管理和标准的国际对接不仅意味着我国要加大采用国际标准的力度，积极使用与国际标准兼容的标准体系，还意味着我国要逐步增强在国际标准制定中的话语权，这对于一个国家的科技和产业水平提升具有积极的推动作用。

美国和德国是主导制定国际标准的最主要国家，而它们的国内标准体系均由相互独立、相互竞争的民间机构主导，遵循公开透明、协商一致原则，具有自愿性和市场驱动的特征。这使得美国和德国的标准真实反映了企业、政府和消费者的实际需要，且高度凝聚了专业知识，前沿属性较强。这是两国形成核心竞争力的关键。以德国为例，德国标准化学会（DIN）主导德国各行业标准的制定，并一直在全球标准制定方面发挥着主导作用；DIN是一个私人组织的非营利性协会，其主要特点在于：标准由那些有需要并有兴趣使用它们的个体制定，所有的利益相关者都可以参与这项工作，包括制造商、消费者、企业、研究机构、公共机构和测试机构；它们派遣专家在DIN的工作机构中代表自己的利益。在一个标准被正式采用之前，DIN会公布一个草案版本，从事标准制定工作的专家必须就其内容达成一致，持不同意见者需要参加谈判和讨论，在无法达成一致的情况下履行调解和仲裁程序。通过以上程序，DIN能够较好地实现市场化、规范化的标准制定。

在适当的条件下，我国的标准制定体系也应适当向微观企业倾斜，尤其是在信息技术、高科技制造、绿色能源等国际前沿领域，可以充分发挥微观主体的竞争活力和能动性，并加强服务业标准化建设。这样既有利于促进微观主体积极投入创新，又有利于我国逐步掌握国际标准制定的话语权，增强核心竞争力。

4. 积极参与国际标准化活动

除建设由市场驱动的国内行业标准制定体系外，积极参与国际标准化活动也是增强国际标准制定话语权的重要方式。通过梳理世界主要国家的标准化建设路径可见，西方发达国家在国际标准组织〔例如国际标准化组织（ISO）、国际电工委员会（IEC）等〕中参与程度较高，并大量承担相关的技术工作，进而掌握国际标准制定的话语权，制定符合自己国家利益的国际标准。即使是相对落后的马来西亚，也通过在制定本国产业标准时完全对标国际标准来增强在国际市场上的竞争力。而我国在这方面并不占据优势。根据ISO公布的统计数据，在ISO的160多个成员中，由占少数的发达经济体制定的国际标准占标准总数的95%；而除少数发达经济体以外的经济体制定的标准数量仅占总数的5%。此外，虽然中国是ISO的六个常任理事国之一，但由中国制定的标准数量仅占总数的0.7%。这说明，发达国家在全球标准化领域的参与程度极高，在抢占标准制定制高点方面优势明显。

我国在某些产业领域已经达到了世界前沿水平，因而也应该继续积极参加国际标准组织的活动，尤其是应促进企业深度参与国际标准组织的战略制定和组织治理变革，积极贡献中国智慧和方案。特别是在人工智能、云计算、新型电力系统、虚拟电厂、储能等新兴技术领域加强标准化战略研究，争取在国际标准制定过程中发挥更大的作用。同时，要围绕重大工程创新与高新科技领域，加大关键技术的国际标准化研究力度，争取在国际标准组织中成立更多的技术委员会，形成更多的国际标准。

二、以服务要素和服务市场开放提供服务动能

扩大服务要素和服务市场的高水平开放，既是整合全球服务贸易资源、提升我国服务企业国际竞争力的必然要求，也是长期中培育发展新质生产力、深度参与全球贸易价值链的必经之路。特别值得关注的是，2024年政府工作报告对推进服务业高水平对外开放提出了具体要求，比如"全面实施跨境服务贸易负面清单""放宽电信、医疗等服务业市场准入""促进跨境电商等新业态健康发展"等。这些要求从外资准入制度、国际开放平台建设、国内外服务贸易等方面，为我国服务业与数字贸易的高水平发展提出了明确的发展方向，提供了重要的"发展的指挥棒"。服务业与数字贸易的高水平发展，将促进服务业发展与制造业发展的并联，既能为实现新质生产力的提升提供服务动能，又能为实现高质量开放与发展提供一个重要的视角。

具体地，服务要素和服务市场开放将从两个方面推动新质生产力的发展。第一，以数字产业为代表的部分服务业是新一轮科技革命和产业变革的关键领域，其本身便包含并催生了大量有突破性的

前沿技术，符合高科技、高效能、高质量特征，是发展新质生产力过程中不可或缺的一环。提高相关服务要素和服务市场的对外开放水平，将进一步完善市场竞争与进入退出机制，激发服务市场活力，同时促进行业内与行业间要素流动、信息交流、技术变革，推动服务要素的创新性配置，进而提高国内服务业自身发展水平，培育服务业新模式、新业态，为发展新质生产力提供服务动能。第二，促进服务要素的国际流动，将通过促进制造业与服务业的并联发展，加速制造业转型升级和新质生产力的培育发展。制造业的发展既需要相应的物质中间品，也需要与之配套的服务业中间品（如运输服务、软件服务、信息服务）。推进服务业高水平对外开放，有利于聚集境内外优质服务要素，增加可选择的服务种类，拓宽服务提供者的范围，境外服务提供者的进入也将倒逼境内相关企业提高服务质量、降低服务价格，这有利于降低购买服务业中间品的成本、提升全要素生产率，最终助推新质生产力的孕育和发展。

当前，全球的服务业主导地位已经形成，主要发达国家的服务业占比和服务业从业人员占比已经超过70%，但我国服务业发展与发达国家相比还较为滞后，尤其是知识密集型服务业发展的差距还较为明显，服务业的开放程度也较低。图8-2统计了2008—2021年世界不同收入水平国家的服务业增加值占GDP比重情况。可见，中国服务业增加值占比呈现出稳定上升的总趋势，但截至2021年底，中国该比重仅达到世界中等收入国家的平均水平，仍较大幅度低于发达国家和世界平均水平。此外，随着数字全球化的快速发展，服务贸易已经一跃成为全球国际贸易的重要组成部分。以2023年为例，中国服务进出口总额为65 754亿元，同比增长10%，占全年对外贸易总额的13.6%，占GDP的5.2%，且服务贸易逆差为12 041

亿元①；而世界其他主要经济体中，2023年美国服务进出口总额为1.72万亿美元，欧盟服务进出口总额为2.72万亿美元，分别占各自对外贸易总额的25.2%和33.3%，以及占各自GDP的6.31%和14.84%。② 由此可见，我国服务贸易规模较大、增速较快，国内市场对国际服务产品的需求较高，但相对于世界主要发达经济体，我国服务贸易在经济中的比重和地位仍有一定提升空间。

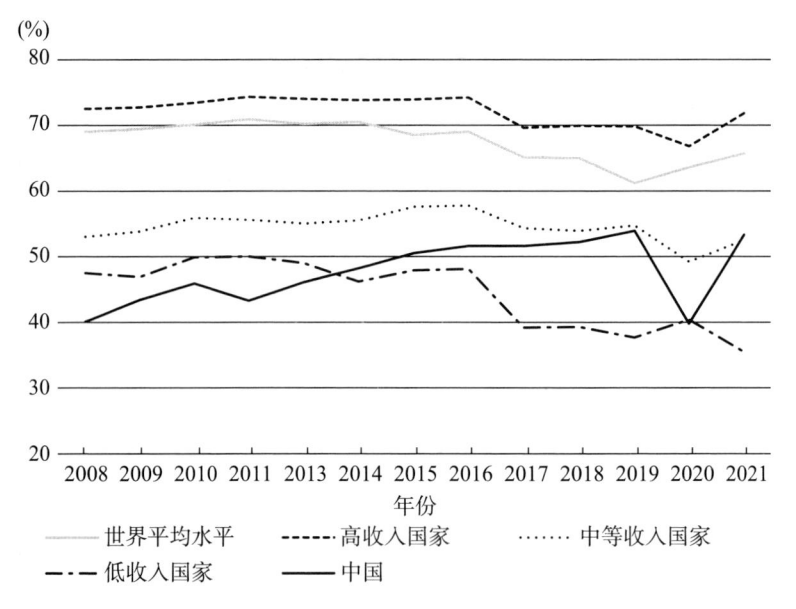

图8-2 2008—2021年世界不同收入水平国家的服务业增加值占GDP比重统计

资料来源：根据2009—2022年《国际统计年鉴》数据整理得到，其中2012年相关数据缺失。

对外开放是我国的基本国策，服务要素和服务市场开放则是我国下一步对外开放的重心之一。相对于工业的对外开放，当前我国服务业的对外开放则表现得更为谨慎，开放程度尚显不足，特别是在市场准入方面，对境外投资参股、跨境开展和购买服务等行为均

---

① 《中华人民共和国2023年国民经济和社会发展统计公报》。
② CEIC数据库。

进行较为严格的限制，有些服务业行业还是对外开放的"深水区"或堵点卡点。如何推动服务要素和服务市场的高水平开放，是当前的一项重要工作。

1. 建立健全跨境服务贸易负面清单管理制度

长期以来，我国主要采用"正面承诺"的跨境服务贸易管理方式，即以本国缔结的条约或协定为依据，给予相关方市场准入和国民待遇。正面清单在市场准入方面进行了较为严格的限制，阻碍了服务要素的跨境流动，不利于长期中国民经济的循环畅通，也无法为培育、发展新质生产力凝聚足够的优质服务要素。这要求我国必须提高服务业对外开放水平，尽可能实现境内外服务企业同一市场准入门槛和管理方式，提高对全球服务要素的利用能力，为发展新质生产力提供要素保障。

2024年3月，商务部发布《跨境服务贸易特别管理措施（负面清单）》（以下简称全国版）和《自由贸易试验区跨境服务贸易特别管理措施（负面清单）》（以下简称自贸试验区版），标志着我国正式从服务贸易正面清单承诺转向负面清单管理。两版清单的主要内容一致，其中全国版在境外个人资格认证、报关业务等方面设置了更多的管理措施[①]，并在自然人职业资格、专业服务、金融、文化等领域的相关条款中进行了更加细致的规定[②]。两版清单开放力度较大，不仅将以往分散在各个具体行业中的准入措施一次性归集列出，还

---

① 全国版额外增加的三条特别管理措施是：第5条，境外个人不得申请参加拍卖师执业资格考试；第46条，在中国境外设立的经营主体，以及境外个人，不得从事报关业务；第60条，境外个人不得申请执业兽医资格考试、注册或者备案。

② 除整条规定外，两版清单还存在以下差异：(1) 外籍人员或机构从事证券投资咨询业务的相关限制（全国版第30条、自贸试验区版第29条）；(2) 外籍人员或机构从事期货交易咨询业务的相关限制（全国版第34条、自贸试验区版第33条）；(3) 境外个人或机构申请开立证券账户或期货账户的相关限制（全国版第36条、自贸试验区版第35条）；(4) 境外个人未允许参加的资格考试的种类（全国版第56条、自贸试验区版第54条）；(5) 中外合作制作的电视剧中，中方主创人员的最低比重（全国版第68条、自贸试验区版第65条）。

确定了内外一致的管理原则，有利于降低国内外企业的信息搜寻成本和政府沟通成本，稳定和增强服务企业的政策预期。

在推进两版负面清单落地落实的过程中，应当及时关注清单的实施效果，根据国内经济发展的实际需求和国际形势变化，动态调整清单内容。两版清单具有明显的梯度特点，由于不同服务行业的特点、成熟度以及对外开放的需要不同，当前清单所给予的开放程度和准入门槛有所差异，交通运输、仓储和邮政业，金融业，租赁和商务服务业，文化、体育和娱乐业等四个领域的限制性规定还比较繁杂，保留的余地较大。在维护国家安全的前提下，可以在以上四个领域探索进一步深化开放的可能性，特别是利用自由贸易试验区的试点功能，逐步尝试更大范围、更深层次的跨境服务贸易开放举措，增强相关政策的可预见性及政策实际效果的可观测性，为全国范围内的持续改革提供有益经验。

除负面清单本身以外，我国还应当加快建立健全与负面清单相配套的体制机制。服务要素和服务市场的开放并非"边境"意义上的开放，而是"边境内"开放，因此，与服务业开放相关的管理体制和风险防控机制应当更加全面、灵活。一方面，要聚焦负面清单内容，持续推进跨境服务贸易便利化、自由化，完善对应的准入机制、审批体制。对于负面清单以外的领域、行业，要保障境内外主体依法平等进入，不再进行额外的政府审批，破除各种隐形壁垒；对于负面清单所规定的、需要经政府部门及相关机构备案或批准的领域，可以尽量减少前置审批、优化审批流程及手续，特别是充分利用网络化、信息化技术开展服务。另一方面，要不断提高政府管理能力和公共服务水平，为推进数据、人才等服务要素跨区域流动提供制度保障。政府部门可以牵头建设和完善跨境数据服务平台，提供跨境数据托管、脱敏输出、融合计算、建档备案等服务；推动地区间实现外籍人才互认、职业资格互认，合理扩大对境外职业资格的认可范围，并逐步增加向境外人员开放的国内职业资格考试种类；优化外籍人才签证审批手续，为外籍人才及其家属来华生活、工作、学习等提供合理的保障措施，增强外籍人才对华情感联系与身份认同。

2.发挥好自由贸易试验区在服务市场开放过程中的试验田作用

自由贸易试验区是当前引领我国服务要素和服务市场开放的前沿阵地，在推动服务业开放发展过程中扮演着十分重要的角色。截至2024年6月，我国已设置22个自由贸易试验区，覆盖东西南北中各个地区，为推进服务业高水平对外开放提供了广阔的试验平台。

然而，长期以来，我国各自由贸易试验区的改革措施侧重于货物贸易便利化，而服务业开放水平较低。一方面，我国自由贸易试验区改革主要围绕货物贸易展开，制度创新以程序创新和便利措施创新为主，贸易和投资管理体制的改革力度不足；另一方面，受限于与负面清单实施相配套的体制机制尚未完全建立，服务业对外开放推进缓慢，相关产业难以实际落地。面向发展新质生产力的需求，我国应当进一步发挥自由贸易试验区在探索服务业高水平对外开放领域的独特作用，并及时吸取和转化其实践经验。发展新质生产力要求持续创新，不断发展新技术、新产业，并实现要素创新性配置，这一过程必然伴随着未知的新挑战、新问题。以金融业为例，深化金融业对外开放有利于畅通国内的融资渠道、降低企业融资成本，助推新质生产力发展，但这也放大了国际金融波动对我国经济的冲击，增加了我国金融系统的不稳定性。自由贸易试验区的设立为探索这一类兼具创新性与风险性的开放政策提供了良好的平台，在金融、文化、数据流动等与国家安全密切相关的敏感领域，全盘推进开放措施的难度较大、风险较高，应当充分利用自由贸易试验区的先行政策优势，开展小范围的探索尝试，在实践中检验政策效果，及时发现和解决问题。

此外，当前我国自由贸易试验区还存在改革自主权约束，"小修小补"式的改革趋多，而重大突破性改革趋少，服务业开放的试验田作用发挥不充分。在实践中，应当赋予自由贸易试验区更大的改革自主权，鼓励开展差别化探索与试验区之间的良性竞争，进一步激发地方政府创新动力。具体而言，我国自由贸易试验区分布广泛，具有各自的功能定位与特色特点。从地理位置来看，各试验区面向的主要合作地区及国家不同，所发挥的战略意义不同，将影响各试验区推进服务业对外开放的重点方向；从要素禀赋和产业特点来看，各试验区具有不同的产业结构与优势行业，决定了各试验区在哪些领域有条件率先开展更高级别的探索；从制度建设来看，各试验区现有的行政效率、法治环境、公共服务、监管体系等存在差异，地区间的良性竞争有利于发挥先进地区引领作用，促进后发地区加快改革和完善体制机制。因此，应当充分鼓励各试验区立足自身功能定位和特色特点，因地制宜推进改革，这有利于充分挖掘和释放各地区服务市场的发展潜力。

3.统筹发展与安全，健全行业监管制度和风险防控体系

当前世界经济处于新的动荡变革期，各种经济因素与非经济因素相互交织，全球性、系统性、复杂性危机爆发的可能性逐渐增加。信息技术、数字经济和数字全球化的蓬勃发展为世界带来了广阔的发展机遇，但也引发了新的风险。在推进服务业高水平开放的过程中，我国将不可避免地遭遇来自各个领域的新挑战，因此亟须健全行业监管制度和风险防控体系，提升开放监管能力，为发展新质生产力创造相对稳定、安全的国际环境。

一是采取差异化、层次化的开放策略。服务业所涉及的细分行

业分布广泛，各行业的特征、发展水平不同，需要采取梯度式开放策略。对于风险较高、监管难度大或易引发社会争议的开放性措施，要审慎推进改革，可以在自由贸易试验区先行探索，进行压力测试。在部分控制国民经济命脉或与国家安全密切相关的领域，应当牢牢把握好主导权，加强事前事中事后监管，引导境外服务要素有序进入国内市场，并最终服务于国民经济的长期发展。

二是完善重点行业开放的实施方案和监管措施。对于金融、文化、数据流动等重点领域，要进一步完善风险评估预警机制和管控处置机制，避免产生系统性区域性风险。要持续优化金融服务模式和管理手段，规范发展金融科技和金融创新，落实审批备案部门监管职责，压实政府部门、金融企业、第三方机构、从业人员等各方责任，逐步完善金融领域的风险预警机制、应急处置机制以及依法退出机制。另外，还要筑牢文化安全底线，警惕意识形态渗透和间谍攻击。在信息领域，要加快完善与数字经济和数字全球化等新模式新业态相适应的监管模式，及时优化技术，动态调整监管措施，增强数据跨境流动的安全性和风险可控性，健全数据产权保护制度、数据要素交易及收益分配制度。

三是健全地区间、部门间、行业间的联动监管机制。一方面，要建立健全与监管体制相配套的社会信用体系和激励惩戒机制，一视同仁地对境内外服务提供主体进行信用记录，接入社会信用平台，并依据各市场主体的行为依法依规进行激励或惩戒。另一方面，应当逐步建立相应的信息公示制度和信息共享制度，充分利用信息化技术，推动建立政府部门、监管机构、行业协会之间的数据共享和信息联通系统，在社会层面上对失信企业、违规企业作出警示，实现风险防控协同监管。此外，监管部门和立法机构还应合力推进相关法律法规体系建设，将服务业对外开放过程中出现的新情况新问题及时纳入监管，同时及时清理不合理、不相容的法律法规。

三、建设一流市场环境，实现要素赋能发展

2024年政府工作报告中提出要"营造市场化、法治化、国际化一流营商环境"，重点在于"落实好外资企业国民待遇，保障依法平等参与政府采购、招标投标、标准制定，推动解决数据跨境流动等问题"，从细节上解决关于投资市场环境的实际问题，落实加强外商投资的服务保障，打造"投资中国"品牌。这表明对国际企业一视同仁、加大对外商投资权益的保护，将成为未来我国市场环境建设的重要方向。这也从高水平开放视角为如何通过市场环境建设为要素发展赋能，进而提升新质生产力提供了重要机遇。

具体来说，市场环境建设之所以能够促进新质生产力的发展，原因在于新质生产力的提升贵在创新，创新的主力主要来自经营主体，而市场化、法治化、国际化的营商环境又是影响经营主体创新的关键因素——市场化的营商环境有利于经营主体自由探索、发现新机遇，激发经营主体的创新能力和发展活力；法治化的营商环境则能够加强创新成果的法律制度保护，保证企业和科技人员平等获取科技创新收益，以法治方式激发各创新主体的积极性，进而为新质生产力的持续稳定发展提供法治保障；国际化的营商环境有利于吸引和促进外国投资者进入，提高对外资的利用水平，进而通过集聚国外高端生产要素和外资企业的技术溢出，强化内外资协同的创新网络，最终为推动产业升级和新质生产力发展培育动能。

在国际经验上，西方发达国家也非常注重市场环境的建设，其建设方向大致包含自由化、平等化、便利化三个方面。具体来说，

自由化是指在投资准入限制、出资比例、外资审批、法律规定等方面，做到几乎没有任何限制；平等化是指在对待内资企业和外资企业方面，没有任何差异，也没有针对性的限制，包括企业间的兼并收购、获得优惠补贴的条件、破产措施等方面；便利化是指在相关手续办理、相关信息获取、咨询服务等过程中的方便和省时。我国在营造市场化、法治化、国际化的营商环境过程中，也应当着重加强这些方面的建设，尤其是采取自由化、平等化措施，以吸引更多的投资、激发市场竞争活力。在某些西方国家对中国经济的打压限制不断强化、"脱钩断链"进一步加深的背景下，我国应积极深化市场化改革，主动建设开放水平高、营商环境好的投资乐土，这是打破西方政客对我国经济脱钩企图的重要手段。

1. 营商环境的市场化建设

2024年1月，习近平总书记在中共中央政治局第十一次集体学习时曾强调，要"着力打通束缚新质生产力发展的堵点卡点，建立高标准市场体系，创新生产要素配置方式，让各类先进优质生产要素向发展新质生产力顺畅流动。"[①] 这意味着，新质生产力的发展既要求各种生产要素具有更加广阔的配置范围，也要求更有效率、更有深度的配置，这就需要高度市场化的营商环境。市场化营商环境具体包括要素自由流动、企业地位平等、产权制度清晰、信用体系健全等方面，其中核心是要素的自由流动，减少政府不必要的干预。目前，我国已经在营商环境的市场化方面有较大改善，但对照发展新质生产力的要求仍有提升的空间，具体表现在要素市场化有待强化、市场公平竞争环境有待优化两方面，应予以针对性改进。

一是推动生产要素的市场化配置。与建设高标准市场体系的要

[①] 习近平在中共中央政治局第十一次集体学习时强调 加快发展新质生产力 扎实推进高质量发展. 人民日报，2024－02－02.

求相比，我国各要素领域仍存在不同程度的要素流动不畅、配置效率不高等问题，需要从以下方面进行改进：（1）应充分促进土地要素、技术要素、劳动力要素等的自由流动，并健全要素市场化价格的形成与传导机制，扩大物质性生产要素市场价格的形成范围。例如在土地要素方面，可以支持不同产业用地类型合理转换，完善土地用途变更、整合、置换等政策。（2）强化制度建设，引导各类要素协同向先进生产力集聚。深化要素市场化配置改革，关键要在明确要素市场制度建设方向和重点改革任务的基础上，建立健全生产要素从低质低效领域向优质高效领域流动的机制，引导各类要素协同向先进生产力集聚，提高发展质量和效益。

二是进一步加强营商环境的平等化建设。营商环境优化的核心是打造公平竞争的市场环境，让市场主体能够公平竞争并优胜劣汰。但是，有些地方政府部门的营商环境优化政策存在不同程度的所有制歧视。因此，需要加强营商环境的平等化建设。具体而言，主要从以下方面进行改进：（1）持续清理与企业性质挂钩的行业准入、资质标准、产业补贴等规定和做法，保障内外资企业公平参与市场竞争。（2）全面推进政府采购的平等化，在政府采购信息发布、供应商的条件确定、评标标准等方面着力清理差别化条款，真正落实好外资企业的国民待遇。（3）健全外资公平竞争审查制度，在国家相关规章制度的基础上，从要素获取、准入许可、经营运行、标准制定等方面进一步建立公平、开放、透明的竞争规则，探索构建覆盖事前事中事后全环节的竞争政策实施机制，建立健全公平竞争审查机制，强化公平竞争审查刚性约束。

2. 营商环境的法治化建设

2019年2月，习近平总书记在中央全面依法治国委员会第二次会议上指出，"法治是最好的营商环境。要把平等保护贯彻到立法、执法、司法、守法等各个环节，依法平等保护各类市场主体产权和合法权益。"① 新质生产力是科技创新起主导作用的生产力，而科技创新离不开法治的强有力保障。具体而言，法治能够维护各市场主体最为看重的因素——稳定预期。任何研发投资和科技创新都具有一定风险，不确定性无处不在，在面向未来的决策中，行为预期是影响企业创新决策的关键因素，而一个国家的法治化营商环境则可为绝大多数理性企业提供相对清晰、稳定的行为预期，也正因如此，法治化营商环境为企业科技创新提供了重要保障。

当前我国的法治化营商环境首先存在明显的法律法规数量不足的问题。这一问题可以归因于政府在法律法规制定中的滞后性和不够紧密的协调与整合。具体而言，政府在制定和修订法律法规时需要经历一系列的程序，如调研、论证和征求意见等，这些程序耗时且烦琐。因此，在新兴产业、互联网经济等快速发展的领域，技术和市场变化快速，政府所制定的法律法规难以及时跟上市场需求和技术进步的步伐，导致企业面临数据安全、网络安全等挑战，并影响其正常运营和发展。此外，政府部门之间的协调与整合不够紧密也是导致法律法规数量不足的因素之一。政府各部门在制定法律法规时有时存在各自为政的情况，缺乏统一的协调与整合机制。这种情况容易导致法律法规之间的重叠与冲突，进而影响企业合法性和合规性的保障。

其次，我国法治化营商环境中的法律法规质量不高。这主要表现在以下几个方面：其一，法律法规内容不够清晰明确，容易引起歧义；其二，法律法规制定不够科学合理，缺乏实际操作性；其三，法律法规缺乏有效的执行机制，导致执行效果不佳。如我国《优化

---

① 习近平：完善法治建设规划提高立法工作质量效率 为推进改革发展稳定工作营造良好法治环境. 人民日报, 2019-02-26.

营商环境条例》第 62 条规定，"制定与市场主体生产经营活动密切相关的行政法规、规章、行政规范性文件，应当按照国务院的规定，充分听取市场主体、行业协会商会的意见。"这类规定大都止于概括式的提及，并未对权利的行使程序、立法参与权主体范围等事宜进行具体阐明，这些立法问题因未能细化而直接影响法律法规的有效实施，并造成"实然"与"应然"层面间的差距。

最后，监管机构的职能发挥不充分。尽管我国已经实施了多年的"放管服"改革，但政务服务清单管理制度的全面落实有待进一步加强。营商监督机制目前仍存在不足，这主要体现在监管机构的职责范围有限、权力和制度设计不够完善等方面，是法治化营商环境构建的重要制约因素之一。具体而言，监管机构在执行职责时需要依据相关制度规范行使职能，但由于一些制度设计不够完善，可能没有充分听取企业的意见和反馈，因此法律法规不够完善，或监管机构的权力受到限制，从而导致监管职能无法充分发挥。另外，监管机构的执法标准不同也是影响其职能充分性的重要因素。行政执法监管牵涉到众多市场主体，其利益关系也错综复杂，一些地方政府部门在行政执法方面存在随意性较强的情况，导致执法标准不统一，因此可能会出现区别对待的问题，进而影响市场的公平化竞争。

针对以上问题，我国需要积极采取应对和改进措施。一是要及时通过立法解决新经济、新业态、新模式下存在的问题。制度体系是营商环境供给的重要组成部分，要及时回应营商环境法治化建设的需要，面对新情况和新问题，及时提出解决办法，必要时积极运用立法手段。尤其是对于政策与相关规范性文件而言，要充分发挥其自身能动性，地方政府可以在规制、调控营商领域相关问题的法律法规出台前，根据管理的实际需要迅速制定针对具体问题的规范性文件，以实现对现实情况的及时处理。

二是在立法过程中要充分听取企业个体的意见及诉求。企业个体作为营商环境发展中重要的参与主体，其满意度、参与度是对营商环境优劣的重要评价。因此，要提高法律制定的质量、明晰法律内容，并使法律法规的制定更加科学合理、更加具有可操作性，为此，应注重吸纳企业个体参与相关程序，尤其是关注有关行业协会的立法意见及诉求。通过提升企业个体的参与度，政府能够有效地获取经营者的真实需求和反馈意见，从而更准确地制定相关法律法规。企业个体了解所处行业的具体情况和发展趋势，它们的参与可以为立法工作提供宝贵的专业知识和经验。

三是进一步完善监管制度与规范化流程。市场监管机构应进一步明确其监管职责、监管程序、监管标准等相关内容，以确保其职责履行的规范性。同时，还应建立完善的市场监管反馈机制，及时收集和反馈市场监管信息，提高市场监管效率和监管质量。最后，还应引入市场化监管与舆论监督机制，如第三方监管机构、自律组织等，以加强对企业个体的监管和约束，促进企业诚信经营，维护市场的公平竞争。

3. 营商环境的国际化建设

推动营商环境国际化，就是对标国际惯例、国际规则、国际标准，建立起与国际接轨的营商环境体系，不断提升对全球优质要素资源的吸引力，进而为推动新质生产力发展培育动能。目前，我国营商环境的国际化水平逐步提高，对标世界银行评价指标体系，排名逐年上升，对优质国际要素的吸引力显著提升；但对标发达国家的营商环境，仍然存在差距。根据 2019 年全球营商环境报告，我国在获得信贷、办理破产、纳税和跨境贸易等领域的营商环境仍落后于其他发达国家；我国部分法律法规与国际通行规则还无法有效对接，部分领域的市场准入门槛仍然偏高，营商环境国际化仍须不断建设完善。

具体而言，一是增强金融市场国际化功能，稳步推进银行、证券、保险等金融领域开放，深化境内外资本市场互联互通，健全合格境外机构投资者制度；二是推动数据要素安全高效跨境流动，对接高标准的区域性贸易协定规则，积极参与跨境数据流动国际规则制定，加快探索建设数据要素流通便利、规则完善、技术领先的数字贸易国际化环境；三是打造高效便捷的跨境贸易服务体系，一方面要优化升级国际贸易"单一窗口"，深度整合港口、物流、通关、收付汇、融资、退税等国际贸易链条业务，另一方面要深化跨境贸易便利化改革，优化进出口货物通关模式，提升出口退税便利度；四是完善对外投资服务体系，健全境外投资的相关法律、政策，加强事中事后监管和风险防范，并建立境外企业和对外投资服务平台，为企业依法合规开展对外投资合作提供保障；五是提升国际化人才服务水平，建立与国际接轨的人才评价体系，并推进职业资格认证与国际接轨，以及外籍人才来华工作便利化，充分利用好国际人才要素。

第九章
绿色发展与新质生产力

昌敦虎[*]

"绿水青山就是金山银山"理念以新质生产力的发展作为其内在逻辑,提出"保护生态环境就是保护生产力,改善生态环境就是发展生产力"[①],从而在经济发展的框架内建立起生态环境与生产力之间的联系,体现出绿色发展的模式。这一科学理念不仅仅将生态环境作为生产力发展与创新的背景,更关键的是给出了生态环境就是生产力的重要判断。生态环境不仅丰富了生产力的要素内涵,还建立了自身与其他生产力要素之间相互融合、共同提升的新型关系,体现出绿色化的丰富含义,形成了传统生产力向新质生产力飞跃的动力。"绿水青山就是金山银山"理念作为绿色发展的观念基础,构建了全新的生产力理论体系和实践框架,深刻认识到新质生产力对于绿色发展的支撑作用以及绿色发展对于新质生产力的促进作用,论证了新质生产力在绿水青山向金山银山转化过程中发挥的桥梁作

---

[*] 昌敦虎,中国人民大学生态环境学院副教授。
[①] 中共中央关于党的百年奋斗重大成就和历史经验的决议.人民日报,2021-11-17.

用，保障生态优势转化为发展优势。

"生态文明是工业文明发展到一定阶段的产物，是实现人与自然和谐发展的新要求。"① 在人类社会由工业文明向生态文明迈进的过程中，新质生产力的出现具有历史必然性。生产力体系具有时代性，工业文明下经济发展面临的不可持续性问题，根本来说还是生产力难以继续支撑经济发展，特别是征服大自然、无节制地向环境索取的生产力实现方式难以维系，其解决之策就在于生产力体系的绿色创新。这里着重强调提质与增效的关系，即便在后工业化时期全人类已经意识到资源与能源节约的重要性，并通过20世纪40—50年代以原子能、电子计算机、空间技术和生物工程发明和应用为主要标志的技术革命进行干预，试图延缓生态环境破坏对经济发展所造成影响的进程，建立在传统生产力体系基础上的经济发展也难以扭转经济与环境同步恶化的困境，直至发达国家陆续爆发公害事件，其重要原因在于传统生产力提质并未解决生产力质量上存在的生态环境短板效应。新质生产力将绿色化作为不可或缺的核心内涵之一，在发展实践中将生态环境的保护与修复作为重要的经济活动，这就是生态文明与工业文明的本质区别所在，前者将提质与增效统筹起来，使绿色发展成为环境保护与经济增长并重的发展模式。

美丽中国建设坚持把绿色低碳发展作为解决生态环境问题的治本之策，加快形成绿色生产方式和生活方式，厚植高质量发展的绿色底色，为新质生产力的发展提出了时代要求。美丽中国建设首先强调以高品质生态环境支撑高质量发展，既关注存量生态环境问题的解决，也重视新增生态环境风险的防控，以更加积极的方式处理环境与经济的关系。解决存量问题和防控新增风险需要更加智能化、

---

① 习近平谈生态文明10大金句.人民日报海外版，2018-05-23.

数字化的技术和手段，也需要绿色化、低碳化的思路和方案，将生态环境要素与其他要素统筹的新质生产力是未来持续获得高品质生态环境的先决条件。在建设美丽中国的背景下理解，绿色发展是高质量发展的关键，不仅是为了获得经济增长新动能，也是中国解决资源和生态环境问题的关键之策。可见，无论在促进经济增长还是促进环境保护上，绿色发展的核心机制都是新质生产力的作用得到充分发挥。

一、新质生产力本身就是绿色生产力

1. 绿色生产力的构成

绿色生产力由绿色低碳科技创新及模式创新催生，包括以新能源、新材料等减污降碳新兴产业为代表的新制造，以数字化、智能化、绿色化与传统产业相融合为代表的新业态，以高附加值绿色环保产业和绿色消费为代表的新服务，以及它们形成的聚合体。[1] 从劳动者、劳动资料、劳动对象及其优化组合的角度理解绿色生产力的构成，可以识别绿色生产力的新质生产力特征。

将"绿色"纳入新发展理念，增强公众的环境意识，培育并推广简约适度、绿色低碳、文明健康的生活模式和消费方式，在经济社会的各个层面和各个维度都提升了劳动者的绿色发展观，强化了绿色劳动技能，以人的环境素质提高推动生产方式绿色转型。劳动者体现新质生产力的方式主要是将"新"和"质"协同起来，对于绿色生产力而言就是将创新和绿色协同，从而面向绿色产品消费需求的持续强化来加快绿色低碳技术创新。如图9-1所示，用绿色发明专利申请量与绿色实用新型专利申请量反映绿色低碳技术创新成

---

[1] 孙金龙，黄润秋.培育发展绿色生产力 全面推进美丽中国建设.求是，2024（12）：30-35.

果，2013—2020 年，中国绿色发明专利申请量占发明专利申请量的比例由 8.2% 稳步上升至 15.2%，绿色实用新型专利申请量占实用新型专利申请量的比例也由 6.3% 上升至 10.4%。这一事实体现了绿色生产力的生命力来自创新，而在劳动者素质和知识技能共同提升基础上的绿色创新越来越成为新质生产力的重要特征。

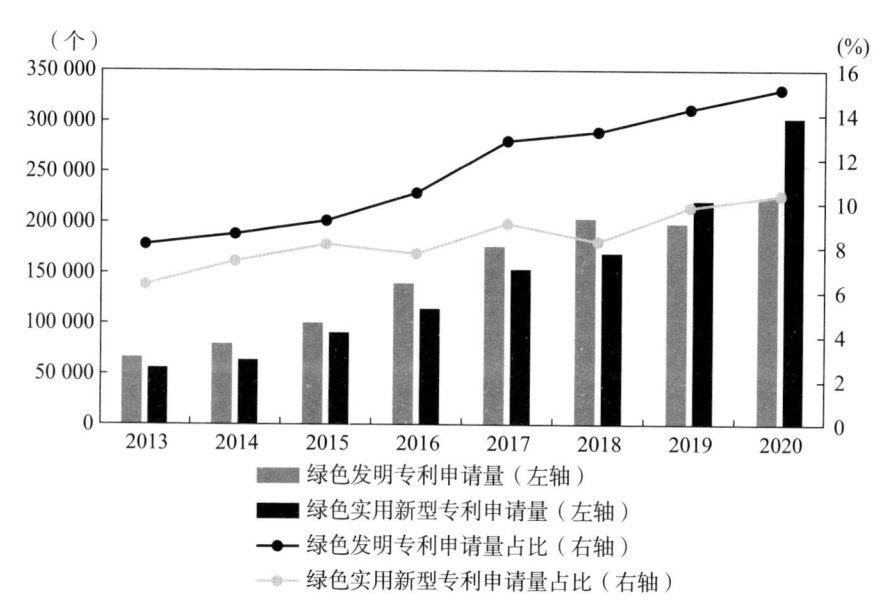

图 9-1 中国绿色发明专利申请量与绿色实用新型专利申请量及其占比

绿色生产力的劳动资料不仅包括环境友好的数字化、智能化生产设备，也包括处在绿色升级过程中的传统设备，因此是以环境保护与修复目标为导向的。数字经济以及数字基础设施的发展，将低排放的特征辐射到经济发展的各环节，并促进大数据、云计算、人工智能、物联网等数字技术在传统产业的应用，对传统的高排放领域实施数字化、智能化改造以促进其绿色升级。国际能源署预测，仅增加数字化需求响应就可以在 2040 年将欧盟光伏和风力发电的弃电率从 7% 降至 1.6%，从而减少 3 000 万吨碳排放。另有国际咨询机构预计，到 2025 年全球电厂数字化比例将接近 19%，帮助发电企业降低运营成本 27% 左右，从而将全球发电行业碳排放量降低 4.7%。[①] 数字化和智能化改造还有利于建立良性的产业间关系，找准产业共生的结合点，实现上下游、供需方之间的精准对接，提高废物循环利用水平，促进循环经济发展。

劳动对象的绿色化集中体现在山水林田湖草沙所构成的生命共同体，通过生态保护和修复治理，提高生态系统质量并优化生态系统空间格局，提升生态系统的多样性、稳定性和持续性，为绿色发展提供高品质的生态产品。中国于 2016 年启动的山水林田湖草沙一体化保护和修复工程，目标是在 2030 年恢复 1 000 万公顷自然生态，该工程于 2022 年 12 月成功入选首批十大"世界生态恢复旗舰项目"。劳动对象绿色化的重要特点，有别于传统的为解决单一环境问题而实施的末端治理，是新质生产力体系下的生态环境系统治理和长期治理，通过全链条、多要素的综合治理实现生态经济收益最大化，其目标是形成具有可持续性的新质生产力。绿色化的劳动对象具体表现为清洁可再生能源、得到生态修复的林地和草原、水质改善且水量丰沛的生态流量等诸多形态，构成了绿色生产力的物质基础。作为新质劳动对象，清洁可再生能源在绿色低碳发展上扮演着重要角色。如图 9-2 所示，2015—2020 年，中国清洁可再生能源消费量在能源消费总量中的比重稳步上升，于 2020 年达到 24.3%，而且清洁可再生能源还实现了对煤炭的有效替代，使煤炭消费量的绝对量在 2020 年比 2015 年下降了 2.17 亿吨标准煤。清洁可再生能源对传统能源的替代体现了新质生产力的高效能、高产出特点，单位能源消费量的 GDP 产出在 2015—2020 年由 1.59 万元/吨标准煤提

---

① Capgemini, "The digital utility plant: Unlocking value from the digitization of production," 2017.

高至 2.04 万元/吨标准煤。

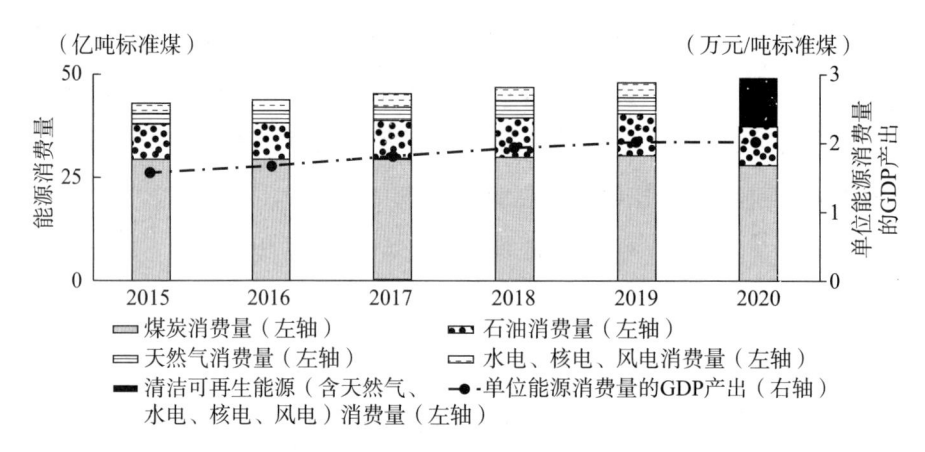

图 9-2　2015—2020 年中国能源消费量与能源消费经济产出

创新性的绿色低碳技术、环境友好的绿色设备以及绿色资源与能源形成的组合，使绿色生产力具备良性循环和持续提升的内在发展能力，进而提高了绿色发展的内生性。第一，劳动资料的高效率和劳动对象的绿色化协同，为全社会提供越来越丰富的绿色产品，公众环境意识和人群健康水平得以提升，带来劳动者素质的全面提高，劳动者对于绿色创新的追求反过来则促进了劳动资料绿色升级和劳动对象质量优化。第二，绿色设备的数字化和智能化发展加速绿色技术升级改造，从而使环境治理的经济效益滞后性得到解决，有效降低绿色化劳动对象的使用成本，缓解环境保护与经济增长之间的短期矛盾，保持环境治理长期收益与短期收益的一致性。第三，面向生态环境一体化保护和系统治理的技术创新，使优质生态产品成为生产和消费领域创新的主阵地，为扩大内需战略赋予了绿色化、低碳化的深刻含义。培育、发展新兴绿色市场，客观上提供了数字经济和智能经济的广阔发展空间，并以此打开了经济与环境双赢的绿色发展局面。

2.绿色生产力的形成方式

绿色生产力的形成来自在经济发展中对于经济-环境关系的革命性认识与创新性实践，与绿色发展具有同步性。

首先，绿色生产力以人与自然的适应性纠正传统生产力下二者的对抗性。在人与自然和谐共生的理念下，尊重自然、顺应自然、保护自然是全面建设社会主义现代化国家的内在要求。传统生产力提升的核心机制在于"征服自然"观念下对生态环境的尽可能攫取，技术创新和产业升级的方向也是资源能源开采部门与制造部门的规模扩张，以量的增加换取经济增长，在创造物质财富的同时加剧人与自然之间的对抗性。随着对抗性的生产力提升，经济发展受到的反作用力增大，表现为自然界通过环境恶化形成"报复"。适应性的绿色生产力的提升机制关键在于承认环境要素的不可替代性，并在此基础上设定经济增长的"环境红线"，把经济活动、人的行为限制在自然资源和生态环境能够承受的限度内。可见，用适应性纠正对抗性，革除了经济发展在追求规模的道路上越走越远而忽视生态环境之基坍塌的弊病，代之以质的提高保障经济发展长期稳定。

其次，在传统生产力的开采性和索取性的基础上，绿色生产力更加强调保护性和恢复性。绿色发展也承认经济活动对生态环境的开采和索取，但取之有度，因此表现出开发和保护统筹的绿色生产力提升特质。在将生态环境保护与修复纳入经济活动的范畴上，环境规制发挥着举足轻重的作用。环境规制保证环境治理目标得以实现[1]，避开了传统发展模式下的增长导向型战略，为兼顾经济增长与环境质量不下降的绿色发展模式创造了可能。在开发和保护统筹的

---

[1] Albrizio, S., Kozluk, T., and Zipperer, V., "Environmental policies and productivity growth: Evidence across industries and firms," *Journal of Environmental Economics and Management*, 2017: 209-226.

经济发展机制下，环境规制在实现环境质量改善的同时，通过经济结构的变革提高生产率、增加收入和创造财富。[1]中国在环境规制上实施最严格的制度和最严密的法治，从强化环境监管入手，将资源环境相关指标作为国民经济与社会发展的约束性指标，科学构建反映资源利用、能源消耗、环境损害、生态效益等情况的经济社会发展评价体系，加深了绿色生产力的保护性和恢复性特点。

最后，绿色生产力以合作与共享改进了竞争与垄断，将公平性融入新质生产力体系。"良好生态环境是最公平的公共产品，是最普惠的民生福祉。"[2]保护绿色生产力、发展绿色生产力需要全社会合作，共同保护好生态环境这一公共产品，公平合理地分配生态环境改善的公共福祉。在传统生产力下，过于强调市场的作用，放大了竞争与垄断之间的博弈所取得的经济效率，却忽视了环境的外部不经济性所导致的生产力发展不平衡加剧。对于环境破坏的影响对象来说，生产力下降带来的经济损失减少了当期的经济福利；而对于环境破坏者来说，生态环境的加速耗竭使其未来的经济福利过快下降。可见，竞争与垄断基础上的生产力形成与发展会加剧代内不公平和代际不公平，从而影响经济发展的可持续性。环境治理现代化提出了中国共产党领导下的政府、企业、社会组织和公众多元共治框架，基于生态环境的公共产品特点建立了绿色生产力的合作与共享机制。生态环境保护的公共服务供给使环境收益得到共享，普遍提升了不同空间范围内的绿色生产力，并建立了受益者付费、保护者受偿的公平收益分配原则，使环境公平与经济效率得以兼顾。绿色生产力基础上的绿色发展将经济公平延伸至环境公平，将环境效率融入经

---

[1] Barbier, E. B., "Is green rural transformation possible in developing countries?" *World Development*，2020：104955.

[2] 习近平总书记谈绿色. 人民日报，2016-03-03.

济效率，在致力于改善环境公平的同时推动经济公平的改善。[①]

3.绿色生产力对经济-环境关系的优化

对于绿色发展来说，如何调控并优化经济-环境关系始终是核心议题。末端治理虽然强调解决环境问题，在一定程度上遏制了环境恶化并减少了其对经济发展的阻碍，但这种经济-环境关系的调控思路主张先污染后治理，默认经济增长凌驾于环境保护之上，试图以暂时的环境恶化换取长久的经济增长，却无法消除因忽视生态环境而不断累积的环境风险。事实上，气候变化、生物多样性锐减、土壤污染等问题都是典型的环境风险累积后果，而这些存量环境问题的解决都需要付出远远超过预防和保护所需要的成本，是经济发展过程中长期面临的挑战。发达国家在20世纪30—60年代经历的公害事件及其造成的经济衰退，就是末端治理主导下经济-环境关系调控产生的后果，甚至在经济学界引发了"增长的极限"思潮。末端治理不仅否认良好生态环境本身就是强大的生产力，将生产力局限在经济活动层面，还忽视了生态环境改善对于生产力其他要素的促进作用，割裂了经济发展要素之间的有机联系。末端治理主导下的环境治理速度难以赶上经济增长的速度，因而使经济与环境之间的矛盾不断加剧，而绿色发展以新型的经济-环境关系避免了这一矛盾。

对绿色发展起支持作用的绿色生产力是强调生态优先的新质生产力，在发展路径上采取经济与环境相互促进的策略，从而使环境要素内生于经济发展，对于中国规避先污染后治理的发展道路至关重要。生态优先的含义在理论上是坚持生态规律，以充足优质的生态产品供给满足经济高质量发展的需要；在实践上则是融合生态效

[①] 张友国.公平、效率与绿色发展.求索，2018（1）：72-81.

益与经济效益,优化经济结构和产业布局。绿色生产力是普遍、长期的经济发展支撑,生态优先原则也并不因时、因地而异,特别是在我国建设人口规模巨大的现代化背景下,生态优先将有效避免环境破坏所产生的巨大社会成本,切实保障经济发展的稳中求进和持续推进。重点生态功能区是指具有涵养水源、保持水土、调蓄洪水、防风固沙、维系生物多样性等重要生态功能,需要实施重点保护和限制大规模开发建设的区域。2010年底,国务院印发了《全国主体功能区规划》,其中,国家重点生态功能区总面积占全国陆地国土面积的40.2%,且该比例在2016年提高至53%,其目的就在于涵养绿色生产力,推动长远绿色发展。部分国家的重点生态功能区分布在经济欠发达地区,这些地区往往具有更强的经济增长诉求,更加依赖对环境要素的投入。在先污染后治理的经济-环境调控机制下,加上地区间贸易和劳动力流动等因素的影响,欠发达地区容易陷入环境恶化-经济衰退的"资源诅咒"循环。① 基于生态优先而形成的绿色生产力使经济欠发达地区的生态环境避免恶化,从一开始就保证经济欠发达地区环境质量能够持续好转,也避免外部不经济性影响流域、区域更大尺度的可持续发展,保障经济发展的代际公平。

二、新质生产力促进绿色发展的机制

1. 微观层面的绿色全要素生产率提高

新质生产力由技术革命性突破、生产要素创新性配置、产业深度转型升级而催生,以劳动者、劳动资料、劳动对象及其优化组合

---

① Wang, Y., Chen, X., "Natural resource endowment and ecological efficiency in China: Revisiting resource curse in the context of ecological efficiency," *Resources Policy*, 2020: 101610.

的跃升为基本内涵，以全要素生产率大幅提升为核心标志。绿色生产力是环境要素内生的新质生产力，由环境要素与其他发展要素创新配置而成，相应的绿色全要素生产率将环境要素纳入核算范畴，兼顾经济增长与环境保护，改进了全要素生产率。SBM（slacks-based measure）模型[①]是测算绿色全要素生产率水平的常用方法。以绿色全要素生产率为导向的经济发展，是环境要素与其他发展要素配置方式得到优化的结果，体现了经济发展对保护生态环境由被动转变为主动的绿色发展模式。

第一，新质生产力通过环境要素的节约提升绿色全要素生产率。随着新兴技术和高效设备的大范围应用，新质生产力的发展使获得单位产出的能源、资源等有形环境要素投入减少，工艺过程的改进优化则减少了生产过程中的废弃物产出，而治理技术的提升以及循环再生手段的应用减少了污染物排放量，减少了环境容量这类无形环境要素的投入。有形环境要素投入减少和无形环境要素投入减少具有耦合性，原因在于能源消费量下降具有减污降碳的协同效应，资源开采及消费量下降也有助于减少进入环境中的废弃物。新质生产力的环境要素节约效应为未来的经济发展预留了更加丰富的资源能源储量、减少了对于环境容量的占用，因而遏制了环境要素成本不断升高的趋势，兼顾环境效益和经济效率。

第二，新质生产力通过环境要素与其他生产要素的互补来提升绿色全要素生产率。可以利用引入环境要素的经济增长模型来理解互补性，即新质生产力改变了要素的投入结构，使资本、人力和技术要素在更低的成本下以更高的效率投入生产过程，从而在相同的生产可能性边界内降低对于环境要素的需求。在环境要素作为绿色

[①] Tone, K., "A slacks-based measure of efficiency in data envelopment analysis," *European Journal of Operational Research*, 2001（3）: 498-509.

发展关键要素的背景下，其与其他生产要素之间的互补性降低了自身的消耗速率，从而提升了环境容量，强化了发展的可持续性。以水资源保护为例，受益于新质生产力的创新成果运用，资源性缺水地区扩大低耗水作物和耐旱品种的种植面积，使农业需水量与自然降水在时空上具有一致性，不仅能避免有限的地表水和地下水资源过快消耗、保证地区水生态的稳定性，还能降低水利工程所导致的高昂的农业灌溉成本，从而提高绿色全要素生产率。

第三，新质生产力通过其他生产要素对环境要素的替代以及环境要素之间的替代来提升绿色全要素生产率。其他生产要素对环境要素的替代来自新质生产力对于产业高级化和消费高端化的贡献，知识、技术、管理、数据等新型生产要素替代自然资源、化石能源等传统生产要素，大量智能产品在日常生活中的运用也实现了对更高精神追求的满足，进而减少了对资源能源的消费。新质生产力还提供了成本更低且更加优质的环境要素，促进了更高质量环境要素对传统环境要素的替代，实现了经济与环境双赢的绿色发展。随着对新能源产业的扶持力度不断加大，行业持续扩大研发投入，中国风力发电、光伏发电的成本在 2012—2022 年分别下降了 66.4% 和 82.4%，而同期天然气发电和燃煤发电的成本分别增加了 1.3% 和 40.7%（见图 9-3）。在电力行业，新质生产力带来的相对成本优势正在加速清洁可再生能源对传统能源的替代，推动"双碳"目标实现。

2. 中观层面的绿色产业体系构建

新质生产力高效推动了生态产品价值实现，塑造了生态产业化的经济发展新动能。在不突破环境容量、守住生态安全边界的前提下，生态产品价值实现将生态产品转化为生产力要素，融入经济发展体系。生态产业化的产业体系构造机制摒弃以牺牲生态环境换取一时一地经济增长的做法，深化生态产品供给侧结构性改革，坚持

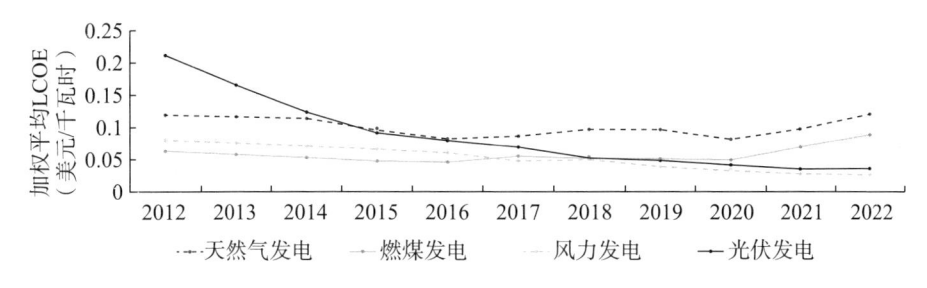

图 9-3 中国主要能源发电的成本，2012—2022 年

资料来源：《2023 年全球可再生能源统计年鉴》。

以保障自然生态系统休养生息为基础，尽可能开发生态产品的多重属性，获取自然资本的最大化增值。新质生产力表现为生态产品价值实现多样化的模式和不断拓展的路径，在生态产业化中具有强大的生命力，推动形成独特的生态产品价值链和产业链。不仅如此，生态产品供给质量的持续提升和规模的持续扩大将推动生态产业技术变革与创新，使生态产品价值实现成为具有自我循环、自我跃迁的内生性产业扩张模式。在山东东营，盐碱地实施生态修复所创造的优质土壤与植被条件，为当地发展以生态养殖产业为主链的生态循环农业打下了基础，在持续保护当地生态系统的同时还使农民户均年增收 1 万余元。

新质生产力促进产业生态化，通过技术创新降低绿色低碳改造成本，为传统产业升级改造创建了绿色路径。产业生态化是产业现代化的重要内涵，形成环境容量及其对应的产业规模组合，开发环境友好的生产模式，提升生态环境改善对绿色消费的吸引力，将生态环境保护以及在此基础上显化的生态效应增值充分体现到产业的生产与市场体系中，推动生态环境保护的优势转变为产业优势。产业生态化需要通过市场交易实现溢价增值，因此需要建立反映环境外部成本的全成本定价机制，将碳排放权、用能权、用水权、排污权等资源环境要素一体纳入要素市场化配置改革总盘子。由于建立了完备的市场交易体系和完善的交易平台，2021年7月正式开市的全国碳排放权交易市场在不到三年时间内就覆盖年二氧化碳排放量约51亿吨、纳入重点排放单位2 257家，成为全球覆盖温室气体排放量最多的碳市场，并且实现了全国电力行业总体碳减排成本降低约350亿元的经济效果。

根据产业生态学理论，新质生产力以畅通高效的物质流动促进了产业循环共生，形成"减量化、再利用、再循环"原则下循环型经济的产业基础。产业循环共生具有绿色产业链和生态工业园两种主要形态，前者强调绿色发展的循环模式，后者则强调绿色发展的循环路径。绿色产业链突出产业发展对环境的影响最小化，而生态工业园则突出集约化的循环利用所带来的经济收益最大化，二者协同正是绿色发展共赢策略的体现。产业循环共生发生在农业、工业和生活消费等各个领域，目前跨领域产业循环共生越来越常见，是绿色发展的新兴产业方向。不可否认的是，产业循环共生对于人口众多、资源压力大、环境承载力接近上限的中国而言尤为重要，通过能源、资源和环境基础设施的协同规划和梯次利用，引导在既有的产业体系中寻找可持续发展的出路，实现产业结构绿色升级由量变到质变。

建立在"污染者付费"原则的基础上，第三方治理以环境治理规模化和专业化的结合，降低经济快速发展进程中的环境治理成本，促进以绿色生产力提升为核心的新质生产力发展机制。通过科技创新提高环境治理、生态修复和再生利用的技术水平，并在此基础上延伸产业链、提高附加值，开辟"第四产业"[1]的发展空间，使第三方治理成为绿色发展的全新产业形态。第三方治理的发展依托于各

---

[1] 王金南，王夏晖.推动生态产品价值实现是践行"两山"理念的时代任务与优先行动.环境保护，2020（14）：9-13.

项实用型环保技术的快速成熟以及装备水平的高端化和智能化，互联网＋和大数据技术则为第三方治理进一步革新推动力。为鼓励环境污染第三方治理的产业化发展，破除第三方治理产业化发展的壁垒，中国在2024—2027年继续对符合条件的从事污染防治的第三方企业减按15％的税率征收企业所得税。

3.宏观层面的经济社会全面绿色转型

经济社会全面绿色转型融合了绿色发展的模式与可持续发展的方向，将中国当前的绿色发展与未来的绿色发展纳入同一个发展框架，以发展的稳定性谋求发展的长远性。新质生产力顺应经济社会全面绿色转型的重大战略需求，以绿色技术进步激发经济社会各方面绿色化、低碳化的活力与信心，在发展质量和发展效益并重的前提下实现绿色转型。

新质生产力所具有的融合性特征，有利于协同推进降碳、减污、扩绿、增长，实现生态环境效益、经济效益、社会效益共赢。降碳、减污、扩绿、增长统筹是绿色发展的长期命题，也意味着绿色转型具有长期性和渐进性。新质生产力之所以能够保证绿色转型在长期中始终坚持协同推进降碳、减污、扩绿、增长，就在于新质生产力将经济的"量"和环境的"质"融合起来，在创新和绿色上同时发力，并且在可持续的目标导向下动态调整经济和环境的关系，使二者保持相互适应并相互促进的关系。降碳、减污、扩绿、增长统筹也是全面绿色发展的命题，表现为绿色转型的全面性。全面性意味着绿色发展面临的挑战，即中国在几十年时间内要解决发达国家在几百年的发展过程中所面临的环境问题，这些问题的主要症结各异但又相互交织，增加了绿色发展前景的不确定性。新质生产力的融合性还表现在复合型技术手段和生产设备的运用上，侧重于挖掘降碳、减污、扩绿、增长之间的共性机制，降低经济增长的环境边际成本，促进多元化目标同时实现，保证了绿色发展前景的稳定性和可预期性。能源消费总量和强度双控、碳排放总量和强度双控等多维度集成的绿色发展目标，其依据就来自新质生产力的保障。对于全面性的理解，还在于发挥新质生产力不断创新和不断提升的优势，始终面向当前经济-环境关系中的关键问题提质增效，为未来的绿色发展路径积累经验、完善框架，以经济系统和环境系统的协同实现绿色发展的系统性与整体性，从而为处理好重点攻坚和协同治理的关系作出贡献。

如图9-4所示，2012—2022年，中国二氧化碳排放强度（单位GDP的二氧化碳排放量）降幅为48.1%，PM2.5浓度降幅为59.7%，城市绿地面积增加了51.4%，而GDP增长了124.7%。可见，随着新质生产力的不断提升，中国在协同推进降碳、减污、扩绿、增长的绿色发展上成效显著，为经济高质量发展积累了绿色经验并扩大了生态空间。

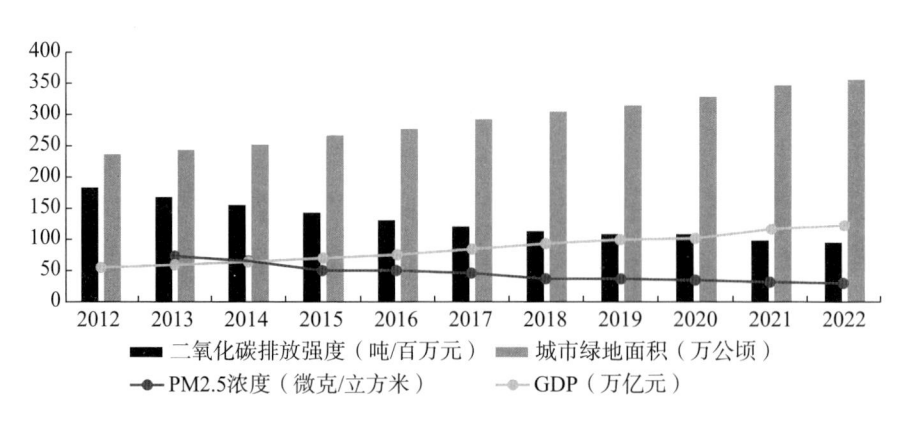

图9-4　中国协同推进降碳、减污、扩绿、增长的成效，2012—2022年

新质生产力所具有的以人为本特征，有利于绿色生产与绿色消费的协同转型，建立新型的市场供需关系。绿色消费以多元化产品降低对有形物质产品的需求，并推崇循环再生、节约低碳的消费模

式以降低消费市场的污染物产生量，提高物质回收利用率，不仅在保障消费结构优化升级方面发挥巨大作用，更是与生产、流通、回收、再利用等各环节顺畅衔接以保证绿色发展得以实现，推动环境要素主动参与生产要素循环流转。促进绿色消费的根本还在于人性化的绿色产品设计和可持续消费方式的推广，使绿色消费对传统消费形成有力替代。新质生产力的发展加速了绿色消费替代传统消费的进程，有效响应了绿色消费需求。新质生产力强化低碳零碳负碳技术、智能技术、数字技术等的研发推广和转化应用，通过生产符合绿色低碳要求、生态环境友好、应用前景广阔的新产品新设备，扩大绿色低碳产品供给；并在交通、物流、废旧物资循环利用等领域提高智慧化水平和运行效率，从而促进绿色产品生产市场和消费市场的有效衔接；还通过在生产和消费环节全面培育劳动者的环境素质，全面推进绿色发展。

三、绿色发展模式下新质生产力的持续提升

1. 发展与保护统筹赋予新质生产力可持续性

在发展中保护、在保护中发展的发展与保护统筹策略是绿色发展的核心原则，也说明高质量发展和高水平保护是相辅相成、相得益彰的。当前，生态环境保护结构性、根源性、趋势性压力总体上尚未根本缓解，生态环境建设稳中向好的基础还不牢固，生态环境从量变到质变的拐点还没有到来，在这一背景下妥善处理发展与保护的关系十分重要。事实上，无论是以经济换环境的零增长甚至负增长模式，还是以环境换经济的不可持续增长模式，都不利于解决中国生态文明建设面临的关键问题，当前中国的发展选择只能是既要经济又要环境。可见，在绿色发展模式下，发展与保护统筹构成

了新质生产力具有内在可持续性的战略前提。

从制度安排的角度看，严格的生态保护红线监管构成了强有力的外部约束，以强力督察、严格执法、严肃问责激发形成提升新质生产力的内生动力，推动战略性新兴产业、高技术产业、绿色环保产业、现代服务业的长足发展。为避免经济发展接近环境承载力的极限，恢复经济长期发展所需要的环境容量，生态环境的不可替代性就会通过环境规制转化为严格的制度约束，倒逼产业绿色转型，进而为新质生产力的提升创造空间。波特假说①认为，适当的环境规制可以促使企业进行更多的创新活动，提高企业的生产力，抵消环境保护带来的成本并提升企业在市场上的盈利能力。就新质生产力的绿色创新激励最大化而言，最严格的环境保护制度应当具有两重含义：第一重含义是针对环境违法行为实施基于全成本的严厉处罚，以使环境治理成本、环境损害成本和环境修复成本均得到覆盖；第二重含义则是针对环境保护与恢复行为的奖励，使环境保护者和治理环境的贡献者得到实惠，以确保环境质量改善的正外部性得到充分内部化。中国于2018年实施的《中华人民共和国环境保护税法》就形成了严格意义上的奖罚分明制度，该制度一方面通过提高环境税率的方式遏制高排放，引导强化治理的方向；另一方面则对积极主动的污染治理行为给予认可，实施环境税收优惠和减免。排污者为了降低治理成本，自觉采取原材料清洁化替代、生产技术转型升级、资源循环利用等提升绿色生产力的措施，以减少污染物的排放。

从经济与环境综合规划的角度看，发展与保护在长期发展过程中的统筹安排为新质生产力提升释放了强预期信号。经济与环境综合规划通过以目标为导向的优化调整，给出经济-环境关系调控的长

---

① Porter, M. E., van der Linde, C., "Toward a new conception of the environment-competitiveness relationship," *Journal of Economic Perspectives*, 1995 (4): 97-118.

期改革方向，也有助于规避临时性的、"一刀切"式的绿色改革所造成的负面经济影响。在《中华人民共和国国民经济和社会发展第十四个五年规划和2035年远景目标纲要》中，经济发展的三项指标均为预期性指标，且首次未对GDP增长率指标进行量化，而是"保持在合理区间、各年度视情提出"，相较而言，绿色生态的五项指标均为约束性指标。这一套规划目标充分体现了绿色发展的诉求以及对于发展与保护统筹的信心，有助于长效性、市场化的绿色发展政策体系建立，稳定培育绿色高效的新质生产力，实现持续改善生态环境质量和保持经济快速增长的双赢。面向绿色发展目标的市场机制是通过市场竞争配置要素和资源的方式，主要包括价格形成机制、市场交易机制、市场准入和退出机制等，通过市场竞争与自由交换统筹配置环境要素与其他发展要素。长效性的绿色发展政策严格控制传统产业的增量，坚决遏制高耗能、高排放、低水平项目盲目上马，严格合理控制煤炭消费总量；同时，有序推进传统产业绿色低碳转型，推动新质生产力在工艺、技术、装备升级上积极作为。经济与环境统筹的市场政策有助于破解结构性矛盾，培育壮大节能环保产业、清洁生产产业、清洁能源产业，推进资源全面节约和循环利用，为推动和引导绿色发展背景下的新质生产力提升确立清晰的制度规范。

2. 因地制宜发展绿色生产力

绿色发展是尊重差异性的发展，各地区根据自身的资源环境禀赋、产业基础、科研条件等发展特色优势产业。发展新质生产力的要求，就是有选择地推动新产业、新模式、新动能发展，避免同质化、重复化、无序竞争的低水平发展。落实到绿色生产力上，因地制宜的关键在于解决区域性的短板生态环境问题，实现优势生态产品的价值最大化，并在此基础上确定产业绿色升级改造的重点方向。因地制宜发展绿色生产力，不仅注重立足本地产业优势、文化底蕴和资源环境禀赋重构经济-环境关系,而且强调地区之间在环境治理上协作、在经济创新上竞争,其目的是在最小化绿色转型成本的同时最大化经济发展收益。

中国的生态环境分区管控,以生态保护红线为依据,使绿色发展成为科学的发展模式。生态环境分区管控以生态保护红线为基础,确定生态环境优先保护单元;以生态环境质量改善压力大、资源能源消耗强度高、污染物排放集中、生态破坏严重、环境风险高的区域为主体,把发展同保护矛盾突出的区域识别出来,区分生态环境重点管控单元和一般管控单元。可见,生态环境分区管控以优化调整经济-环境关系为导向,强化基于大数据、尊重发展多样性的精细化发展,推进信息技术、人工智能等与生态环境分区管控融合创新,进而引导产业在绿色转型的基础上实现合理布局。

因地制宜发展绿色生产力还意味着随绿色发展阶段的变化而进行有针对性的生产力提升,充分发挥新质生产力的变革性,使绿色生产力动态适应发展与保护统筹的需要。绿色生产力的提升与绿色发展阶段相适应,还意味着绿色生产力保障绿色发展的长期性,不断变革发展动能、创新发展方式,避免经济发展回到粗放扩张、低效发展的老路上。举例来说,根据资源保障能力和可持续发展能力的差异,资源型城市分为成长型、成熟型、衰退型和再生型四种类型。为实现绿色转型目标,在新质生产力提升上,成长型城市的重点在于布局战略性新兴产业以加快绿色发展,成熟型城市的重点在于通过延伸产业链推进产业结构绿色低碳化,衰退型城市的重点在于通过生态修复吸引绿色低碳产业,而再生型城市的重点则在于加强数字化和智能化对绿色化的反哺,以保持经济发展的可持续性。

3.区域协调发展提升绿色生产力

中国的区域协调发展不仅表现为高效协同创新、密切产业协作,也表现为在绿色发展协作上，以多领域协同创新推动绿色生产力快速提升。绿色发展协作的含义，首先是生态环境保护角度的生态环境联建联防联治，提升区域共同的环境承载力；其次是区域内产业协同绿色升级改造，以技术合作降低产业绿色转型的总成本；最后就是深度优化调整产业布局，切实保护生态红线，引导重点行业向环境容量大和产业条件好的地区有序转移，通过空间布局优化进一步降低区域绿色低碳转型的成本。绿色发展协作的实施，加速了绿色生产力的效果显现，同时促进了生态系统一体化保护和产业循环共生，并扩大了绿色生产力的外溢范围，增强了绿色发展的环境公平性和经济公平性。2014年，京津冀协同发展上升为重大国家战略，京津冀地区经济社会与生态环境保护协调发展是该战略的关键组成部分。在2014—2023年的十年间，京津冀三地PM2.5平均浓度分别下降了62.7%、50.6%、57.6%，总体上大于全国同期51.6%的下降幅度；在相同时期内，京津冀三地的GDP增幅分别为90.9%、57.3%和74.3%，保持了稳定的经济增长。

　　生态补偿作为一种改善区域生态服务和保障区域可持续发展的有效方法，已经在全球范围内得到了普遍应用。[1] 生态补偿的核心含义是，生态服务使用者和提供者之间基于为区外提供服务的自然资源管理协议所开展的自愿交易[2]，主要是在市场机制的主导下达成生态环境改善的目标。中国从绿色发展的角度出发，在传统的生态补偿概念基础上发展出生态保护补偿的概念，同时引入纵向补偿、横向补偿和市场补偿等机制，不仅涵盖各类主体，而且补偿方式灵活，

---

[1] Brathwaite, A., Pascal, N., and Clua, E., "When are payment for ecosystems services suitable for coral reef derived coastal protection?: A review of scientific requirements," *Ecosystem Services*, 2021: 101261.

[2] Wunder, S., "Revisiting the concept of payments for environmental services," *Ecological Economics*, 2015: 234-243.

包括资金补偿、对口协作、产业转移、人才培训、共建园区、购买生态产品和服务等。可见，中国实施的生态保护补偿远远超出了市场交易的范畴，以保护和发展统筹为导向，是区域绿色发展协作的重要形式，对于改善区域生态服务和缩小经济发展水平差距发挥了重要作用。相比传统意义上以环境改善为单一目标的生态补偿，生态保护补偿的目标则是经济、环境、社会共赢的可持续机制，区域协调性更强，相应地也要求以绿色与创新融合的新质生产力替代传统生产力。

纵向生态保护补偿模式一般是由上级政府通过财政资金补助或转移支付等方式，对重点生态功能区保护生态环境的行为给予补偿，以激励其开展生态保护，保障生态产品供给，我国对重点生态功能区的纵向转移支付就是典型的纵向生态保护补偿。横向生态保护补偿模式一般是流域上下游或区域间通过协商等方式建立的补偿机制，例如在上下游政府、企业与周边社区之间，生态产品供给方（保护主体）承担保护生态环境的责任，受益方对供给方改善生态、提供生态产品所付出的努力进行补偿。我国在新安江流域、赤水河流域等区域都实施了横向生态保护补偿。纵向生态保护补偿和横向生态保护补偿的划分，反映出中国从经济发展角度对生态环境保护受益范围界定的充分性与合理性，在此基础上建立的区域协调发展机制具有可持续性，以生态环境正外部性的充分内部化激励绿色生产力提升。对于补偿区和受偿区而言，生态保护补偿还具有以区域协作促进产业绿色转型的深刻含义，绿色生产力的提升不仅推动了生态涵养地区的生态产业化和产业生态化，而且增强了优化发展地区提升新质生产力以降低发展成本的意愿，因地制宜推进绿色发展。[1]

中国的生态保护补偿也正在由以流域生态保护补偿为主体的环

---

[1] 董战峰，璩爱玉，郝春旭，等.深化生态补偿制度改革的思路与重点任务.环境保护，2021（21）：48-52.

境要素导向转变为山水林田湖草沙一体化治理与修复的系统导向，引入森林、草原、海洋以及环境空气质量的生态保护补偿[①]，从而深化区域绿色发展协作，这也需要新质生产力在多环境目标协同上深入创新。事实上，生态保护补偿成功的关键在于补偿区和受偿区在各自的发展路径下形成内生性的自我发展能力，由"输血式"补偿变为"造血式"补偿，为此应调动多元化主体的参与积极性，致力于向绿色创新要效益，积极稳妥发展生态产业。

4.现代环境治理体系激发绿色生产力提升的内在动力

中国构建了党委领导、政府主导、以企业为主体、社会组织和公众共同参与的现代环境治理体系，推动实现政府治理和社会调节、企业自治良性互动。在现代环境治理体系中，创新环境治理模式、强化环保产业支撑提出了环境治理技术现代化的命题。环境治理技术现代化突出强调技术智慧化和技术韧性化两个维度。环境治理技术智慧化依托信息共享、大数据、区块链、智能化等新兴技术形态，实现新质生产力与环境生产力的互通，推动了环境、经济、社会等多元信息的有效筛选和有机融合，有效应对互动关系日益广泛的环境治理结构，增强了新质生产力的可操作性。环境治理技术韧性化则聚焦于形成精细化、科学化的治理决策，有效提升环境治理效能，在学科交叉的基础上打造环境治理的多学科技术集成平台，增强新质生产力在现代环境治理体系中的适应性，如绿色金融平台开发技术、空间治理规划技术和绿色发展政策评估技术等。

环境治理现代化的关键路径在于环境治理各主体的协同共治，为此需要开发环境治理主体之间、部门之间、区域之间、产业之间、

[①] Wang, Z., Chang, D., and Wang, X., "Does the regional atmospheric quality punishment incentive mechanism (AQPI) promote environmental regulation? Subordinate government as an agent of superior environmental policies," *Journal of Cleaner Production*, 2023: 137718.

生态环境要素之间的长期共赢策略，以保证经济、环境、社会目标同步达成。现代环境治理体系以现代化权责体系搭建完善的利益体系，避免在环境公共服务的获取上"搭便车"，从而激励新质生产力提升。传统的环境治理责任多自上而下单向传导，且由中央和省级政府制定生态环境保护责任清单，并开展对下级党委和政府环境治理成效的考核，是典型的以行政责任为中心的权责体系，容易忽视市场和社会层面对绿色生产力提升的诉求；在体制架构上，管理部门间缺乏协调也会抑制对绿色生产力提升的支持。环境治理现代化框架下的权责体系特征表现为以促进多元共治为导向的权责界定，强化权责的相对性而弱化绝对的权责设定，扩大了责任覆盖的环境治理主体范围，并纠正了责任过多而权利赋予偏少的权责不对等问题。权责一致激励了各类主体参与环境治理的积极性，使绿色生产力提升成为现代化环境治理权责体系的应有之义。环境治理信用体系的健全以及环境治理信用同市场信用、社会信用的融合，则提高了环境治理主体责任的清晰度。构建包含资源消耗、环境损害、生态效益等体现绿色发展成效的指标的经济社会发展评价体系，促进环境要素在市场中的流动，强化劳动者的生态环境约束，将对生态环境的保护与个性化的经济收益预期统筹起来，从而促进向绿色生产力要效益。

5. 绿色金融促进绿色生产力更快提升

随着环境要素在经济发展中的重要性日益凸显，如何使环境要素以更低成本和更高效率参与到经济发展过程中成为核心议题。绿色金融以保护和发展统筹为目标，将环境要素同劳动力、土地、技术和数据等要素进行统一优化配置，本身就蕴含着绿色生产力形成和提升的含义。通过构建运行高效、结构合理的金融市场，绿色金融在金融工具和市场机制上不断创新，降低绿色投融资成本，将社会资本引向具有生态环保效益和经济效益的转型产业和新兴产业，拓展了绿色生产力的提升空间，加速了绿色生产力的发展。随着美丽中国建设的范畴日益全面，与美丽中国建设相适应的绿色投融资体系正在不断壮大，具有资源配置与整合功能的银行以及金融机构在此过程中推出多样化的绿色金融产品，有助于引导资金流向绿色低碳发展和生态环境保护领域。

优化整合绿色金融标准，是加强绿色金融政策创新的基础所在，各类金融工具的绿色金融标准体系开发，以及围绕绿色金融标准的统计体系、评价体系和征信体系完善，有利于引导金融资本投向绿色企业和绿色项目，使绿色生产力的发展更为聚焦，在解决关键绿色技术、数字技术、智能技术的基础上取得更大突破。为保障美丽中国建设的多元化目标顺利实现，绿色金融产品与服务创新正面向减污降碳协同增效、适应气候变化等领域，通过推动运营国家绿色发展基金鼓励金融机构参与粤港澳大湾区、长三角地区、黄河流域等区域性绿色发展基金设立，同时强化了绿色生产力提升的国家战略导向性。

基于地方绿色发展的需求，在区域层面上实施绿色金融的模式创新为绿色生产力的迅速提升创造了更广阔的空间，也加速了其应用。"生态资产权益抵押＋项目贷"模式将生态产品经营开发主体的长期低息贷款支持同地方融资担保服务有机结合，在支持区域绿色产业发展及生态环境修复的同时，有利于探索生态产品资产证券化路径和模式。以生态环境导向的开发（EOD）模式[①]则是支持市场化治理的创新模式，采取产业链延伸、联合经营、组合开发等方式，推动公益性较强、收益性较差的生态环境治理项目与收益性较好的

---

① 赵云皓，徐志杰，辛璐，等.生态产品价值实现市场化路径研究：基于国家EOD模式试点实践.生态经济，2022（7）：160-166.

关联产业有效融合、统筹推进以及一体化实施。基于不同地区在绿色发展中所面临经济-环境关系的差异性，绿色金融注重解决长期经济收益与短期环境治理、局地经济收益与整体环境效益之间的矛盾，从而为绿色生产力快速提升消除了壁垒。

在绿色金融领域，环境、社会和公司治理（ESG）的社会意义主要在于其与降碳、减污、扩绿、增长的发展理念一致，提倡在推动经济社会发展的同时，也要保护生态环境。ESG不仅为金融与投资机构提供了一个有效的决策工具，还可以帮助企业更主动地检视和清晰全面地认识自身优势与不足，驱动企业加快绿色生产力提升，朝着更绿色低碳、更健康可持续的方向发展。符合企业现代绿色治理需求的ESG制度框架、技术标准和市场机制体系建立是绿色低碳创新的着力点，构建强制性与自愿性相结合的环境信息披露制度体系有助于提供准确而充分的环境信息；发挥绿色金融和环保信用等相关政策的作用有助于丰富ESG业态和产品供给；完善数据信息平台等基础设施建设有助于建立ESG智慧监管服务平台。在ESG的激励下，绿色生产力的发展将具有更强的现实针对性，能够在我国现行能源结构、产业发展、经济发展、社会稳定等因素的基础上，将绿色发展要求和市场及社会主体的诉求有机融合，以保障产业、数据、供应链的高质量发展。

第十章
数字经济与新质生产力

李三希*

2024年1月31日，习近平总书记在主持中央政治局第十一次集体学习时强调，"发展新质生产力是推动高质量发展的内在要求和重要着力点"。这一论断不仅凸显了新质生产力的核心地位，也为我国经济发展指明了方向。此前，习近平总书记对数字经济的发展给予了高度关注，曾在中共中央政治局第三十四次集体学习时明确指出，"发展数字经济是把握新一轮科技革命和产业变革新机遇的战略选择"，认为数字经济"正在成为重组全球要素资源、重塑全球经济结构、改变全球竞争格局的关键力量"，进而作出要"不断做强做优做大我国数字经济"[①]的重要指示。

数字经济与新质生产力的紧密联系与相互促进，已经成为当代

---

* 本文的部分内容发表于《国家治理》2024（14）：65-69。李三希，中国人民大学经济学院副院长，教授，数字经济研究中心主任；本文共同作者有马梦阳，中国人民大学经济学院硕博研究生；武玙璠，中国人民大学经济学院博士研究生。

① 习近平在中共中央政治局第三十四次集体学习时强调 把握数字经济发展趋势和规律 推动我国数字经济健康发展.新华网，2021-10-19.

中国经济发展的一大鲜明特点。数字经济不仅重塑了传统的产业结构和经济增长模式，更为新质生产力的培育提供了强大的动力和广阔的空间，正成为推动经济增长、提升社会生产力水平的关键力量。因此，把握数字经济的发展机遇，对于培育新质生产力、实现高质量发展具有重要的现实意义和深远的战略意义。

一、数字经济与新质生产力的内涵与联系

1. 新质生产力与数字经济的内涵

习近平总书记在中共中央政治局第十一次集体学习时对新质生产力作出了明确定义，新质生产力是"由技术革命性突破、生产要素创新性配置、产业深度转型升级而催生，以劳动者、劳动资料、劳动对象及其优化组合的跃升为基本内涵，以全要素生产率大幅提升为核心标志，特点是创新，关键在质优，本质是先进生产力"。新质生产力代表着生产力的新阶段，它超越了传统经济增长的边界，强调技术创新、生产效率的提升和高质量的发展目标。而数字经济则是指以数字化知识和信息为关键生产要素，以互联网和其他数字网络平台为主要活动空间，以数字技术的应用为经济增长的主要驱动力，以新型基础设施为发展引擎的经济模式。它涵盖了从数字化的生产制造到在线服务和电子商务，再到云计算、大数据分析和人工智能等前沿技术应用的广泛经济领域。数字经济的发展不仅促进了信息和资源的高效流动，还显著增强了经济系统的创新能力和竞争力，从多个层面推动了新质生产力的蓬勃发展。

2. 数字经济与新质生产力的联系

数据要素作为一种新兴生产要素，是新质生产力的重要组成部分。数据要素具有非竞争性、强协同性、衍生性、隐私负外部性等

特质，能够提升生产效率、降低企业成本、优化资源配置。[①] 例如，数据要素与人工智能、云计算等数字技术相结合，显著提升了科研效率和创新质量；数据要素的深度挖掘和应用，不仅加速了科研进程，降低了研发成本，还促进了算法的优化和机器学习等技术的进步，推动了从理论研究到技术实践的快速转化。近年来，我国政府高度重视培育数据要素市场，出台多个政策文件促进数据价值流通释放。其中，2023年12月国家数据局等十七部门联合发布的《"数据要素×"三年行动计划（2024—2026年）》明确指出，要充分发挥数据要素的放大、叠加、倍增作用，以实现数据要素应用广度和深度的大幅拓展，更好赋能经济社会发展。据《全国数据资源调查报告（2023年）》，2023年中国数据生产总量达32.85泽字节（ZB），同比增长22.44%，2024年数据生产量增长预计将超过25%；2023年，2 200多个算力中心的算力规模约为0.23十万亿亿次浮点运算/秒（ZFLOPS），同比增长约30%。我国数据规模优势正在逐步扩大，并将保持快速增长趋势，这不仅引发了生产力和生产关系的深刻变革与重塑，也预示着高质量数据资源将成为经济增长的重要源泉。

网络平台作为一种新型组织方式，是新质生产力发展的重要载体。互联网平台经济是依托于云、网、端等网络基础设施，并利用人工智能、大数据分析、区块链等数字技术工具撮合交易、传输内容、管理流程的新经济模式，具有规模经济、范围经济、网络外部性、双（多）边市场、长尾效应等特征。[②] 当前，平台经济已经展现出其推进技术革新与产业进步、提升供需匹配效率、优化生产生活方式、推动实体经济发展、缓解就业压力、增强国家的战略竞争力，

[①] 李三希，李嘉琦，刘小鲁. 数据要素市场高质量发展的内涵特征与推进路径. 改革，2023（5）：29-40.

[②] 黄益平. 平台经济的机会与挑战. 新金融，2022（1）：10-15.

以及促进新质生产力发展的巨大潜能。2023年7月12日，李强总理在与平台企业座谈中，强调了平台经济"为扩大需求提供了新空间，为创新发展提供了新引擎，为就业创业提供了新渠道，为公共服务提供了新支撑"的"四新"定位。[①] 在扩大需求方面，2023年，我国网上零售额达15.42万亿元，同比增长11%，连续11年成为全球第一大网络零售市场。[②] 在创新发展方面，以蚂蚁集团为代表的平台企业已经在分布式基础设施、隐私计算、安全科技等领域拥有了自主可控的关键技术。在就业创业方面，平台企业一方面提升了劳动力市场上供需双方的匹配效率，另一方面拓宽了就业渠道，通过零工经济模式推动新职业、新岗位不断涌现。在公共服务方面，借助平台模式，政府可以更好地积累公共数据资源，并为社会提供更高质量的公共数据服务。

数字技术作为新一轮科技创新的代表，是新质生产力发展的首要动力。数字技术以万物互联和数字化为核心，通过广泛应用互联网、云计算、大数据和人工智能等技术，对生产、流通、消费、应用等各环节产生深远影响，推动数字经济蓬勃发展。数字技术具有网络化和信息化的特点，不仅能在微观层面降低交易成本、提升效率，还能在宏观层面为政府提供全面数据支持，优化公共资源配置，促进经济发展。当前，我国大力推动的"数据要素×"行动，就是利用数字技术，将数据要素与传统要素优化组合，发挥我国的超大市场规模优势、海量数据优势和丰富的应用场景优势，充分发挥数据要素的倍增效应，推动传统产业的数字化转型升级，培育和促进新型产业发展，进而催生新产业新模式，培育经济发展新动能，促进新质生产力发展。例如，智慧农业利用物联网、大数据、人工智

[①] 李强主持召开平台企业座谈会.中国政府网，2023-07-12.
[②] 2023年我国网上零售额超15万亿元.中国政府网，2024-01-19.

能等现代数字技术，对农业生产的各个环节进行实时监控和管理，提高了农业生产效率、减少了资源消耗、保障了农产品质量安全，从而促进了农业可持续发展，有助于实现农业现代化。目前，我国数字技术正在经历加速创新过程，伴随新需求的不断涌现而持续演进，在数据采集、存储、计算、流通、管理、应用、安全等环节有效支持数据要素价值释放。

新型基础设施建设作为数字经济发展的必要条件，是新质生产力发展的配套措施。2018年12月召开的中央经济工作会议提出，要加快5G商用步伐，加强人工智能、工业互联网、物联网等新型基础设施建设。2020年，国家发展改革委明确了新型基础设施的主要范畴，即以新发展理念为引领，以技术创新为驱动，以信息网络为基础，面向高质量发展需要，提供数字转型、智能升级、融合创新等服务的基础设施体系，主要包括信息基础设施、融合基础设施和创新基础设施三方面。新型基础设施建设通过促进技术创新和产业升级，有效推动了传统产业的数字化、智能化改造，同时催生了新的消费需求和产业形态，为新质生产力的发展提供了坚实的物质与技术保障。例如，5G网络的建设能够为智能制造、远程医疗等新兴产业提供必要的网络支持；大数据中心的建设则为海量数据的存储、处理和分析提供了平台，这些都是新质生产力发展不可或缺的要素。目前，我国已建成了全球规模最大、技术领先、性能优越的数字基础设施，5G网络全球规模最大且技术领先，移动物联能力持续增强，算力发展迎来高潮，整体实现了跨越式提升。[①]

总体来看，数字经济与新质生产力之间关系紧密，发展数字经济是培育新质生产力的主要组成部分和重要抓手。新质生产力的起

[①] 数字大动脉 未来新底座：数字基础设施评估体系研究报告（2024年）.中国信息通信研究院，2024-03-29.

点在于"新",核心在于"质",强调创新和高质量的"生产力"。其中,创新包含了技术的革命性突破、生产要素的创新性配置以及全要素生产率的大幅提升。而高质量发展则包含了产业的深度转型升级、可持续发展、绿色发展和普惠发展等多个维度。数字经济以数据资源作为关键生产要素,以现代信息网络和各类平台作为重要载体,以数字技术作为重要推动力,以数字基础设施作为发展引擎,在引领科技创新、产业升级和社会变革的同时,为新质生产力的发展提供了丰富的资源、先进的技术、广阔的平台以及未来的方向。当前,新一轮科技革命和产业变革聚焦于数字技术,算法、算力和数据的进步共同推动着人工智能技术革命,并深度参与创新研究与知识生产。数据要素和其他要素创新组合,能够在生产、流通、消费和分配等社会生产全过程中发挥倍增效应,有助于降本提质增效和促进创新。产业数字化和数字产业化进程加速,传统产业深度转型升级,以人工智能、大数据为核心技术的新兴产业蓬勃发展,逐步实现产业发展智能化、绿色化和高端化。平台作为一种新型组织方式,不仅满足了消费者日益增长的个性化和多样化需求,还在促进数据驱动的个性化、智能化生产和服务方面发挥了重要作用,显著提升了市场效率。新型基础设施建设在促进国家经济体系数字化和智能化水平提升的同时,也为打破市场分割、缩小收入差距、深度弥合数字鸿沟创造了条件。

二、数字经济促进新质生产力发展的机制

新质生产力的形成和发展依赖于技术革命性突破、生产要素创新性配置和产业深度转型升级。它以劳动者的技能提升、劳动资料的现代化和劳动对象的高级化为基础,致力于通过全要素生产率的显著提

升，实现经济社会的可持续发展。具体来看，数字经济从推进技术革命性突破、优化生产要素创新性配置、助力产业深度转型升级、推动生产关系和经济体制变革四个方面促进新质生产力的形成与发展。

1. 数字经济推进技术革命性突破

数字经济通过数字技术和数据要素的综合利用，协同推进科技变革。数字经济时代，科技创新成为推动新质生产力发展的首要动力。在这一过程中，数据要素与人工智能、云计算等数字技术相结合，显著提升了科研效率和创新质量。数据要素的深度挖掘和应用，不仅加速了科研进程，降低了研发成本，还促进了算法的优化和机器学习等技术的进步，推动了从理论研究到技术实践的快速转化。与此同时，数字技术的发展还促进了不同领域、不同行业间的交叉融合和创新合作，为新质生产力的培育提供了更加开放和协同的创新生态环境。这种跨界合作不仅拓宽了创新的视野和路径，还加速了新技术、新产品和新模式的推广应用，为社会经济发展提供了持续的创新动力。例如，通过海量数据和巨大算力训练出来的以GPT大模型为代表的生成式人工智能技术，使得机器具备了和人类相似的创造力，人类社会从此可以通过机器来生产和创造新知识，颠覆了传统的知识生产方式。此外，人工智能在基础研究中也日益发挥重大作用，例如，AlphaFold解决了蛋白质折叠和三维结构的预测问题，DeePMD-kit解决了如何处理大规模第一性原理精度的分子动力学问题，预示着"人工智能驱动的科学研究"将成为未来创新的重要模式。

2. 数字经济优化生产要素创新性配置

数字经济通过创新组织形式优化资源配置，赋能实体经济发展。在这一过程中，平台经济作为一种蓬勃发展的交易方式正扮演着越发重要的作用。自科斯以来，经济学界常将企业和市场视为资源配置的两种对立方式，而平台作为数字经济背景下新出现的组织形式，却兼具市场与企业的双重属性：平台既承担市场责任，促进交互与交易，又扮演企业角色，追求利润与扩张。当前，平台经济已经展现出其优化生产生活方式、推动高质量发展、为国际竞争创造优势以及促进新质生产力发展的巨大潜能。首先，平台能够降低交易成本，畅通经济中的消费和流通等环节，优化产品供需匹配，提高经济运行效率。其次，平台能够利用规模经济和范围经济助力供给侧结构性改革。平台经济的发展增加了市场的深度和广度，能够通过交叉网络效应使得需求方和供给方的联系更加密切，进而促进市场竞争、优化产品供给，并推动形成供给侧现代化产业体系，为国民经济循环注入活力。此外，平台经济能够促进实体经济的进一步发展，助力实体经济数字化转型，保障全产业链稳定发展，提升实体经济的全要素生产率，实现多主体共享数字红利。在科技创新方面，平台在利用资本和数据方面拥有优势，能够助力实现技术革命性突破。在产业创新方面，平台能够促进生产要素创新性配置，推动行业深度转型升级，尤其在"从 1 到 N"的应用创新上展现出显著优势。值得一提的是，平台组织的灵活性还催生了零工经济这一新型就业形态，为我国广大劳动者提供了额外的就业渠道和更多的就业机会，帮助实现劳动力市场的供需平衡，降低创业门槛。

3. 数字经济助力产业深度转型升级

数字经济通过优化生产方式赋能数实融合，推动产业深度转型升级。习近平总书记强调，"发展新质生产力不是要忽视、放弃传统产业"[1]，高质量发展的核心是以科技创新，尤其是充分发挥数字技术与数据要素的作用，推动产业创新与转型升级。具体来看，数字技术使得信息的收集、处理和分析变得更加高效，有助于生产要素

---

[1] 习近平. 开创我国高质量发展新局面. 求是，2024（12）：4-15.

尤其是数据要素在更广泛领域内的流动和优化配置。在企业层面上，企业能够通过数字技术与土地、劳动力、资本等传统生产要素和数据要素深度融合，实现生产过程中各要素投入量的比例合理化，减少浪费，节约生产资料；通过智能化的决策支持系统更准确地预测市场需求，合理安排生产和供应，实现资源的最优配置；通过大数据刻画出更复杂、更完整的客户画像，从而有针对性地提供更准确的定制产品和服务，提升生产效率，进而带动企业进行更多的投资，生成更高质量的数据，形成数据正反馈；通过大数据和田野实验进行生产过程优化、产品改进和新产品的开发与测试。在产业层面上，数据驱动的决策使得资源在不同企业和部门间更加科学地流动与协调，进而推动产业链协同发展；大数据技术与企业的数字化改革推动了企业之间的信息共享，进一步提高了企业间的协同创新能力，深化了产业分工，促进了产业链上下游的整合，从而形成了以大数据平台为基础的完整统一的产业生态系统。此外，数字化转型还促进了生产方式的创新，部分产业已从规模化、标准化生产转向个性化、智能化生产。

4.数字经济推动生产关系和经济体制变革

数字经济通过推动生产关系和经济体制变革，进一步推动新质生产力发展。一方面，数字经济催生了平台经济、去中心化自治组织（DAO）等新型组织形式，改变了传统的管理和权力结构；另一方面，它也促进了资源的高效配置和价值的快速创造，改变了生产和分配的方式，促进了经济的多元化和灵活性。与此同时，数字技术和数据要素的应用还使得生产过程更加透明化，有助于根据生产力的发展水平调整和优化生产关系，保障生产力与生产关系的良性互动。此外，数字技术和数据要素的迅速发展与应用，还促使政府的决策方式从经验型决策转向依赖数据分析的数据驱动型决策，有效提升了政府决策的科学性、精准性、智能性和时效性，并全面提升了政府在经济调节、市场监管、社会治理、公共服务、生态环境等领域的履职能力，形成"用数据对话、用数据决策、用数据服务、用数据创新"的现代化治理模式。

总体而言，数字经济通过上述机制，促进了新质生产力的发展，推动了经济社会向更高质量、更高效率、更加公平和更可持续的方向发展。随着5G、物联网、人工智能等技术的持续进步和应用，数字经济将进一步拓展其边界，为新质生产力的培育和经济社会的可持续发展提供更为强大的支撑。这也要求我们不仅要加强技术创新和应用推广，还要加快推进制度创新与国际合作，共同构建一个开放、包容、共赢的数字经济新秩序。

三、我国发展数字经济培育新质生产力的现状与问题

1. 我国数字经济发展的现状

党的十八大以来，党中央高度重视发展数字经济，深入实施网络强国战略、国家大数据战略，先后印发《"十四五"数字经济发展规划》《关于构建数据基础制度更好发挥数据要素作用的意见》《关于促进数据安全产业发展的指导意见》《数字中国建设整体布局规划》《"数据要素×"三年行动计划（2024—2026年）》等政策文件，加快推进数字产业化和产业数字化，推动数字经济蓬勃发展。得益于"有效市场＋有为政府"的发展模式优势、巨大的市场规模优势与集中力量办大事的体制优势，我国数字经济发展成果举世瞩目：近年来数字经济总体规模稳步增长，在产业数字化、数字产业化、数据价值化、数字经济基础设施建设、数字化治理等方面取得了巨大成就，诞生了一批全球领先的头部数字企业，对经济社会发展的

引领支撑作用日益凸显，为新质生产力的发展作出了巨大贡献。具体来看，我国数字经济发展呈现出以下五大特点。

第一，产业数字化进程加快，尤其是与新质生产力紧密相关的产业发展迅速。近年来，新一代云计算平台加速构建，正逐步向规模化、大型化方向发展。全国一体化大数据中心加快建设，传输网络架构可以承载多方向大容量的国际数据传输，为数实融合促进新质生产力发展提供了坚强保障。服务业加速数字化转型升级，在线消费、零工经济、远程医疗、线上教育等行业蓬勃发展。在工业领域进行多方面数字化探索，低代码、数字孪生、云边协同等工业互联网关键技术不断突破，人工智能大模型加速渗透，"5G＋工业互联网"加速赋能实体经济发展，为智能制造、柔性生产、数字工厂管理等新模式提供了发展空间，推动数字技术在实体经济各行业场景的延伸。农业数字化转型持续推进，大型农业企业、互联网企业和农业科技企业在研发、生产、运输、批发、零售等多环节全链条推进我国智慧农业生态体系建构。然而，传统产业和中小企业等数字化转型滞后，数字基础设施建设、医疗、教育、出行等大量应用场景的数字化服务仍然掌握在政府部门手中，各类市场主体的参与度仍然较低。

第二，数字产业化平稳推进，数字基础设施建设全球领先。一方面，数字基础设施建设的爆发式增长为数字产业化发展提供了充裕土壤。截至2023年底，我国5G基站数达337.7万个，IP骨干网、城域网、接入网和终端IPv6改造全面完成，新一代IP互联网演进升级和架构优化成效显著。截至2023年6月，我国算力总规模达到197 EFLOPS，存储规模也不断扩大。[①] 另一方面，数字化消费新业态新模式加快形成。以远程办公、在线教育、智慧医疗、电子政务

---

① 数字大动脉 未来新底座：数字基础设施评估体系研究报告（2024年）．中国信息通信研究院，2024－03－16．

等为代表的数字服务产业显示出更为广阔的发展前景与巨大的增长潜力。在人工智能等数字技术的支撑下，智能家居、数字传媒等新兴智能产业也纷纷进入发展快车道。但同时，我国数字经济发展还面临在关键软硬件如半导体产业等领域国际战略竞争加剧、人工智能及元宇宙等前沿领域部署仍需加强等问题。

第三，数据要素价值释放逐步推进，相应的制度建设积极探索。数据要素是数字经济时代最为重要的生产要素之一，是新质生产力发展的重要动力。我国数据规模优势正在逐步扩大，并将保持快速增长趋势。我国政府高度重视数据的要素化及市场化价值，先后出台了《关于构建更加完善的要素市场化配置体制机制的意见》《关于构建数据基础制度更好发挥数据要素作用的意见》《"数据要素×"三年行动计划（2024—2026年）》等系列政策文件，促进数据价值流通释放。在中央的政策引导下，各地政府纷纷布局数据交易，并加快本地大数据交易平台或数据交易所的建设，各数商和互联网企业也纷纷探索数据流通交易的多种模式。2023年，我国成立了国家数据局，标志着我国数据要素流通利用进入了全新的发展阶段。目前，我国数据价值释放呈现出多主体参与、多维度分布、多政策协同等特点。从发展阶段看，我国数据要素的管理与利用尚处于起步阶段，海量数据优势潜力亟须释放。现阶段，我国仍然存在数据供给成本高且开发激励不足、需求侧数据利用能力与有效需求动能不足、供需匹配的实现机制以及相应制度与法规仍不完善等问题，数据要素在赋能经济社会转型发展中的潜能有待释放。

第四，平台经济进入平稳发展期，成为推动经济增长的重要方式。平台企业积极推动实体经济数字化转型，助力扩大内需。例如，阿里巴巴的"犀牛智造"通过产业全链路数字化改造和云化升级，构建需求实时响应、极小化库存以及小单快返新模式，实现供需精准匹配和更高水平的动态平衡，促进传统产业高质量发展。[①] 在劳动力市场中，数字平台如智联招聘通过解决供需双方之间的信息不对称问题，有效推动了劳动力的供需匹配。平台企业为摩擦性失业群体提供了大量过渡性工作机会，就业的"蓄水池"作用持续显现。根据美团的数据，2023年有约745万名骑手在美团平台获得收入，同比增长19.4%，相较于2020年增加了475万人。[②] 平台企业海外业务增长较快。"中国电商出海四小龙"迅速发展壮大，平台企业国际化布局加速推进。如阿里巴巴的海外电商平台速卖通面向商家推出了托管代运营服务和即时发货（JIT）服务；腾讯加速海外游戏投资，完善"自研＋海外发行"的游戏业务体系；快手国际版围绕短剧、小游戏、体育等业务持续推进本地化原创内容生产，提升其在拉丁美洲、东南亚等地区的影响力。

第五，数字化治理成效显著，政府数字化服务能力大幅提升。2023年中共中央、国务院印发《数字中国建设整体布局规划》，提出数字中国建设布局"2522"的整体框架，指出要发展高效协同的数字政务，强化数字化能力建设，提升数字化服务水平。目前，我国国家治理现代化取得重大进展，"掌上办""一网通办""一网统管""一网协同"等创新实践纷纷涌现，跨区域一体化办理能力显著提升。《2022联合国电子政务调查报告》显示，2022年中国的在线服务指数为0.887 6，属于"非常高水平"，继续保持全球领先。截至2024年2月，全国31个省（自治区、直辖市）和新疆生产建设兵团均已建设省级政务服务移动端，并完成与国家平台对接，超过80%的地区采用微信或支付宝提供服务。[③] 我国公共数据开放利用水平也

[①] 深度｜犀牛智造：探索未来制造之路.阿里巴巴网站，2022－03－11.
[②] 美团2023企业社会责任报告.美团，2024－05－17.
[③] 数字政府一体化建设白皮书（2024年）.中国信息通信研究院，2024－04－01.

不断提升。截至 2023 年 8 月，我国已有 226 个省级和市级的地方政府上线了数据开放平台，整体上呈现由东南部向中西部、东北部扩散的局面。[①] 与此同时，我国的国家治理体系也在转型升级，态势感知、科学决策、风险防范和应急响应能力等明显提升，推动国家治理向更加精细化和数据驱动的方向转变。

2. 我国数字经济发展面临的问题和挑战

目前我国数字经济在数实融合发展、要素价值释放、数字治理能力方面取得了一定成就，但还存在大而不强、快而不优等问题，面临的挑战亦不容忽视。具体而言，主要存在六大问题和挑战阻碍数字经济发展。

一是数字技术创新体系尚不完善。数字技术的广泛应用促进了经济的数字化转型和效率提升，是新质生产力发展的重要动力。然而，我国关键领域创新能力不足，在操作系统、工业软件、高端芯片、基础材料等领域，技术研发和工艺制造水平落后于国际先进水平。而发达国家针对核心"卡脖子"技术领域日益严峻的封锁更是加剧了我国技术创新面临的挑战。此外，关键学科建设和创新人才培养相对滞后，前沿数字技术转化为商业应用的比例仍然较低，现有的产学研协同创新模式与收益分配机制难以满足产业创新、科技研发和数字化转型升级的需求。相较于国外的科技成果转化体系，我国目前尚缺少承担"技术经纪人"职能的机构主体来帮助高校或研究机构的科研成果顺利落地，实现产业化发展，进而直接转化为实际产出。

二是数据交易市场建设相对滞后。目前，我国数据资源虽然具有规模大、增长快的特点，但也存在数据利用率较低、价值挖掘不

---

① 复旦大学数字与移动治理实验室.中国地方公共数据开放利用报告：城市（2023 年度），2023－11－01.

深等问题。根据《全国数据资源调查报告（2023年）》，2023年全国数据产存转化率仅为2.9%，数据产品成交率仅为17.9%。此外，我国数据交易市场呈现出场内冷清而场外火热的状态，场外数据交易规模占整体数据交易的95%左右。这些事实体现了数据交易市场建设的相关制度不健全、供需匹配效率不高。其一，国内的数据交易平台尚未形成统一的标准，多种模式共存，各自制定规则，这导致数据标准化水平不高。且数据交易的登记和结算系统尚未健全，使得各平台间的资源共享与整合面临困难。其二，数据交易领域缺乏一个明确的监管主体，导致市场准入、数据安全、数据滥用以及交易纠纷等问题监管不足。其三，针对数据交易和应用的法律法规不完善，增加了交易的不确定性和风险。此外，我国在数据的高质量供给、应用场景挖掘等方面还存在诸多瓶颈，数据要素价值的充分发挥受到制约。

三是平台经济活跃度逐渐下降。平台经济成长速度放缓，创新活跃度有所下降。2023年，除拼多多营收增速上升至90%外，我国的主要平台企业营收增速都较低，腾讯、网易、京东等的营收增速都不超过10%。此外，平台头部企业的研发有效性呈下降趋势，平台企业的投资意愿也持续降低。而在国际化方面，我国平台企业国际化程度较低。2022年，中国数字企业海外销售收入份额仅为7.1%，低于美国的37.2%，也低于日本的22.4%和韩国的10.1%。平台企业出海遭遇围追堵截。美国等国家实施西半球供应链、"中国+1"等措施，过分夸大国家安全问题，将部分中国App列入黑名单。同时，由于在参与国际竞争的过程中面临国外平台监管、地缘政治等挑战，平台企业更容易陷入经营困境。国内政策与国际规则对接不足，中国在国际标准化组织中未掌握足够的话语权。以数字支付为例，虽然支付宝等国内企业在海外联合各地钱包已形成先发优势，但近年来维萨（VISA）、万事达卡（MasterCard）的积极运作仍从标准层面阻碍了数字钱包的崛起。

四是数字经济监管能力有待提高。一方面，数字经济相关产业的网络安全保护能力仍需提升。近年来，数据泄露和网络攻击事件频发，影响了数字经济的正常运行。我国在相关领域的法律法规体系尚不健全，人才储备和相关经验也并不充分，使得监管效果较弱。另一方面，在数字经济时代快速发展的平台经济等新业态新模式具有高度不确定性和复杂性，传统监管体系难以与之适应并及时调整，会给其带来负面冲击。2020—2022年对大型平台企业的规范整治导致以平台为代表的数字经济市场主体信心不足，创新发展活力受到压制。目前，现有平台监管制度仍未能够充分考虑平台的技术特点和业务模式，依然存在一定程度的多头监管问题，限制了企业的试错空间。此外，数据监管缺乏判定数据垄断的标准。在数据流通领域，反垄断法的适用性须结合具体情况分析。数据使用的广泛性能够提升其静态效率，但过于广泛可能会减少对数据采集的激励，影响动态效率。在数据的生产与共享之间寻求静态效率与动态效率的平衡是一个复杂议题，是否判定广泛使用数据为数据垄断也存在争议。与此同时，包括执法规则、执法工具、执法过程与执法结果在内的执法体系也同样滞后，无法充分发挥作用，长期来看将影响数字经济的健康发展。

五是国内国际发展体系尚待构建。政府部门和平台企业在引领产业发展和创造就业方面的作用还有待进一步发挥，中小企业和民营企业等市场主体的信心及创新活力仍须进一步激发。从供给侧来看，数据采集存储及合规成本高、公共数据开发共享激励不足、企业数字化转型程度不足等问题仍然存在。从需求侧来看，许多公共数字化应用场景尚未对市场充分开放，众多企业对数据价值理解不足且缺乏相应技术对数据进行应用分析，阻碍了数字经济的充分发展。因此，如何建立合适的激励机制以促进供给和需求的同时增长是一大难题。此外，数字经济的国际化发展也有待深化。受数字经济相关国际治理标准不统一、地缘政治风险高，以及自身产业成熟度不足等因素影响，数字经济整体的国际化发展能力亟待提升。除上文提到过的平台企业出海困难之外，如何规范跨境数据流动、维护我国数据安全、积极参与数字经济国际规则制定、扩大我国在全球数字经济体系中的影响力等也是亟待解决的问题。

六是"数字鸿沟"问题亟待解决。不同行业、区域、群体的数字化基础不同，其数字化发展差异明显，甚至有进一步扩大的趋势。首先，各行业在数字化进程方面差异显著，造成了行业间的技术壁垒，进而加剧了行业间的不平等。其次，数字资源在地域分布上具有明显倾斜，北京、上海、广州等经济较发达地区的信息化发展水平明显高于其他地区，相比之下，仍有部分偏远地区尚未完全接入宽带网络，导致数字社会建设中存在区域间的不平等。最后，不同人群的数字化能力也存在差异，许多老年人或偏远地区的部分居民常常因为数字知识或技能有限，在使用数字技术时较为困难，难以共享数字化智能化带来的便利。此外，数字化技能普及不均衡、新型就业形态的劳动者维权难等问题仍然突出，在一定程度上进一步加剧了群体间的不平等。

四、我国发展数字经济培育新质生产力的政策建议

为进一步培育新质生产力，解决数字经济大而不强、快而不优的问题，需要以改革为抓手，破除发展数字经济的体制障碍，完善数字经济基础制度体系。就改革目标而言，要建立创新引领、数据

赋能、监管科学、兼顾效率和公平的数字经济基础制度体系，从体制机制层面破除数字经济发展障碍，全面畅通数字经济助力新质生产力发展的机制和路径，保障全民共享数字红利，培育新质生产力。具体来说，有如下几方面政策建议。

第一，构建更加高效的数字技术创新体系。加大基础研究投入，加强关键学科建设，完善人才培养体系，提升创新主体激励。对于关键领域的"卡脖子"技术，给予足够支持与耐心，制定长远规划。对于区块链、人工智能、量子通信等前沿技术，要加快布局，并坚持全球化的发展战略。以技术创新推动产业发展，促进传统产业动能革新，赋能新兴产业多元布局，激发未来产业发展潜力。改革产学研协同创新模式与机制，鼓励行业龙头企业、高校和科研院所针对产业创新、科技研发和数字化转型升级开展联合创新。科技研发应当与社会经济发展中的"真问题"相结合，突出转化应用导向，并构建激励相容的产学研成果转化和利益分配机制。要完善科技产业的市场机制，为新技术应用的供需对接打造开放和公平的市场环境。

第二，建立促进数据高效流通使用、赋能实体经济发展的数据要素制度体系。推动数据基础设施建设，保障数据的安全可信流通。加快数据产权分置制度的落地和推广，健全数据要素各参与方的合法权益保护，强化数据的高质量供给。政府应当在市场失效时提供必要的补充和指导，确保政策的制定与市场规律保持一致。数据交易平台应定位为全面的服务提供者，不断提升服务质量和建设能力，专注于规则制定、生态建设、技术进步、机制创新和安全保护等支持性服务，以实现其中介功能。培育数据生产、流通、应用等环节的优质企业，构建多层次数据交易流通体系。以公共数据和行业数据为引领，探索数据开放利用新模式。建立与数据要素价值和贡献相适应的收益分配机制，激发数据要素市场主体的积极性。不断优化数据交易的定价规则，同时鼓励和支持第三方权威数据资产评估机构的发展，以提高数据市场价格发现的效率，促进定价机制的透明化和规范化。

第三，培育平台经济创新发展潜力释放体系。通过促进平台企业在关键技术如生成式人工智能等领域的突破，推动多维创新，加速科技成果转化，从而推动新质生产力的发展。通过提升灵活就业公共服务水平，完善社会保障体系，加强灵活就业权益保障，扩大职业伤害保障试点范围，助力完善覆盖全民的社会保障体系。打造优质平台品牌，积极参与国际标准制定，积极探索新兴市场，提升我国在数字经济领域的国际竞争力和行业话语权。通过加强顶层设计，营造稳定可预期的政策环境，鼓励包容审慎监管，引导平台企业发挥耐心资本作用，积极吸引海外风险投资回流，为科技企业的颠覆性创新提供沃土。完善平台经济就业政策，加强国内国际监管规则衔接，打造开放包容的平台经济发展环境，促进平台经济持续健康发展。

第四，建立法制化、科学化、常态化的数字经济监管体系。不断优化相关法律法规，完善基础制度体系，着重关注数据确权、资产登记、数据出域、防诈反诈等重点领域的制度建设。同时，注重平衡发展与规范的关系，客观看待平台经济等数字经济新业态发展带来的正向作用，探索适合数字经济时代的治理方式与监管手段，创新监管理念，以鼓励创新、包容审慎为原则，改革数字经济监管体系。例如，加快数字经济领域的"绿灯"投资制度建设，为企业家提供良好的政策环境和稳定的政策预期。又如，充分利用大数据、区块链、人工智能等新型数字技术，优化监管流程、提升监管效率。不断完善多元主体协同治理的治理模式，明确政府、平台、商家等不同主体各自的权责关系，推动监管体系不断完善。同时，强化我国网络安全监测及网络攻防能力建设，加快完善数字生态系统的安全保障体系，确保数字生态系统的健康平稳运行。

第五，构建以市场为主体的国内外发展动力体系。鼓励政府和公共机构面向市场进一步开放数字教育、数字医疗、数字政务、智慧城市等更多数字化应用场景。引导和支持平台企业在引领发展、创造就业和国际竞争中发挥更重要的作用。发挥大型平台企业和行业龙头企业的"头雁效应"，推动产业互联网发展，助力广大中小企业加快数字化转型，构建"大型平台企业或行业龙头企业＋大量中小企业"的数字生态系统。同时，积极探索数字经济跨国合作的新模式，加强国际战略布局，推动开放与合作的深化，以实现数据要素的国际高效流通。加速数字贸易的布局与发展，积极参与且更要主动引领数字贸易国际规则的构建，确保国内规则与国际规则的有效协同。构建开放、合作的国际环境，促进知识和技术的全球流动，为我国数字经济的创新驱动和可持续发展注入新的活力。为全球数字经济领域的国际治理贡献中国智慧和中国方案，以此提升我国在国际竞争中的话语权和影响力。

第六，弥合"数字鸿沟"，完善分配体系。完善数字基础设施建设，尤其是加强对经济欠发达地区的支持。推进智慧城市与数字乡村建设，加速智能设施和公共服务推广，进一步推动传统电商和新型电商进入农村和偏远地区，促进零工经济等新业态新模式在偏远地区的普及。建立提高全民数字化技能的教育体系，培养人工智能领域的先进技术人才，同时也对中低技能人群使用生成式人工智能等新型数字工具进行就业的再教育。应对技术冲击，构建更加合理的贫困救助、失业救济和再就业培训等制度，加强数字社会的适老化改造，保障全体人民共享数字经济发展红利。此外，构建有利于新型就业形态发展的劳动者权益保护制度，采取有效手段保障数字经济时代劳动者的合法权利。

从发展数字经济培育新质生产力的具体措施来看，主要有以下四个方面。

第一，高度重视传统产业转型升级。要认识到传统产业是稳定经济增长的支柱，传统产业转型升级的过程本身就是创造先进生产力的过程。在发展新质生产力的过程中，要加快战略性新兴产业融合集聚发展，围绕颠覆性技术与前沿技术布局未来产业，更要大力支持传统产业的深度转型升级，坚持传统产业和新兴产业协同发展。一方面，通过政策激励和资金扶持，鼓励传统产业进行必要的技术改造和设备更新，增强其在全球市场中的竞争力和影响力；另一方面，鼓励产业数字化发展，引导传统产业向产业链高端延伸，利用数字技术优化生产流程，提高生产自动化、智能化、绿色化水平。此外，需要注重完善新型数字基础设施建设，为数字产业化和产业数字化创造条件。

第二，完善科技与产业协同发展机制。拥有科技并不等同于拥有生产力，从科技成果到生产力需要经过一定的转化过程。这要求我国政产学研体系进行深刻变革，坚持创新链、产业链、人才链的一体化部署。具体来看，科技创新和人才培养应与产业发展相适应，推动数字科技在具体行业和具体应用场景下的产、学、研、用相结合。在推进新型举国创新体制建设中，政府应引导企业更多发挥自身价值，重视科技成果转化；企业也应注重与政府、科研院所的交流合作，将观察到的社会需求真正转化为产业变革；高校和科研院所的研究要更加面向市场，加强与市场的结合。同时，要注重我国科研成果转化中介机构的建设，如鼓励发展高校成果转化机构、技术交易平台等，推动科研成果落地。

第三，发展耐心资本，拥抱数字科技浪潮。耐心资本是指不以追求短期收益为首要目标，而专注于长期的项目或投资活动，并对风险有较强承受能力的金融资本。与追求短期高额收益的传统投机资本相比，耐心资本具有长期性、风险承受能力强、注重价值投资、部分兼具正外部性等特点。当前，耐心资本正逐渐成为我国支持技术革命性突破、推动传统产业深度转型升级、构建未来新兴产业体系的关键力量。而耐心资本的发展需要确定性的政策，需要政府给予市场主体足够的包容。此外，针对国际资本、民营资本及国有资本各自的特点，应采取差异化的政策措施，激发各类资本的长期投资活力。最后，还要通过多种金融手段壮大企业耐心资本，坚定科技企业持续创新的信心。

第四，构建与发展新质生产力相适应的体制与制度。进一步完善中国特色社会主义基本经济制度，使各类要素资源向有利于新质生产力发展的方向流动。形成与技术和经济范式相适应的制度环境，协同推进新质生产力和传统生产力发展。中央政府要继续组织领导和发挥政策带动作用，引领新质生产力发展。尊重科技创新的客观规律，满足产业变革的客观要求，秉持开放的理念和态度，根据技术和产业类型的不同制定符合市场要求的政策。地方政府应积极响应中央的战略部署，制定符合当地实际情况的配套政策，支持新质生产力发展。地方应支持企业、科研院所等主体利用当地特色资源，寻找自身优势，鼓励其积极推动产业向高端化、智能化、绿色化方向发展，因地制宜发展新质生产力。

第十一章
新质生产力与农业强国

熊雪锋[*]

建设农业强国必须以发展农业新质生产力为核心，依靠科技和改革双轮驱动，向农业新技术要"创新"、向农业新产业要"效益"、向农业新模式要"动能"。农业新质生产力是由新型农业劳动者、新型农业劳动资料和新型农业劳动对象构成的新的生产力形态。发展农业新质生产力，需要在技术革命性突破和新型农业生产关系的基础上，通过农业生产要素创新性配置，推动农业产业深度转型升级，实现农业领域的生产能力强、生产效率高、产品质量高和价值创造高。当前，我国已经在要素重组契机、制度创新经验、技术突破基础和产业转型节点等方面具备了发展农业新质生产力的基础条件。由于要素自由流动存在障碍、农业经营体系不够健全、农业科技创新体制缺位和农业产业转型缺乏支撑等原因，我国在新型要素、优化组合、技术突破、要素配置、产业升级和农业效率方面仍然存在

---

[*] 熊雪锋，中国人民大学农业与农村发展学院助理教授，研究方向为土地经济、农业经济等。

短板。因此，必须通过深化改革构造就业份额下降的要素重组空间，搭建多元主体紧密连接的组织体系，发挥农业技术突破性创新引领作用。实现农业生产要素升级与组合优化，推动农业产业深度融合和转型升级。

党的二十大报告提出"加快建设农业强国"。实现农业农村现代化是中国式现代化的重要任务，没有农业农村现代化，就没有整个国家的现代化。实现农业大国向农业强国的历史性转变成为建成社会主义现代化强国的关键。从国内来看，农业强国是着眼于中华民族伟大复兴战略全局的"稳定剂"。改革开放以来，我国"三农"工作取得了显著成就，但是农业农村现代化仍然是中国式现代化的主要短板，农业农村发展基础不稳固、城乡区域发展和收入差距较大等问题仍未根本解决，城乡发展不均衡、农业农村发展不充分仍是我国社会主要矛盾的重要方面。由此，建设农业强国是建设社会主义现代化强国的重点难点，建成农业强国是实现中华民族伟大复兴战略全局的基本盘。从国际来看，农业强国是应对世界百年未有之大变局的"压舱石"。当前，国际环境日趋复杂，不稳定性不确定性日益增加，百年变局与世纪疫情交织叠加，经济全球化遭遇逆流，世界进入动荡变革期。建设农业强国，不仅能够稳住农业基本盘，以国内稳产保供应对外部环境的不确定性，还能够释放巨大活力，以城乡经济循环助推国内大循环，加快形成新发展格局，有效应对世界百年未有之大变局。2023年中央一号文件明确提出了农业强国具有供给保障强、科技装备强、经营体系强、产业韧性强、竞争能力强的特征。

建设农业强国、真正实现中国农业"强起来"，离不开科技和改革的双轮驱动，以发展农业新质生产力为核心，向农业新技术要"创新"、向农业新产业要"效益"、向农业新模式要"动能"。2023

年9月,习近平总书记首次前瞻性地提出了新质生产力,并在新时代推动东北全面振兴座谈会上强调"积极培育新能源、新材料、先进制造、电子信息等战略性新兴产业,积极培育未来产业,加快形成新质生产力,增强发展新动能。"[①] 农业作为国民经济的基础,是发展新质生产力任务最繁重、前景最广阔的产业。2024年1月31日,习近平总书记在中共中央政治局第十一次集体学习时又强调,"发展新质生产力是推动高质量发展的内在要求和重要着力点,必须继续做好创新这篇大文章,推动新质生产力加快发展",同时指出,要围绕加快建设农业强国等战略任务,"科学布局科技创新、产业创新"[②]。这些重要论述实际上提出了通过发展农业新质生产力推进农业强国建设的新命题,这不仅为深入实施创新驱动发展战略指明了新的前进方向,还为中国农业高质量发展提供了全新理念。以发展农业新质生产力推进农业强国建设具有深刻的理论逻辑:一是农业新质生产力依托科技创新与科技研发,运用颠覆性技术和前沿技术大力推进核心种源和新品种培育,能够支撑大食物观[③]、解决饲料粮供需缺口[④]、助力粮食节损[⑤];二是以突破性创新为核心的新技术研发与应用将显著提升农业科技装备水平;三是农业新质生产力依托技术嵌入、资本深化、要素合理配置等方式提升农业经营体系质量,推动农业生产经营的专业化、社会化、市场化和高效化;四是农业

---

① 习近平主持召开新时代推动东北全面振兴座谈会强调 牢牢把握东北的重要使命 奋力谱写东北全面振兴新篇章.人民日报,2023-09-10.
② 习近平在中共中央政治局第十一次集体学习时强调 加快发展新质生产力 扎实推进高质量发展.人民日报,2024-02-02.
③ 龚斌磊,王硕,代首寒,等.大食物观下强化农业科技创新支撑的战略思考与研究展望.农业经济问题,2023(5):74-85.
④ 张琛,周振.人口结构转型视角下中长期中国粮食产需形势分析与政策建议.宏观经济研究,2022(12):126-139,167.
⑤ 崔宁波,刘紫薇,董晋.智慧农业助力粮食生产减损的内在逻辑与长效机制构建.农业经济问题,2023(10):116-128.

新质生产力通过科技创新实现重要农产品种源自主可控，增强农业产业链的风险预警、风险控制和风险转移能力，提升产业链和供应链的抗风险能力和稳定性[①]；五是农业新质生产力依托全面突破农业领域"卡脖子"技术、解决农业领域"掉链子"环节，增强农业科技创新竞争力。

基于此，本文首先对发展农业新质生产力的理论逻辑进行阐释，其次梳理了发展农业新质生产力的基础条件，探讨了发展农业新质生产力面临的现实问题，最后提出发展农业新质生产力的思路、路径和政策。

一、发展农业新质生产力的理论逻辑

作为新质生产力理论的重要应用，农业新质生产力的理论逻辑与新质生产力并无二致。习近平总书记对新质生产力的内涵、动力和标志进行了系统论述，据此，本章先从基本内涵、动力机制和生成路径以及核心标志来阐释农业新质生产力的理论逻辑，为下文展开奠定基础。

1. 基本内涵

根据马克思主义生产力理论，生产力是指人们利用自然与改造自然的能力。新质生产力是动态视角下的生产力，是一种区别于传统生产力的生产力质态，是一种以突破性技术创新为引擎、以高新技术为主要工具的利用自然与改造自然的能力，是一种跃迁了的生产力形态。结合习近平总书记关于新质生产力的论述，农业新质生产力的基本内涵是高质量农业生产要素及其优化组合的跃迁，可以

---

① 胡向东，石自忠，袁龙江.加快建设农业强国的内涵与路径分析.农业经济问题，2023（6）：4-17.

从农业生产要素的质量提升和优化组合两个角度来理解。

（1）新型农业生产要素。

马克思将生产力定义为生产能力及其要素的发展，生产要素的构成往往指劳动者、劳动资料和劳动对象，劳动者的体力与脑力同劳动资料与劳动对象相结合成为生产力实现的基础。按照此定义，新型农业生产要素包括以下三个部分。

一是新型农业劳动者。劳动者是生产力中最活跃的因素，农业劳动者始终是农业生产函数中的关键要素。传统生产力主要依靠劳动力数量叠加和经验积累来实现产出增长。农业生产具有一定的季节性和周期性，与之相匹配的农业劳动者的基本特点为掌握农业生产规律、能够使用基本生产工具等，对于知识、素质和技能没有过高要求。因此，传统的农业劳动者文化程度较低，科学文化知识较为匮乏，素质偏低，大部分没有接受过系统的农业职业教育，只具备传统的劳作经验，从事简单的农业耕作。与农业新质生产力相匹配的新型农业劳动者是具备现代农业生产知识、农业市场知识，能够持续创造和熟练操作新型农业劳动工具，能够拓展、开发、使用和维护新型农业劳动对象的劳动者；是既具有新思想、新观念、新知识，又具有适应现代农业发展未来方向的认知能力、劳动技能、科技素养和适应新一轮农业转型需要的管理协调能力的劳动者；是兼具生产经验和市场经验的新型劳动者。具体来讲，新型农业劳动者可以分为两类：一类是在农业科技领域开展原创性、关键性科技突破的科学家；另一类是熟练掌握并应用现代农业高科技成果的专业从业者，包括智能农场运营者、农业大数据分析师、精准农业技术从业者等。

二是新型农业劳动资料。劳动资料是劳动力进行农业生产的条件。传统农业劳动资料是运用有限的技术，使用传统农具、畜力、农业机械等实现对人力的替代和劳动强度的减轻，这些劳动工具是农业文明和工业文明的产物，仍然依赖于劳动力。伴随着现代科技的发展，尤其是数字文明时代的来临，自动化、智能化技术成为农业新型劳动资料的重要载体。形成新型劳动农业资料的科技创新必须是革命性和颠覆性的科技创新，而非常规意义上的科技进步或仅在既有技术基础上的边际改进。与传统农业劳动资料依赖于人的劳动力不一样，新型农业劳动资料更多借助于物联网、自动化等设备实现自然人体力和脑力的双重解放，例如智能作物监控、无人机耕作、智能牲畜监测、自主农业机械、智能农业设施与设备管理等，已经逐步形成重要的生产方式。系统认知分析、精准动态感知、数据科学、基因编辑、微生物组等前沿科技，将成为劳动工具革命的突破性方向。[①] 不仅如此，高精尖、数智化的新型农业劳动资料能够通过新介质作用于农业生产过程，赋能和推动智慧农业，因此更多地具备绿色化、自动化、信息化、数字化、智能化等特征。

三是新型农业劳动对象。劳动对象是指劳动过程中人们所加工、改造或服务的对象。传统农业劳动对象是指以物质形态存在的未经加工的自然物以及加工过的原材料，包括土地、种子、农作物、农畜等，其最大特点是"自然"，没有经过跃迁式的加工和突破式的提升。与农业新质生产力相匹配的新型农业劳动对象，是指在传统农业劳动对象的基础上，通过科技进步发现新的自然物从而形成的新的劳动对象，运用科技改造或改良过的自然物以及进行更高水平优化加工的原材料。具体来讲，新型农业劳动对象主要包括如下重要方面：第一，产品创新。新质生产力极大拓宽了"农"的边界，合成生物学、干细胞育种等颠覆性技术推动了细胞工厂、人造食品等

---

① 罗必良.论农业新质生产力.改革，2024（4）：19-30.

新业态产生和发展。第二，种业发展。通过基因编辑、分子育种等前沿科技手段，培育出抗逆性更强、产量更高、营养价值更丰富的农作物新品种。第三，土壤改良。现代农业科技有助于更深入地分析检测土壤的性质和结构，从而制定更为合理的土壤管理方案。例如，通过精准施肥技术，可以有效地改善土壤养分状况，避免过度施肥造成的环境问题。此外，土壤生物技术的引入也为土壤改良提供了新的可能，如通过生物工程方法修复退化土壤、增加土壤微生物多样性等。第四，设施改善。加快高标准农田建设，探索完善高标准农田管护体系，深入运用最新科学技术成果，推进大棚温室、无土栽培发展，利用设施改善实现高科技赋能、高效率生产和高产出回报的农业新生产。

（2）农业生产要素优化组合。

农业生产要素优化组合，是指以现代农业的组织形式和生产模式的创新，将新型农业劳动者、新型农业劳动资料和新型农业劳动对象等生产要素以特定的组合方式和关联结构形成整体生产能力，从而产生"1+1+1＞3"的现实生产力。这与张培刚先生提出的一般意义上的工业化含义一致，他指出一般意义上的工业化就是国民经济中一系列基要生产函数或生产要素组合方式，连续发生由低级到高级的突破性过程，工业化就是这些生产要素组合方式的连续变化。[1] 这些生产要素的重新组合带来生产效率的提高和规模报酬的递增。从理论上来讲，农业生产要素的重新组合以及持续升级不是简单的拼凑，而是各种生产要素配比适度、协调一致的有机组合。更为具体地讲，农业生产要素优化组合就是在农业及其相关联的产业链、供应链上，通过生产力系统质态组合的优化，推动劳动者、劳

---

[1] 张培刚.农业与工业化.北京：中国人民大学出版社，2014.

动对象、劳动资料在品质属性上更加匹配，并带动生产力系统整体功能实现质变式升级的过程。在此过程中，供应链核心企业或行业协会、产业联盟、农民专业合作社等农业组织起到至关重要的作用，它们会促进产业链、供应链整合和一体化发展，推进产业链、创新链、资金链、人才链深度融合，使得现代农业产业体系、生产体系、经营体系更加优化、相得益彰。

农业生产要素优化组合要解决的核心问题是农业生产经营过程中小农户和各类新型供给主体的组织协作问题，企业家在其中起到非常重要的作用。农业供给侧结构性改革要靠企业家发动和带头，组织众多分散的小农户有效率地进行规模化、机械化、服务社会化、生产过程标准化和质量可测可控的现代农业生产，提高小农户和各类新型农业供给主体的组织化程度，推动土地、劳动力和资本等生产要素的组合。这个过程就是农业产业革命的过程。现代经济的核心是组织形式、商业模式或者合作机制，要想通过企业家发动和带头来实现小农户和现代农业生产过程的结合，必须解决企业家-农户联结的合约以及合作机制的问题，其关键在于探索建立紧密的企农利益共享机制。如果缺乏紧密的利益共享机制，处于初级市场中的产品买断关系中的各类农业企业，就极有可能利用自己所掌握的市场，单方面确定农产品的收购价格，使分散经营、在市场活动中谈判地位较低的农民难以分享合理的市场利益，挫伤农民的生产积极性。

2. 动力机制和生成路径

农业新质生产力是新发展阶段下生产力在农业领域的一种特殊形态，其除了受技术进步的影响外，还受生产关系的影响，而技术进步和生产关系还存在相互影响的关系。在此基础上，技术革命性突破发生后，农业生产关系如果适应农业新质生产力的发展要求，能够为农业新质生产力的发展提供制度空间，就能够推动生产要素创新性配置和农业产业深度转型升级。

(1) 动力机制。

发展农业新质生产力的第一种动力机制是技术革命性突破。习近平总书记指出："中国现代化离不开农业现代化，农业现代化关键在科技、在人才。"[①] 就农业领域而言，促进农业新质生产力发展，必须推进颠覆性农业技术创新，这种技术创新必须是能够实现从0到1的革命性变革的技术创新，能够带来农业生产方式和农业发展阶段的跃迁。技术革命性突破往往会带来生产力的革命性创新和质的飞跃，甚至新质生产力的集群式迸发，颠覆性技术创新更是如此，因此有"科学技术是第一生产力"之说。纵观世界农业发展史，19世纪90年代的农业"机械革命"、20世纪初的农业"化学革命"、20世纪上半叶的杂交育种革命、20世纪下半叶的第一次绿色革命，以及21世纪以来的"基因革命"，每一次颠覆性技术创新都驱动了农业生产力的大幅提升。[②] 未来农业发展呈现出智能化、数字化、绿色化、信息化等趋势，尤其是信息化的新一轮科技革命和产业变革，将物联网、大数据、人工智能和机器人等典型技术运用于农业生产，不仅能催生新型农业生产要素，还能优化农业生产要素组合。因此，必须面向世界农业科技前沿，通过颠覆性技术创新缩小同发达国家之间的差距。

发展农业新质生产力的第二种动力机制是新型农业生产关系。根据历史唯物主义基本原理，生产力决定生产关系，生产关系反作用于生产力，当生产力中已经发生突破性、颠覆性技术创新，生产

---

① 习近平.解放思想锐意进取深化改革破解矛盾 以新气象新担当新作为推进东北振兴.人民日报，2018-09-29.

② 罗必良.论农业新质生产力.改革，2024 (4)：19-30.

力新的发展方向已经涌现，必须推动生产关系变革以适应生产力发展要求。习近平总书记在关于新质生产力的重要论述中提出，"生产关系必须与生产力发展要求相适应。发展新质生产力，必须进一步全面深化改革，形成与之相适应的新型生产关系。"[1] 农业新质生产力的显著特点是创新，既包括技术和业态模式层面的创新，也包括管理和制度层面的创新。农业新质生产力既源自新一轮科技革命和产业变革，又植根于现有的物质资源和体制框架。因此，我们必须充分意识到制度在农业新质生产力形成中的重要性，而不能落入技术决定论的误区，从而为我国农业新质生产力的形成提供强有力的动力。[2]

制度是决定要素配置和组合的基础，制度改革和创新为要素组合升级提供前提和动力。制度直接影响其他要素的发展速度、发展规模、发展水平，直接影响劳动力、土地和资本等的质量提高、数量增加以及要素组合升级，从而直接影响劳动生产率、土地生产率和资本配置效率，进而影响农业绩效。要使要素组合发挥出巨大的发展绩效，就要适时、适量、适度地进行先进的、适合的制度创新和改革，使要素组合方式和匹配度达到最佳的状态，产生最好的效果。适应农业新质生产力的发展要求，必须优化要素配置体制以促进要素自由流动，优化科技创新体制以促进农业技术突破，优化农业经营体制以促进农业组织化和专业化，优化农业产业发展机制以促进农业产业转型升级。

（2）生成路径。

农业新质生产力的第一条生成路径是农业生产要素创新性配置。

---

[1] 习近平.发展新质生产力是推动高质量发展的内在要求和重要着力点.求是，2024(11)：4-8.

[2] 赵峰，季雷.新质生产力的科学内涵、构成要素和制度保障机制.学习与探索，2024(1)：92-101，175.

生产要素创新性配置是新质生产力的重要组成部分，它强调在生产过程中，对各种生产要素进行更高效、更合理的配置和利用，以实现生产力最大化。传统生产力理论强调优化要素配置以实现生产力进步，进而通过提高产出来推动农业经济增长。事实上，由传统生产要素驱动的农业生产力增长日趋乏力，主要表现为要素的贡献率逐步下降、要素错配程度不断加深等。[①] 农业生产要素创新性配置，既包括引入数据等新生产要素的内容创新，也包括在坚持市场机制的基础上通过算法、算力、平台等数字技术优化要素配置的方式创新，还包括促进农业生产要素向代表未来发展方向的新兴领域配置，以及现代农业的数字化、绿色化和多功能化转型的领域创新。

农业新质生产力的第二条生成路径是农业产业深度转型升级。随着工业化、信息化、城镇化、市场化、国际化的推进和城乡消费结构升级，人们对涉农产品品质化、多样化、绿色化的要求日益提高，甚至要求将提升农产品品质、增进食品营养和消费安全同改善消费体验结合起来。农业科学技术的突破性变革，为适应这种新变化提供了契机，由此可以促进农业产业深度转型升级。将新技术要素引入农业有助于培育农业战略性新兴产业、完善农业产业体系、优化农业产业结构，从而进一步增强农业产业市场竞争力和可持续发展能力。通过聚合各类资源，开发农业的多重功能，发展"互联网＋现代农业"、绿色生态循环农业、休闲农业等新型农业业态，能够促进农村一二三产业融合，实现农业、工业、服务业的互动和协同发展，使得农业产业向更高附加值、更可持续的方向发展。通过引入物联网、大数据等现代信息技术，能够实现农业生产、加工、销售等各个环节的紧密衔接，提高产业链的协同效率。同时，要以

---

① 吴亚玲，杨汝岱，吴比，等.中国农业全要素生产率演进与要素错配：基于2003—2020年农村固定观察点数据的分析.中国农村经济，2022（12）：35-53.

农业重大前沿技术突破为抓手，加速农业战略性新兴产业和未来产业的布局，促进农业产业链的整合与升级。①

3. 核心标志

习近平总书记指出，新质生产力"以全要素生产率大幅提升为核心标志，特点是创新，关键在质优，本质是先进生产力"。具体到农业领域，农业新质生产力的核心标志就是农业全要素生产率的大幅提高，不仅体现在生产能力大幅提高上，而且体现在生产效率提高、产品质量优化上，并最终体现在价值创造上。

(1) 生产能力强。

保障粮食和重要农产品稳定安全供给始终是我国农业发展的头等大事，供给保障能力强也是建设农业强国的重要目标。② 农业新质生产力是保障粮食和重要农产品稳定安全供给的"引擎"，其强调颠覆性技术创新，如数字技术对培育和发展农业新质生产力的基础性作用，通过实现劳动者、劳动资料和劳动对象的提质升级和优化组合，加强农业科技创新和人才培养，不断培育战略性新兴产业和未来产业，显著提高农业生产效率，进而提高粮食产量，增强粮食供给的稳定性和可持续性，为粮食安全提供有力支撑。从指标上来看，可以用粮食产量、粮食自给率等予以衡量。

(2) 生产效率高。

"十四五"期间，我国农业科技进步贡献率已经超过60%，科技创新日渐成为农业经济持续增长的核心驱动力。农业新质生产力必须立足于提高农业生产效率，通过技术创新着力促进土地产出率、劳动生产率、资源利用率的大幅提升，进一步激发农业全要素生产

---

① 王静华，刘人境. 乡村振兴的新质生产力驱动逻辑及路径. 深圳大学学报（人文社会科学版），2024 (2)：16-24.
② 魏后凯，崔凯. 农业强国的内涵特征、建设基础与推进策略. 改革，2022 (12)：1-11.

率的增长潜力。新质生产力在农业领域的运用，最直观的体现就是生产效率的提高。新型农业机械的应用、新型农业技术的推广，实现了大规模、高效率地生产作业。这些设备和技术在播种、施肥、灌溉、收割等环节大大减少了人力成本，提高了作业速度和准确度。从指标上来看，可以用农业全要素生产率、土地产出率、劳动生产率、资源利用率等来衡量。

（3）产品质量高。

农业新质生产力是与农业高质量发展相符合的生产力。一方面，发展农业新质生产力能够促进农业功能转变、促进农业产业转型升级、优化农业产业链，从而满足日益多元化、高质化的产品需求，如生态产品等。另一方面，发展农业新质生产力能够形成一套农业生产标准体系，使得农业产品标准化，有利于质量监管、认定和价值实现，从而提升农业产品的质量，更有利于发展农业品牌。从指标上来看，可以用"三品一标"率、农产品加工率等来衡量。

（4）价值创造高。

共同富裕意味着发达的生产力，没有发达的生产力就无法实现共同富裕。农业是具有多功能属性的产业，除基本的经济功能外，还具有生态功能、康养功能、人文功能和社会功能等，发挥农业的多功能价值为农民收入增长提供了新思路。新质生产力利用新技术、创新新模式、发展新业态，有助于深度开发农业的多种功能、挖掘农村多元价值、促进一二三产业融合发展、推动农业产业全链条升级、提升市场竞争力和可持续发展能力。由此，发展农业新质生产力必须以提高生产效益为核心，依托农业全要素生产率提升农业发展的质量和效益，延伸产业链、拓宽价值链，提高资源利用率，迈向产业链和价值链的高附加值环节，创造出新的价值，通过技术赋能拓展农民增收渠道，助力共同富裕。从指标上来看，可以用农民可支配收入、城乡收入比、基尼系数等来衡量。

二、发展农业新质生产力的基础条件

新质生产力是传统生产力发展到一定阶段之后发生质变的产物。当前，中国已经具备了发展农业新质生产力的基础条件。

1.人口流动带来农业要素重组契机

改革开放以来，小农户赖以生存的内外部环境发生了很大的变化。工业化、城镇化产生的"虹吸效应"使数以亿计的农业从业人员转向非农产业就业；农业科技的广泛应用对农业从业人员的"挤出效应"减少了农业中的劳动力投入。从比例来看，中国全部劳动力中从事第一产业的比例由1978年的70.5%减少至2023年的22.8%；从数量来看，2023年从事第一产业的劳动力已减少至1.69亿人，较1978年减少了1.14亿人，较2002年3.66亿人的历史最高点则减少了近2亿人。2002—2023年，第一产业劳动力绝对量平均每年减少约1 000万。按此推算，到2030年农业从业人员占比将下降至15%左右，到2050年将进一步减少至5%以内。

同时，小农户群体内部出现了纯农户（农业收入占80%以上）、农业兼业户（农业收入占50%~80%）、非农兼业户（农业收入占20%~50%）和非农农户（农业收入占20%以下）等不同类型。根据农业农村部农村固定观察点的数据，2003年这四类农户所占比例分别为11.18%、23.14%、32.4%和33.28%。2016年，这四类农户的比例发生了变化，分别为2.9%、9.85%、23.21%和64.04%。2020年，这四类农户的比例进一步变化，分别为5.07%、8.46%、13.23%和73.24%。在典型省份方面，从农业农村部政策与改革司2021年就浙江、陕西、安徽三个省份农户家庭的调研情况来看，纯农户仅占总样本的3.93%，其中浙江有3个村组、安徽有2个村组、陕西有1个村组已经没有纯农户；兼业农户（农业兼业户和非农兼业户）占总样本的47.57%，其中陕西样本中兼业农户比例最高，为57.21%，其次是安徽的44.18%和浙江的35.34%；非农农户占总样本的48.50%，其中浙江样本中非农农户比例最高，为59.40%，其次是安徽的52.01%和陕西的38.86%。由此可见，当前农户分化态势明显，纯农户的比例不断下降而非农户的比例不断上升，且分化趋势尚未停止。

随着小农户非农兼业行为日益普遍化，农村土地流转率从2005年的4.57%上升到2021年的35.37%[1]，上升了30.8个百分点。在此过程中，农业组织方式加速演变，催生了各类新型的农业经营主体。截至2023年10月，全国依法登记的农民专业合作社达到221.6万家，组建联合社1.5万家，家庭农场名录系统填报数量超过400万家。[2] 农业生产社会化服务发展迅速，截至2023年末，全国从事农业生产社会化服务的组织数量超过107万，服务面积超过19.7亿亩次，覆盖小农户超过9 100万户，实现了高效、便捷、全程化服务。[3]

2.农业农村改革提供制度创新经验

习近平总书记在农村改革座谈会上的讲话强调，"解决农业农村发展面临的各种矛盾和问题，根本要靠深化改革。"[4] 历史证明，只有依据形势变化不断在深层次上突破影响农业农村发展的体制性障

---

[1] 根据《中国农村经营管理统计年报（2005年）》和《中国农村政策与改革统计年报（2021年）》数据计算而得。

[2] 陈发明.发挥新型农业经营主体带动效应.经济日报，2024-04-25.

[3] 张海鹏，王智晨.农业新质生产力：理论内涵、现实基础及提升路径.南京农业大学学报（社会科学版），2024（3）：28-38.

[4] 习近平同志《论"三农"工作》主要篇目介绍.人民日报，2022-06-07.

碍，才能充分激发乡村资源要素活力，激发农业农村发展活力。1978年以来，以家庭联产承包责任制为开端的农村改革拉开了改革开放的大幕，极大调动了农民群众的积极性和创造力，不断解放和发展农村社会生产力，推动农业农村全面进步，实现了由温饱不足向全面小康迈进的历史性跨越，为推动"三农"工作制度创新、实践创新和理论创新积累了宝贵经验。党的十八大以来，党中央坚持用大历史观来看待农业农村农民问题，站在统筹中华民族伟大复兴战略全局和世界百年未有之大变局的高度，就做好"三农"工作发表一系列重要论述，提出一系列新理念、新思想、新战略，科学回答了农村改革发展的一系列重大理论和实践问题，为新时代"三农"工作提供了根本遵循。在此基础上，我国农村改革从农业农村发展的深层次矛盾出发，聚焦农民和土地的关系，激发乡村振兴内生动力，在农村土地制度改革、集体产权制度改革、农业经营体系改革和城乡一体化改革等方面不断深化，形成了"农地三权分置"等一批改革成果。

农村改革持续发力，不断为农业农村发展增活力、添动力、增后劲，使农业农村发生了翻天覆地的变化。一是脱贫攻坚取得全面胜利，2021年，中国实现9 899万农村贫困人口全部脱贫，832个贫困县全部摘帽，12.8万个贫困村全部出列，区域性整体贫困得到解决，完成了消除绝对贫困的艰巨任务，创造了又一个彪炳史册的人间奇迹。二是粮食安全愈加夯实，2023年，全国粮食总产量达13 908亿斤，比上年增加了178亿斤，增长了1.3%，全年粮食产量再创历史新高，连续九年保持在1.3万亿斤以上，做到了谷物基本自给、口粮绝对安全。三是农业发展迈上新台阶，截至2023年底，我国累计建成10亿亩旱涝保收、高产稳产的高标准农田，全国耕地灌溉面积超过10亿亩，农业生产基础条件明显改善。同时，农业科技进步贡献率达到62.4%，作物良种覆盖率超过96%，品种对单产贡献率达到45%，畜禽、水产核心种源自给率分别超过75%和85%，农作物耕种收综合机械化率达到73%，科技对农业生产的支撑力度显著增强。四是乡村建设持续推进。截至2021年末，我国87.3%的村通公共交通、99.1%的村进村主要道路路面为水泥或柏油、99.0%的村通宽带互联网、94.2%的村安装了有线电视，农村公共基础设施建设稳步推进。截至2022年10月，中国累计完成19.7万个行政村环境整治，95%的村开展了清洁行动，农村生活垃圾进行收运处理的自然村比例稳定在90%以上，农村卫生厕所普及率达到77.5%，农村生活污水治理率约28%，农村人居环境持续改善。五是城乡关系加快改善。城乡基本公共服务均等化扎实推进，建立了城乡统一的居民基本养老保险制度、居民基本医疗保险和大病保险制度，全国95%的县通过县域义务教育基本均衡发展评估认定，城乡均等的公共就业创业服务水平明显提升。2023年，常住人口城镇化率达到66.16%，比上年末提高0.94个百分点，城乡居民人均可支配收入差距继续缩小，二者比值降至2.39，比2022年缩小了0.06。

3.农业科技进步奠定技术突破基础

农业新科技是农业新质生产力发展的原动力。2022年，我国农业科技进步贡献率达到62.4%，相比2012年的54.5%提升了7.9个百分点，科技对农业生产的支撑力度显著增强。同时，粮食作物机械化水平持续稳定增长，小麦、玉米、水稻三大粮食作物耕种收综合机械化率分别超过97%、90%和85%，农机装备对粮食增产贡献率显著提高。同时，2022年，中国种业振兴取得重大突破，完成了2 323个县普查与征集数据核对和种质资源移交工作，新的《中华人民共和国种子法》正式施行，制种基地也实现了提档升级，国家育种联合攻关进入全面推开的关键阶段，专用突破性新品种选育攻关和示范推广加快推进。在此基础上，我国良种生产保障能力显著提升，主要农作物良种实现全覆盖，自主选育作物品种面积占95%以上，主要畜禽核心种源自给率达75%。我国转基因试点扩大到两省种植，从试验田走向大户。同时，一批突破性新品种育成，水稻、小麦作为最基本的口粮，我国实现了百分之百自给自足，育种水平位于世界前列。玉米自主选育品种的种植面积超过90%。黄羽肉鸡、蛋鸡、水禽、大部分蔬菜水果以及棉花油料等经济作物中，国产品种有较强的竞争力，自主培育的白羽肉鸡品种市场占有率达到15.4%。我国农业发展方式正在由要素依赖型向科技驱动型转变。

4.农业产业转型面临关键历史节点

产业升级融合形成新业态是农业新质生产力的重要载体。当前，中国农业产业正在朝着功能拓展、链条延展和产业融合方向加速演化，处于转型的关键节点。一是农产品加工水平持续提升。2022年，我国农产品加工转化率达72%，全年规模以上农产品加工企业营业收入超过19.14万亿元，较上年增长3.6%左右。二是乡村特色产业发展壮大。2022年，我国以《农业品牌精品培育计划（2022—2025年）》为抓手推进乡村特色产业发展，为全面推进乡村振兴、加快农业农村现代化发展提供支撑。农业农村部数据显示，截至2021年底，省级重点培育的农产品区域公用品牌约3 000个，一批优秀企业品牌和产品品牌脱颖而出；截至2022年底，脱贫地区品牌农产品平均溢价超过20%。2023年，我国新建了40个特色优势产业集群、50个国家现代农业产业园、200个农业产业强镇，创建了100个农业现代化示范区。三是产业融合业态提档升级。随着光纤和4G网络在行政村的全覆盖，互联网技术和信息化手段助力乡村旅游、休闲农业、民宿经济加快发展。截至2023年7月，中国建设了120个全国休闲农业重点县。2022年中国乡村休闲旅游营业收入超过7 000亿元，从业人数保持在1 100万以上，乡村休闲旅游带动近900万农户发展。四是电商助力乡村创新发展。2022年中央一号文件提出实施"数商兴农"工程，全国农村电商产业体系逐渐成形，农村电商物流设施逐渐优化，农产品产地仓功能逐渐完备，数字电商乡村产业逐渐深化。商务大数据对重点电商平台监测显示，2022年我国农产品网络零售增势较好，全国农产品网络零售额达5 313.8亿元，同比增长9.2%，增速较2021年提升6.4个百分点。2022年，全国农村网络零售额达2.17万亿元，同比增长3.6%。同时，电子商务助力脱贫地区农产品销售，为防止规模性返贫发挥了重要作用，截至2022年底，"832平台"入驻脱贫地区的供应商超2万家，当年交易额超过136.5亿元，同比增长20%。

三、发展农业新质生产力面临的现实问题

我国现代农业发展已取得显著进展，具备了发展农业新质生产力的基础条件。但是，对标农业新质生产力的特征和要求，我国在新型要素、优化组合、技术突破、要素配置、产业升级和农业效率方面仍然存在问题。这些问题是由要素自由流动存在障碍、农业经营体系不够健全、农业科技创新体制缺位和农业产业转型缺乏支撑等原因造成的，亟待通过深化改革实现农业现代化进程的质的飞跃。

1. *资源禀赋不足，新型农业生产要素缺乏*

在大国小农的基本国情背景下，我国农业发展资源禀赋有限、人均占有量不足，耕地数量减少且质量退化、水资源短缺和农业化学品高强度施用等问题正在侵蚀农业生产系统的韧性。2021年第三次全国国土调查主要数据公报显示，我国耕地总面积为19.18亿亩，

比第二轮调查时的20.31亿亩减少了1.13亿亩。高强度农业化学品的长期施用进一步加剧了农业面源污染问题，威胁着农业生态安全和食品供给安全。2022年我国化肥施用强度高达298.79公斤/公顷，显著高于国际公认的225公斤/公顷的环境安全上限。

同时，我国新型农业生产要素缺乏。一是小农户人力资本不足，2022年农村居民家庭户主中未上过学和小学文化程度的分别占2.7%和28.7%，初中、高中、大学专科、大学本科及以上文化程度的分别占54.9%、11.6%、1.8%和0.3%。① 2022年，按当年价格计算，我国第一产业劳动生产率为5万元/人，仅占全社会劳动生产率的30.3%。② 二是农业机械化和科技应用水平不足，传统劳动资料受到耕地规模、资金、信息和技术等的限制，机械化水平较低，导致生产效率较低。同时，现有的农业科技成果在广大农村地区转化率较低。三是农地改造和保护不足，中国农地普遍存在产权和地块双重细碎化问题，同时部分耕地特别是优质耕地被"撂荒"问题仍较为突出，长期对耕地"重用轻养"，滥施化肥、农药，以及许多地方小型农机具发展过剩、大型农机具发展不足，导致耕地有机质含量下降、耕作层变浅、重金属含量超标等问题突出。2021年，我国谷物平均单产为6 316.4公斤/公顷，虽然较世界平均水平（4 153公斤/公顷）高52.1%，但仍较美国、韩国、日本分别低23.6%、7.2%、6.9%。

2.组织协作不够，组合有待优化

由于基层组织结构松散，农业生产经营中"统"的功能呈现衰败趋势，"精英俘获"的现象持续存在，并未有效发挥"联农带农"

---

① 国家统计局农村社会经济调查司.中国农村统计年鉴2023.北京：中国统计出版社，2023.

② 姜长云.农业新质生产力：内涵特征、发展重点、面临制约和政策建议.南京农业大学学报（社会科学版），2024（3）：1-17.

的优势，使得小农户之间没有形成共同的利益联结机制，导致农业农村发展呈现出组织弱化状态。在此情况下，中国农业高度分散，单家独户的生产经营方式仍占主体地位，产业化、组织化、社会化水平低，农业产业链、供应链、价值链亟待提升。第三次农业普查数据显示，中国小农户数量占农业经营主体总量的98%以上，小农户经营的耕地面积占耕地总面积的70%。小农户数量众多但缺乏组织化，加之村社集体功能弱化，造成农业发展"一盘散沙"问题。[①] 以2022年为例，全国农户总数达27 194万户，除12.6%的农户未经营耕地外，经营耕地但少于10亩的农户数占74.6%，而经营耕地10~30亩、30~50亩的农户数分别占9.2%和2.2%，经营耕地50~100亩、100~200亩、200亩以上的农户数分别仅占0.9%、0.3%和0.2%。[②]

当前农业社会化服务体系已经有了一定发展，农业生产过程中的托管服务逐渐成为不改变小农户的独立生产经营决策主体地位，通过专业化、规模化、社会化、集约化的现代科技和机械装备服务，促进小农户生产与现代农业发展直接结合的有效方式。截至2024年3月，全国纳入名录系统的家庭农场近400万个，平均经营土地面积177亩。依法登记的农民专业合作社有219.7万家、联合社有1.5万家，辐射带动农民成员5 717.3万个。开展社会化服务的经营主体有107万个，服务小农户9 100多万户，年服务面积达19.7亿亩次。开展社会化服务的家庭农场、农民专业合作社、农业服务企业和农村集体经济组织分别有56.2万个、33.6万个、4.2万个和7.5万个，服务小农户分别为2 100多万户、3 800多万户、1 600多万户和

---

① 王海娟，胡守庚.村社集体再造与中国式农业现代化道路.武汉大学学报（哲学社会科学版），2022（4）：163-172.
② 农业农村部政策与改革司.中国农村政策与改革统计年报（2022年）.北京：中国农业出版社，2023.

近900万户。① 但是，我国新型农业经营主体的发展在总体上仍然处于初级阶段，其带头人的科技素质和经营能力较弱，难以形成较强的规模化带动力或产业链一体化孵化能力，新型农业经营主体在与小农户利益机制联结方面不够紧密，农民依靠传统种养业增加收益的空间不大。农业社会化服务体系还不够健全，各种农业社会化服务组织提供的服务项目仍以农资供应和农机服务为主，服务产业规模偏小、服务面窄、服务能力弱。

3.关键突破滞后，技术应用乏力

中国农业科技整体水平已经排在世界前列，基本形成了少量领跑、多数并跑和跟跑的发展格局。② 但是，中国高端和实用农业科技人才不足，前沿性农业科技发展和发达国家仍有差距，仅有10%的技术处于领跑地位，"卡脖子"问题仍较突出，基因编辑等生物育种底盘技术、大型农机装备和智能设备核心部件长期受制于人。农业科技创新成果可转换度较低，农业发明专利能进行产业化的仅有23%，农业科技推广投入强度不足发达国家的1/10。涉农企业科技创新投入不大、能力不足，种业企业规模和创新能力与国际大型种业公司有所差距。③ 具体来讲，一是育种技术缺乏原创性成果，关键技术"卡脖子"问题突出，部分核心种源依赖进口，种质资源收集不足，在基因编辑、干细胞育种、合成生物等方面拥有的自主知识产权较少。④ 二是农业企业科技创新能力不强，尤其是现代种业企业自主创新能力偏弱，2018年中国前50强种业企业年研发投入为

---

① 李秀萍.加快健全面向小农户的农业社会化服务体系：来自全国政协第十五次重点关切问题情况通报会的信息.农民日报，2024-06-01.
② 解锁涉农"卡脖子"难题.经济日报，2022-09-03.
③ 杜志雄，李家家，郭燕.加快农业强国建设应重点突破的方向.理论探讨，2023（3）：154-162.
④ 核心技术突破的背后是基础研究.人民政协报，2021-03-18.

15亿元人民币，仅接近跨国农业公司孟山都公司的1/7。三是农业物联网、大数据、精准农业、智慧农业、人工智能等数字农业技术在国内的应用相比于其他技术起步较晚，数字农业基础薄弱，数字资源分散，天空地一体化数据获取能力和覆盖率不足，生产信息化、精准化水平较低。[1] 四是农业技术推广应用不足，农业创新成果对农业的贡献率低，创新成果科技水平不高，且创新成果转化率低。加之关键核心技术研发滞后且农业技术成果应用转化渠道不畅，例如农业专用传感器缺乏、农业机器人及智能农机在部分地区"水土不服"、农业农村大数据应用不足等[2]，导致农业技术应用转化率低，难以满足现代农业对技术创新成果的要求。

4.要素流动受阻，错配问题突出

在结构转型与人地关系不断松动的过程中，良好的土地制度安排对于农业要素组合升级有显著促进作用。界定清晰的地权具有稳定性、排他性与可交易性，有助于农地市场的发育，实现经营者与农地要素匹配程度的帕累托改进。土地适度规模化有助于通过改善要素组合，引入农业企业家和提升农业劳动者的人力资本，提高农业经济活动与农业产品的复杂度。但是，制度约束阻碍了农业生产要素的流动。一是农地权力约束导致土地要素配置受阻。人地关系的权利结构锁定，农地流转合约仍限于本乡本土，耕地流入的经营主体只是规模有所扩大的传统农户，农业要素重组的土地基础难以改变。土地过于分散且单位回报低，缺乏规模经营基础，新型经营主体进入动力不足，关键农业要素得不到改善。土地细碎化与土地浪费问题严重，要素组合效率低下。因此，土地制度变革成为打破

---

[1] 钟文晶，罗必良，谢琳.数字农业发展的国际经验及其启示.改革，2021（5）：64-75.
[2] 赵成伟，许竹青.高质量发展视阈下数字乡村建设的机理、问题与策略.求是学刊，2021（5）：44-52.

要素组合低水平均衡的关键,是实现农业要素组合升级的关键。二是城乡二元结构导致劳动力难以完全进入城市,实质上形成了新质生产要素进入农业部门的阻碍。在集体建设用地无法合法入市,宅基地产权权能残缺,宅基地制度安排强成员权、弱财产权的倾向下,农民仅有宅基地使用权而缺乏完整的财产权利,更倾向于保有而不是放弃宅基地使用权。由此,农村出现了人走地不动、建新不拆旧等乱象。由于土地权利、集体产权等仍然保留在已经离开农村的人手中,拥有新质生产要素的新主体就难以进入农村,从而阻塞了新质生产要素进入农业部门。三是农村某些权利缺失导致资本要素难以进入农业部门。为保护耕地,我国采取了严格的用途管制,被政府征用为国有土地成为农地转为非农用途的唯一途径,其结果是农村产业发展缺少建设用地,农民及外来投资者难以使用土地开展建设,丧失了产业发展的权利。同时,农村土地房屋资产还不是得到普遍认可的合法抵押物,处置变现较难,农村土地产权的残缺导致城市投资者无法获得稳定的土地产权,阻碍了城市资本下乡。同时,农村产权主体多元,金融机构开展农村产权抵押融资风险大,故而对农民的贷款利率高,进一步导致农民利用农村产权进行抵押担保的积极性不高。因此,无论是农村土地流转市场,还是农业劳动力市场,抑或是金融资本市场,高全要素生产率的生产者无法有效获取劳动力和土地,这导致在资本替代劳动过程中出现了资本报酬递减。要素错配已经成为阻碍农业全要素生产率提高的重要因素,不利于农业新质生产力的培育和发展。

5. 产业链较短,价值增值较低

长期以来,确保国家粮食安全是中国农业发展理念和政策的前提,由此保障了国民的吃饭问题,但其结果是农业结构越来越单一。粮食作物比重自1949年的88%下降到2003年的65.22%,此后反而上升，到2021年时达到70%，粮食作物中的谷物占比一直维持在80%左右。1978—2023年，城乡居民恩格尔系数分别从57.5%、67.7%降至28.8%、32.4%，但农业产值占第一产业比重却下降有限。粮食作物占比可能因饮食习惯和政策考虑而保持高水平，但将农业窄化成简单的粮食初级产品问题就大了。无论是国别还是产业研究均表明，一个国家或产业的竞争力取决于其产品复杂度。中国的农业无论是理念还是实际形态，长期以来都停留在最简单的"一产"，农产品停留在初级粮食产品层次，由此导致农产品复杂度极低。由于将农业窄化为初级粮食产品，中国的农业产业链较短，往往注重产中的种植、养殖与粗加工环节，却缺乏产前的科学育种与产后的产品销售、品牌管理等环节的延伸，导致农业产业效率较低。在整个产业价值链中，农业以提供初级农产品为主，深加工不足、产业附加值较低，导致农民总体收入增长较为缓慢。

具体来讲，一是农产品加工发展不充分。截至2023年，我国农产品精深加工业与发达国家仍存在一定差距，农产品产后损耗仍较大，粮油、水果、豆类、肉蛋、水产品等深加工率仅有30%左右，远低于发达国家70%以上的水平。此外，农产品梯次加工技术缺乏，精深加工不足，关键酶制剂和配料仍依赖进口，60%以上的加工副产物没有得到综合利用，产品附加值较低。二是农产品冷链流通发展不充分。我国农产品流通环节多，规模化、组织化程度偏低，流通效率低，国内大多数生鲜农产品在运输过程中得不到规范的保温、保湿或冷藏。美国果蔬、肉类和水产品冷链流通率在97%以上，日本的果蔬、水产品的冷链运输率也分别高达95%、90%以上，肉类冷链流通率已达到100%，而我国果蔬、肉类、水产品的冷链流通率分别为35%、57%、69%，和美日存在较大差距。三是农业功能拓展不充分。我国农业的功能尽管近几年有所改变，但长期以来主要局限于"吃",由此导致农业的其他功能被窄化、价值被压低。近年来,尽管休闲农业和乡村旅游受到重视,但由于缺乏对农业产业融合的规律性认识和存在各种制度与政策阻碍,农业其他方面的供给能力并不乐观。2012—2019年,乡村旅游收入从2 400亿元持续增长到8 500亿元,之后才有所下滑。我国乡村旅游收入突出的问题在于,一些地区的乡村旅游项目缺乏相应的产业链支撑,无法使游客的多样化旅游需求得到满足,产生的综合经济效益较低。同时,长期以来只注重传统要素投入,忽视"食住行游购娱"等关联要素的协同发展,导致乡村旅游业态缺乏复合型盈利模式,产业结构稳定性较差,各要素发展不均衡,难以形成可持续发展。

6. 农业效率较低,体制亟须创新

从结果来看,我国农业劳动生产率处于较低水平,突出表现为农业就业规模庞大但农业产值贡献率较低。2021年我国农业就业人数占就业总人数的比重为24%,而加拿大、美国等农业强国仅为1%~3%。我国以24%的农业劳动力产出总GDP的6%左右,而美国以1.4%的农业劳动力产出总GDP的5%。[1] 在产出水平方面,我国初级农产品的人均占有量偏低。2021年我国粮食、棉花、油料、猪牛羊肉、水产品的人均产量分别为483公斤、4.1公斤、25.6公斤、46.1公斤、47.4公斤。人均粮食产量虽然较改革开放初期已有大幅增长,但仍明显低于美国的1 747公斤、俄罗斯的926公斤、巴西的565公斤。[2] 我国农业效率不高,从表面上看是科技进步贡献率不足引起的,2022年我国农业科技进步贡献率达到了62.4%,但与发达国家80%左右的水平相比还有较大差距。[3] 有研究显示,我国

---

[1] 以新质生产力引领农业强国建设. 中国农业大学新闻网,2024-02-21.
[2] 罗必良. 从农业大国到农业强国如何突破. 中国党政干部论坛,2023(3):17-21.
[3] 以新质生产力引领农业强国建设. 中国农业大学新闻网,2024-02-21.

农业科技中国际领跑型技术仅占10%，并跑型技术占39%，跟跑型技术占51%。同时，我国高水平农业科学家比例是0.049‰，美国是0.738‰，我国农业科技创新人才仍然较为缺乏。[1]

从深层次原因来看，农业效率不高的根源在于农业新质生产力发展存在体制障碍。一是现代农业产业发展受阻。传统的农业发展观念将农业限定在种植业和小部分饲养畜牧业等单一的第一产业上，将农业的功能限定在单一的保障粮食供给和"吃饭农业"上，忽视了农业产业的多功能性，也就限制了现代农业产业体系的形成和发展。随着社会经济的发展，农业的功能应当从保障粮食供给向一二三产业全面融合、城市乡村全面互动等多样性功能拓展，促进农业产业结构不断优化升级。二是要素配置的制度滞后。在土地要素方面，农地制度的产权不确定性阻碍规模化经营的实现，宅基地制度的不完全导致财产权难以实现和资源限制，农村集体建设用地利用受限导致农业产业发展缺乏用地空间。三是农业经营体系不健全。传统的以家庭为主体的生产经营模式已经不适应现代农业生产的要求，也给新经营主体的培育和发展带来障碍，难以达到规模化、集约化的现代农业生产要求。在农作制度方面，粮食主产区的划定虽然是保证粮食安全的重要举措，但在一些耕地较少、地形不适合大规模耕作的地方制约了农业生产要素向经济效益更高、更有利于农产品供给结构优化的产业配置，造成了要素配置的低效。四是农业支持政策效率低。我国三项补贴政策（良种补贴、种粮直补、农资补贴）滞后性明显，它们虽然对粮食生产发挥过一定的积极作用，但也容易使生产者与市场隔离，扭曲市场运行机制，造成靠补贴维持生产的中低端农产品供给，并且因为实际操作中补贴大多是向承

---

[1] 姜长云，李俊茹，巩慧臻.全球农业强国的共同特征和经验启示.学术界，2022（8）：127-144.

包户发放，所以真正的种田者并未受益。同时，虽然我国已经出台了相关政策，但在农业公共服务、农村土地产权、农村金融供给、产业资本下乡、农业生产组织、农业人力资本、农业准入和生态补偿等方面的制度供给还存在明显的缺失，导致许多实际操作缺乏政策依据。

四、发展农业新质生产力的思路、路径与政策

1. 思路

中国经济已进入高质量发展阶段，对农产品的需求正在从数量型、温饱型向优质化、特色化转变。按照发展农业新质生产力的要求，其基本思路是通过制度改革、组织化程度提高以及农业技术创新，推动劳动力、土地和资本实现高匹配度的要素组合及持续升级，实现农产品复杂度的提升、农业产业链的延展和产业融合的深化，促进农业产业结构和农产品结构优化升级，形成保障有力、结构合理、品质优良、特色鲜明的高质量农产品有效供给，提升农业生产效率和农业回报率。

一是功能转型。突破对农业内涵的窄化认识，摆脱"吃得饱"的农业功能定位，在保障国家粮食安全的前提下，不断挖掘与满足市场对农业的多元化需求，改变单一数量型发展理念，丰富农产品供给结构，拓展农业多样化功能，提升农业综合价值。

二是市场主导。以市场需求为导向，激发农民与涉农企业响应农业要素稀缺性变化的能力，发挥市场在农业要素配置与结构性升级过程中的决定性作用。

三是制度先行。通过合理的制度安排为农业要素创新性配置和组合升级提供充足的激励与保障。完善农业要素市场与农业专业化

的规划引导、政策支持。

四是技术驱动。从要素禀赋条件出发，结合市场需求，推进农业技术进步，尤其是针对稀缺性要素的技术研发与突破，降低其在要素升级及组合优化中的"短板效应"。

五是因地制宜。在推进发展农业新质生产力的过程中不搞"一刀切"，充分考察不同区域的要素禀赋特征，支持各地区选择符合其自身比较优势的要素升级与组合优化路径。

2. 路径

一是构造就业份额下降的要素重组空间。打通城乡要素流动渠道，实现城乡权利开放，加快新型城镇化进程，完善进城农民的城市权利保障，提高土地、资本、劳动力等要素的配置效率，在农业占GDP份额进一步下降的同时，实现农业就业份额同步下降，为农业生产要素的重组和升级提供空间。

二是搭建多元主体紧密连接的组织体系。改变小农主导农业经济的格局，培育现代农业经营主体，形成一批真正懂市场、会技术的农业企业家；探索农业企业家与农户、合作社紧密连接的机制与制度安排；培育农业服务主体，提升农业服务规模化程度和服务效率。

三是发挥农业技术突破性创新引领作用。加强国家引领的现代农业科技革命，实现以生物技术、信息技术、新材料技术等为代表的科技革命向农业经济活动的渗透，实现农业数字经济转型升级。提高农业科技研发水平与成果转化能力，健全适应现代农业发展要求的农业科技推广体系。依靠技术创新提升我国农产品深加工水平，延伸农产品产业链。

四是实现农业生产要素升级与组合优化。对各地农业要素的禀赋进行综合考察，对符合各自比较优势的农产品排定优先序，发展专业化生产,并根据自身农业传统与市场需求变化进行动态调整。通过服务规模化提升要素组合效率,对于农业生产中可标准化的服务环节,通过专业化的农业服务将分散的农户与地块连接,优化不可分割的大型农业投入的提供方式,提高服务供给本身的效率,提升农业要素的组合效率。

五是推动农业产业深度融合和转型升级。以单位土地回报和劳均农业增加值作为衡量农业供给侧改革成效的指标。以提高农产品复杂度作为农业供给侧改革的主要目标。以一县一业形成农业主导产业,提高农业规模效益。通过延伸农业产业链,提高农产品加工率和精深加工程度,研发多样化优质产品,不断提升产品附加值。以三产融合开发并提高乡村多功能价值发展农业新业态,促进人、财、物向乡村聚集。以生产要素组合升级实现农业提质增效降本,提高农业竞争力。

3. 政策

(1) 构建要素创新配置体系。

以农村土地制度改革为牵引,破除农业要素自由流动的障碍和壁垒,提升要素市场活力,促进要素提质升级和组合优化。首先,深化土地制度改革,提高要素配置效率和组合匹配度。一是做实农地三权分置权利体系。在保障集体成员承包权的基础上,坚定不移地完成农地三权分置改革,实现经营权作为田面权与承包权作为田底权的平权。二是落实农民集体非农建设用地使用权。按照法律赋予的权利,实现农民集体利用集体建设用地从事非农建设的权利,做实农民集体对集体建设用地的出租权、转让权、抵押权。三是赋予宅基地财产属性并实现权利开放。赋予农民宅基地财产权,农民宅基地可以有偿退出,可出让、转让、交易、从事乡村相关产业。在规划和用途管制的前提下,实行村庄宅基地、农房和闲置土地对村外人和外部资本开放，实行乡村资源与外来资本的有效组合，显化乡村价值，提高资源配置效率。其次，提升要素市场活力，促进要素提质升级和组合优化。促进农村土地市场发育，实行土地适度规模经营，加强农地整理，改善土地细碎化状况，提升土地生产率。促进农村劳动力市场发育，提升农民人力资本水平。对于有意愿继续从事农业的农民加强职业技能培训，建立家庭农场生产支持团队对其生产、经营提供有益的咨询、指导；吸引一部分文化素质较高的"新农民"进入农业，为其提供有竞争力的报酬；对于打算从事非农产业的农民，为其提供一定的培训与指导，实现农民队伍的结构性调整与优化。促进社会资本进入农业，为其提供正确的政策引导，尽可能减少和放宽对工商资本下乡租赁农地期限、面积等控制条件，健全工商资本下乡服务体系，使工商资本"进得来、有发展"。

（2）健全农业经济组织体系。

以企业为农业经济活动的主体，连接农民专业合作社和农户，实现农业经营体制化、农业市场化、农业服务化、农业标准化的组织革命。一是完善新型农业经营体制。扶持发展种养大户和家庭农场，引导和促进农民专业合作社规范发展，培育壮大农业产业化龙头企业，大力培养新型职业农民，鼓励和支持工商资本投向现代农业，促进农商联盟等新型经营模式发展。二是培育新型农业经营主体。以家庭农场、龙头企业、农民合作社和农产品零售巨头为农产品供给侧核心主体，实现各类主体在农产品生产、加工和销售中的有机结合。三是培育多种形式的现代农业服务组织。鼓励科研院所、行业协会、龙头企业和具有资质的经营性服务组织从事农业服务。支持多种类型的新型农业服务主体开展代耕代收、联耕联种、土地托管等专业化、规模化服务，鼓励引导粮食等大宗农产品收储加工企业为新型农业经营主体提供订单收购、代烘代储等服务。支持建设集中育秧、粮食烘干、农机场库棚、仓储物流等服务基础设施，鼓励地方搭建区域性农业社会化综合服务平台，提供跨区域专业化服务。

（3）优化农业技术创新体系。

一是国家主导重大攻关。建立国家现代农业科技实验室，建设现代农业产业科技创新中心，实施农业科技创新重点专项工程，重点突破生物育种、农机装备、智能农业、生态环保等领域的关键技术。二是完善农业科技创新体系。建立由农业行政管理部门、农业高校和科研院所、农业科技推广机构、科技型农业企业组成的产学研用一体化农业科技创新体系。三是强化企业应用性创新主体地位。鼓励更多有能力的农业企业根据生产实际需要进行农业科技创新，包括全产业链中的研发、储存、加工等非生产环节的新技术与新设备，适应当地自然条件，增加地方特色农产品供给的新品种研发，引导资金、技术、人才等各类创新要素向新主体集聚，营造有利于企业创新的宏观环境。四是建立以新型主体为核心的推广体系。完善基层农业科技推广体系，培育壮大专业服务公司、专业技术协会、农民经纪人等各类社会化服务主体，提升农业科技服务水平，促进科技成果转化和推广应用。改变农业科研成果推广路径，将农民专业合作社、家庭农场等新型农业经营主体作为新技术、新品种的推广着力点，并通过其示范作用扩大推广半径，加快推广速度和提高推广效率。

（4）强化农业产业转型体系。

农业生产过程专业化、标准化是提高农业回报率、增强农业竞争力的必由之路。在制度改革打通城乡要素双向流动的前提下，促进农业分工与专业化，以各类组织带动农民提高其组织化程度与生产水平，改变依靠经验种植的传统模式，以更科学、合理的方式使用生产要素。一是以技术创新提高土壤增肥、病虫害防治等环节的资本要素投入水平，提升加工、保鲜、贮存、物流等能力，并建立技术推广与应用体系，实现技术转化，提升农产品精深加工水平，开发多样化农产品。二是以生产标准化、信息透明化完善产前、产中、产后管理，制定产业和产品标准以及农业生产过程标准体系，大力推进农业标准化。建设农产品质量安全可追溯体系，加快建设农产品质量安全信息系统，确保农产品质量，保障农产品安全供给，提高优质产品辨识度。三是以配套完善的农业服务体系，提供全产业链的高效服务，降低经营成本。以技术引进与研发对生产要素进行替代和高效利用，提高要素生产率。四是以"三品一标"名优产品认证推进优质产品品牌化，培育具有区域特色的农产品知名品牌，提高品牌内在价值。五是以产业融合实现农业产业链的延伸与农业多功能拓展，提升农业多样化价值，挖掘、发挥农产品的附加值。

第十二章
新质生产力与高质量发展

范志勇[*]

2023年9月，习近平总书记在黑龙江调研考察时首次提出新质生产力概念，指出要"整合科技创新资源，引领发展战略性新兴产业和未来产业，加快形成新质生产力"。2024年1月习近平总书记在中共中央政治局第十一次集体学习时，对新质生产力的内涵进行了明确界定。同年3月5日，习近平总书记参加十四届全国人大二次会议江苏代表团审议时提出了发展新质生产力的方法论："各地要坚持从实际出发，先立后破、因地制宜、分类指导，根据本地的资源禀赋、产业基础、科研条件等，有选择地推动新产业、新模式、新动能发展，用新技术改造提升传统产业，积极促进产业高端化、智能化、绿色化。"[①]

新质生产力理论不是心血来潮的产物，而是党中央基于当前我

---

[*] 范志勇，中国人民大学国家发展与战略研究院研究员，经济学院教授，主要研究方向是宏观经济学和国际经济学；本文合作者王芝清，清华大学公共管理学院博士后。

[①] 习近平在参加江苏代表团审议时强调 因地制宜发展新质生产力.人民日报，2024-03-06.

国经济社会发展的特征、社会主要矛盾，以及国际政治经济格局变化提出的战略构想。从国内来看，党的十九大报告指出，"我国经济已由高速增长阶段转向高质量发展阶段，正处在转变发展方式、优化经济结构、转换增长动力的攻关期，建设现代化经济体系是跨越关口的迫切要求和我国发展的战略目标。"现阶段，我国人均国内生产总值已经达到1万美元，进入中等收入国家行列。城镇化率已经超过60%，中等收入群体超过4亿人，人民对美好生活的要求不断提高，战略性新兴产业已成为推动产业结构转型升级，引领中国经济向高质量发展阶段迈进的主要动力源。但是我国发展不平衡不充分问题仍然突出，技术创新和成果转换能力不足，关键技术和关键环节的"卡脖子"状况仍然严峻，国内产业布局结构失衡，农业基础不稳固，城乡区域发展和收入分配差距较大，生态环保任重道远，民生保障依然存在短板，社会治理还有弱项等等。因此，在高质量发展阶段，必须坚持质量第一、效益优先，以供给侧结构性改革为主线，推动经济发展质量变革、效率变革、动力变革，提高全要素生产率，着力加快建设实体经济、科技创新、现代金融、人力资源协同发展的产业体系，着力构建市场机制有效、微观主体有活力、宏观调控有度的经济体制，不断增强我国经济创新力和竞争力。

从全球范围来看，世界正处于大发展大变革大调整时期。2018年6月，习近平总书记在中央外事工作会议上指出，"当前，我国处于近代以来最好的发展时期，世界处于百年未有之大变局。"[1] 在国际竞争新格局下，我国始终坚持实施更大范围、更宽领域、更深层次的对外开放，扩大和共建"一带一路"国家的科技合作，依托《区域全面经济伙伴关系协定》，促进成员国在贸易往来、技术合作

---

[1] 习近平在中央外事工作会议上强调 坚持以新时代中国特色社会主义外交思想为指导 努力开创中国特色大国外交新局面.人民日报，2018-06-24.

和产业融合方面的多项合作。与此同时，我国经济与发达经济体之间的互补性逐渐减弱，竞争性不断强化，大国博弈背景下的技术壁垒和贸易壁垒不断抬高，全球原有的效率优先的分工体系和结构被打破，全球产业逐渐呈现出区域化和碎片化特征，贸易保护主义有所抬头，脱钩论甚嚣尘上。继续固守传统的发展模式很难实现可持续发展，因此必须在战略性新兴产业和未来产业中与发达经济体展开竞争，这样我国才有可能在国际分工格局和产业体系中获得生存力、竞争力、发展力、持续力。在激烈的国际竞争中开辟发展新领域新赛道、塑造发展新动能新优势，从根本上说，还是要依靠科技创新。我们能否如期全面建成社会主义现代化强国，关键在于科技能否自立自强。

总之，进入新发展阶段后国内外环境的一系列深刻变化，既带来了一系列新机遇，也带来了一系列新挑战。新质生产力理论正是在这一大背景下提出的，立足当代科技革命的世界潮流，立足中国经济社会发展的实际，系统地突破了西方经济发展理论的基本逻辑，是推动中国式现代化进程的重要理论指引。新质生产力的发展是新发展阶段构建新发展格局的必然要求。

一、高质量发展的内涵与特征

高质量发展是全面建设社会主义现代化国家的首要任务，是体现新发展理念的发展，是创新成为第一动力、协调成为内生特点、绿色成为普遍形态、开放成为必由之路、共享成为根本目的的发展。党的二十大报告指出，"我们要坚持以推动高质量发展为主题，把实施扩大内需战略同深化供给侧结构性改革有机结合起来，增强国内大循环内生动力和可靠性，提升国际循环质量和水平，加快建设现代化经济体系，着力提高全要素生产率，着力提升产业链供应链韧性和安全水平，着力推进城乡融合和区域协调发展，推动经济实现质的有效提升和量的合理增长。"

1. 创新是引领发展的第一动力

创新是引领发展的第一动力，是历史进步的动力和时代发展的关键。党的十八届五中全会强调，必须把创新摆在国家发展全局的核心位置。就外延而言，从科技创新的单轮驱动到理论创新、制度创新、科技创新、文化创新的多轮驱动，创新的范围愈加广阔；就内涵而言，创新逐渐提高到发展第一动力的核心位置，成为贯穿党和国家一切工作的核心要素。创新驱动可以提高发展的速度、效能和可持续性，实践证明，只有把关键核心技术牢牢掌握在自己手里，才能建立起不受制于人的产业链、供应链。创新的核心在于增强自主创新能力，推动科技成果转化应用，提升国家竞争力。随着我国劳动年龄人口逐年减少，土地、资源供需形势变化，生态环境硬约束强化，"数量红利"正在消失，依靠生产要素大规模高强度投入的要素驱动模式已难以为继。我国经济的发展模式正在从外延式扩张转向内涵式增长，只有依靠创新驱动，加快形成以创新为主要引领和支撑的经济体系和发展模式，才能牢牢把握发展的主动权，抓住和用好宝贵的战略机遇期，在激烈的国际竞争中赢得战略主动权。从现状来看，2023年我国国家创新指数综合排名为世界第10位，较上年提升3位，是唯一进入前15位的发展中国家。国家统计局发布的数据显示，2023年1—11月，高新技术制造业投资同比增长10.5%，增速比制造业投资高4.2个百分点，国家创新能力取得显著进步，但是高端芯片、工业母机和基础材料等"卡脖子"技术有待进一步突破。因此，必须把自主创新放在更加突出的位置，建设科技强国，进一步发挥科技创新的重要作用，以创新驱动引领高质量发展。

2. 协调是持续健康发展的内在要求

协调发展是指在发展过程中，要注重解决发展不平衡不充分的问题，促进不同区域、不同领域、不同群体之间的均衡发展，既要注重速度，也要注重质量，既要注重效率，也要注重公平。党的十八届五中全会指出，"坚持协调发展，必须牢牢把握中国特色社会主义事业总体布局，正确处理发展中的重大关系，重点促进城乡区域协调发展，促进经济社会协调发展，促进新型工业化、信息化、城镇化、农业现代化同步发展，在增强国家硬实力的同时注重提升国家软实力，不断增强发展整体性。"坚持协调发展，必须牢牢把握中国特色社会主义事业总体布局，处理好局部和全局、当前和长远、重点和非重点的关系，在权衡利弊中趋利避害、作出最有利的战略抉择。我国是一个拥有14亿多人口的大国，发展不协调是一个长期存在的问题，突出表现在区域、城乡、经济和社会等关系上。党的十八大以来，我国实施了长江经济带、京津冀协同发展、粤港澳大湾区、长三角一体化等一系列发展战略，成立了国家乡村振兴局，加大了民生领域投入，取得了显著成效。但是我国城乡基本公共服务不均等，地区发展差距在2015年后再次扩大，而且呈现出南北分化的新特征，区域分化态势短期内难以缓解，这些是我国主要矛盾的基本表现。因此，要把协调发展提高到国家战略高度，统筹推进"五位一体"总体布局，协调推进"四个全面"战略布局，正确处理发展中的重大关系，不断增强发展整体性。

3. 绿色是永续发展的必要条件

绿色发展是五大发展理念的重要组成部分，强调在发展过程中保护生态环境、推动绿色低碳循环发展。改革开放以来，我国以经济建设为中心，逐步成为工业产值最高的国家，建立了完整的工业体系，但是长期以来依靠高化石能源投入、高污染排放的方式扩张产能，对生态环境极不友好，危及人类生产生活，凸显了经济发展和环境保护的矛盾。中国成为"世界工厂"的同时，也牺牲了自然资源和生态环境，表现出低质量发展特征，已经到了不得不落实绿色转型的地步。坚持绿色发展，加快建设资源节约型、环境友好型社会，建立绿色低碳循环发展产业体系，是推进绿色转型、实现经济高质量发展的重要举措，是缓解经济发展和资源环境矛盾的必然选择。习近平总书记出席2021年领导人气候峰会时指出："保护生态环境就是保护生产力，改善生态环境就是发展生产力。"[①] 随着"绿水青山就是金山银山"的理念日益深入人心，从抽象的理念转化为具体的行动，绿色转型无疑是高质量发展的重中之重。这就要求从生产源头到过程再到生产末端加快技术升级，提高生产效率，实施节能减排，减少化石能源消耗。要坚持走生产发展、生活富裕和生态良好的文明发展道路，推进美丽中国建设。

4. 开放是国家繁荣发展的必由之路

开放发展是中国积极参与全球治理、推动构建开放型世界经济的重要体现，重点解决的是内外联动问题。习近平总书记在浦东开发开放30周年庆祝大会上强调："对外开放是我国的基本国策，任何时候都不能动摇。"[②] 当今世界处于百年未有之大变局，以西方发达国家为首的贸易保护主义逐渐抬头，逆全球化趋势显现，中美贸易摩擦加剧，全球经济相对低迷，突如其来的新冠疫情进一步重创了各国经济，全球贸易皆出现不同程度的停滞与受损，加剧了全球经济的不确定性。世界第二大经济体与"世界工厂"的客观现实决定了我国在经济全球化过程中承担建设者的角色。习近平总书记在

[①] 习近平出席领导人气候峰会并发表重要讲话 强调要坚持绿色发展，坚持多边主义，坚持共同但有区别的责任原则，共同构建人与自然生命共同体. 人民日报，2021-04-23.

[②] 习近平：在浦东开发开放30周年庆祝大会上的讲话. 人民日报，2020-11-13.

首届中国国际进口博览会上强调:"中国开放的大门不会关闭,只会越开越大。"① 这就要求我国要进一步主动参与、推动引领经济全球化进程,奉行互利共赢的开放战略,发展更高层次的开放型经济,以扩大开放带动创新、推动改革、促进发展。坚持开放发展,必须顺应我国经济深度融入世界经济的趋势,通过价值链引进国外的资源和产品,持续提高出口水平,鼓励出口高附加值的产品,通过全球生产网络布局,更深入地将产品与发达国家的前沿市场需求有效对接。坚持内外需协调、进出口平衡、引进来走出去并重、引资引技引智并举,积极参与全球治理和公共产品提供,加快形成以国内大循环为主体、国内国际双循环相互促进的新发展格局。

5. 共享是社会主义的本质要求

共享发展理念强调发展成果由全体人民共同享有,要让改革发展成果更多更公平地惠及全体人民,实现基本公共服务均等化,缩小收入分配差距,提高人民生活质量,实现社会公平正义。作为中国式现代化的本质要求之一,共享发展的核心是坚持以人民为中心的发展思想,体现了逐步实现全体人民共同富裕的要求。习近平总书记指出:"我们追求的发展是造福人民的发展,我们追求的富裕是全体人民共同富裕。改革发展搞得成功不成功,最终的判断标准是人民是不是共同享受到了改革发展成果。"② 当前,我国经济社会发展的最大问题就是不平衡不充分,我国的中等收入群体约有 4 亿人,占全国总人口的比例不到三分之一,全国基尼系数在 2008 年之后连续七年下降,在 2016 年出现反弹,如果考虑到财产性收入,则收入差距会更大,且这种差距并不会因经济增长而自发缩小。因此,坚

---

① 习近平出席首届中国国际进口博览会开幕式并发表主旨演讲. 人民日报,2018-11-06.
② 征求对中共中央关于制定国民经济和社会发展第十三个五年规划的建议的意见 中共中央召开党外人士座谈会 习近平主持并发表重要讲话. 人民日报,2015-10-31.

持共享发展，必须坚持把实现好、维护好、发展好最广大人民根本利益作为发展的出发点和落脚点，既要做大蛋糕，也要分好蛋糕。做大蛋糕的根本就是高质量发展经济，让发展成果惠及全体人民；分好蛋糕则侧重于分配制度的改革。具体而言，要健全基本公共服务体系，扎实推动共同富裕，让人民群众共享经济、政治、文化、社会、生态文明各方面建设成果，全面保障人民在各方面的合法权益，促进人的全面发展和社会全面进步。

二、高质量发展与新质生产力的关系

高质量发展与新质生产力之间存在密切的联系。习近平总书记强调，发展新质生产力是推动高质量发展的内在要求和重要着力点，必须继续做好创新这篇大文章，推动新质生产力加快发展。高质量发展需要新的生产力理论来指导，而新质生产力已经在实践中形成并展示出对高质量发展的强劲推动力、支撑力，需要从理论上进行总结、概括，用以指导新的发展实践。从供给角度看，高质量发展应该实现产业体系比较完整，生产组织方式网络化、智能化，创新力、需求捕捉力、品牌影响力、核心竞争力强，产品和服务质量高。从需求角度看，高质量发展应该不断满足人民群众个性化、多样化、不断升级的需求，需求变化引领供给体系和结构的变革，供给变革又不断催生新的需求。从投入产出角度看，高质量发展应该不断提高劳动效率、资本效率、土地效率、资源效率、环境效率，不断提升科技进步贡献率，不断提高全要素生产率。从分配角度看，高质量发展应该实现投资有回报、企业有利润、员工有收入、政府有税收，并且充分反映各自按市场评价的贡献。从宏观经济循环角度看，高质量发展应该实现生产、流通、分配、消费循环通畅，国民经济比例关系和空间布局比较合理，经济发展比较平稳，不出现大的起落。

1.高质量发展对新质生产力的需求与引导

创新发展是新质生产力的根本动力。从本意上看，新质生产力兼具新质态和高质量特征，以创新为核心要素，以科技创新为引领，以战略性新兴产业和未来产业为载体，表现出高效率、高质量地利用自然、改造自然的能力。创新发展不仅关系到经济的高质量发展，也是社会全面进步的重要保障，通过不断深化科技创新、制度创新、管理创新等，可以有效激发全社会的创新活力。习近平总书记在2023年底的中央经济工作会议上强调："要以科技创新推动产业创新，特别是以颠覆性技术和前沿技术催生新产业、新模式、新动能，发展新质生产力。"① 因此，发展新质生产力必须围绕创新这一主题，坚持以自主创新为经济发展"新引擎"，以智能数字为经济发展"新介质"，以新兴产业和未来产业为"新阵地"，培养创新型人才急需的"新素质"；扎实推动科技创新和产业创新深度融合，以科技创新推动产业创新、引领高质量发展、保障高水平安全，才能抢占科技竞争和未来发展制高点，助力发展新质生产力，塑造发展新动能新优势；大力推进制度创新，改革体制机制，优化营商环境，为新质生产力打造良好的发展条件。

协调要求新质生产力均衡发展，强调区域、城乡、经济与社会等各方面的均衡，为新质生产力提供均衡发展的空间。新质生产力的发展具有明显的空间外溢效应，在地区间新质生产力水平存在差异的情况下，本地区的新质生产力将会受到邻近地区的影响，当下导致新质生产力水平差异的主要原因是地区间的发展不平衡。目前，

---

① 中央经济工作会议在北京举行.人民日报，2023－12－13.

我国大部分领域和地区最主要的问题从"有没有"转变为"好不好",供需之间的结构性矛盾日益突出,客观上要求形成需求牵引供给、供给创造需求的新平衡,以协调发展理念为指导,优化新质生产力各要素之间的配置,从而最大化提升全要素生产率。习近平总书记在中共中央政治局第十一次集体学习时强调,"发展新质生产力,必须进一步全面深化改革,形成与之相适应的新型生产关系……完善人才培养、引进、使用、合理流动的工作机制……激发劳动、知识、技术、管理、资本和数据等生产要素活力"[①]。因此,要落实协调发展战略,促进资源在不同领域和不同地区间的合理流动和配置;推动城乡一体化,缩小城乡差距,实现城乡生产力的均衡发展;平衡经济发展与社会进步,确保新质生产力的发展符合社会需求。

绿色引导新质生产力可持续发展。绿色发展是高质量发展的底色,新质生产力本身就是绿色生产力。中国是世界上最大的发展中国家,面临着人口规模巨大、资源能源相对紧缺、环境容量有限、生态系统脆弱等国情,这些构成了高质量发展的现实约束。中国正处于从工业化、城镇化外延式增长转向内涵式发展的过渡阶段,能源资源需求仍将保持刚性增长,产业结构和能源结构依然具有明显的高碳特征,实现碳达峰碳中和的任务相当艰巨。习近平总书记于2023年7月在全国生态环境保护大会上特别指出,"把建设美丽中国摆在强国建设、民族复兴的突出位置""坚持把绿色低碳发展作为解决生态环境问题的治本之策"[②]。因此,必须深刻认识绿色发展对于国家和人民生存发展的重要意义,把绿色发展理念贯穿于经济社会发展的全过程,抓住绿色转型的关键环节,在重点领域取得新的重

[①] 习近平在中共中央政治局第十一次集体学习时强调 加快发展新质生产力 扎实推进高质量发展. 人民日报,2024-02-02.

[②] 习近平在全国生态环境保护大会上强调 全面推进美丽中国建设 加快推进人与自然和谐共生的现代化. 人民日报,2023-07-19.

大突破，新质生产力必须坚持绿色导向，坚定不移走生态优先、绿色发展之路。

开放拓展新质生产力的国际视野。中国的发展离不开世界，世界的发展离不开中国。习近平总书记指出，"要不断扩大高水平对外开放，深度参与全球产业分工和合作，用好国内国际两种资源"①"为发展新质生产力营造良好国际环境"②。扩大高水平对外开放是集聚全球技术、人才、数据等先进优质生产要素的重要前提。发展新质生产力的要素包括技术、人才、数据和资本等，这些生产要素的分布是全球性的、不均衡的。尽管我国的科技创新实力稳步上升，但仍和世界先进国家存在较大差距，核心技术"卡脖子"问题依旧突出。因此，只有扩大高水平对外开放，建立高效畅通的全球要素流动机制和具有强大吸引力的开放制度，才能集聚全球先进优质生产要素，为新质生产力的蓬勃发展创造有利条件；通过国内与国际的资源互动、要素配置等赢得动力，增强国内国际两个市场两种资源的联动效应，推动国际先进技术、新兴产业和未来产业向我国转移落地，促进国内国际双循环；塑造良好的国际外贸环境，坚定维护多元稳定的国际经济格局和经贸关系，扩大国际市场，满足各国消费者需求，为新质生产力发展提供更大空间。

共享实现新质生产力成果的普惠性。共同富裕是社会主义的本质特征，是中国式现代化的基本特征。新质生产力是为美好生活服务的生产力，与中国式现代化拥有人民至上的共同价值驱动力。马克思主义政治经济学认为，劳动者是生产力最活跃的要素，广大人民群众是物质财富和精神财富的创造者。从实践上看，新质生产力

---

① 习近平在学习贯彻党的二十大精神研讨班开班式上发表重要讲话强调 正确理解和大力推进中国式现代化.人民日报，2023-02-08.
② 习近平在中共中央政治局第十一次集体学习时强调 加快发展新质生产力 扎实推进高质量发展.人民日报，2024-02-02.

是全体人民共同奋斗的结果，归根结底还是要依靠人民群众才能实现。如果新质生产力成果不能为广大人民群众所共享，那么群众的积极性、创造性和主动性势必会被损害，新质生产力的发展就不能持续。除此之外，共享发展还强调要建立和完善与之相适应的制度体系和法律保障机制，确保创新成果能够得到合理的分配和利用。习近平总书记指出，"共享是中国特色社会主义的本质要求。"[①] 共享发展的内涵包括全民共享、全面共享、共建共享和渐进共享。因此，发展新质生产力必须坚持人民主体地位，增强人民群众的获得感，激发劳动者的创造力，优化收入分配机制，缩小收入差距，提高公共服务水平，确保基本公共服务的均等化，反对片面享用、不劳而获和一劳永逸。

2.新质生产力对高质量发展的支撑与推动

发展新质生产力有望引领经济创新发展。新质生产力是创新起主导作用、摆脱传统经济增长方式和生产力发展路径的先进生产力，具有高科技、高效能、高质量特征。新质生产力以战略性新兴产业和未来产业为产业载体。为了培育新质生产力，需要凝聚政府、高校、企业、居民等诸多市场主体的力量，整合地区教育、人才、资金、土地等方面的资源，提高产业集聚水平，最终形成强大的创新网络，带动区域或产业实现可持续创新，促使行业紧跟技术变革大潮。作为日益崛起的发展中大国，中国发展新质生产力有助于巩固产业基础，实现跨越式发展；有助于使创新成果加快转化为现实生产力，加快新旧动能转换；有助于把握产业革命脉搏，打破国外技术垄断。

发展新质生产力助力经济协调发展。发展新质生产力的协调发

---

① 习近平.全党必须完整、准确、全面贯彻新发展理念.求是，2022 (16)：4-9.

展作用主要体现在行业层次和区域层次上。在行业层次上，发展新质生产力往往是产业体系各环节综合竞争实力的比拼，分工合作带来的效率提升对于新质生产力至关重要，客观上要求配套技术和产业共同演进，前沿技术的大规模产业化也会刺激原材料、零部件、生产设备、工业软件、生产性服务的投入，促进上下游产业良性互动。在区域层次上，伴随着全国各地纷纷出台培育新质生产力的规划政策，新质生产力将会发挥更为立体系统的引领带动作用，包括向周围扩散知识技术、为缩小落后地区和发达地区的差距提供产业支持、提高风险应对能力、增强区域经济韧性。

发展新质生产力支撑经济绿色发展。绿色生产力是一种可同时提高生产力水平和环境绩效、实现社会与经济全面发展，从而持续提高人民生活水平的能力，是新质生产力在绿色维度的重要表现形式。新质生产力以绿色为底色，涵盖了相当一部分环境友好型产业，如节能环保产业、新能源产业、低碳产业、新能源汽车产业以及相关服务业等，这些产业以绿色技术和绿色资源开发为基础，通过绿色技术创新减少污染物排放。另外，新质生产力具有技术密集、物质资源消耗少、污染排放量低的特征，是一个高度统一生态环境和经济发展，又融合大量创新活动的产业，减少了资源能源浪费，在生态文明建设中发挥着重要作用。

发展新质生产力助推经济开放发展。面对新一轮科技革命和产业变革，全球各主要经济体均在持续加强与完善国家顶层科技战略布局与战略科技力量部署。在这样的背景下，中国发展新质生产力机遇和挑战并存：机遇在于新质生产力可以从国际市场上汲取资源，为中国新质生产力"走出去"提供了可能；挑战是中国的新质生产力面临激烈的国际竞争，这场竞争背后反映的是技术、人才和资源的竞争，加剧了技术封锁和贸易保护的风险。中国要想在这场竞争中取胜，攻克"卡脖子"难题，就必须发展新质生产力，这有利于调整对外贸易的产品结构，有利于提升国内企业在国际技术标准和相关贸易规则制定中的话语权，有利于增强产品和服务的国际竞争力。

发展新质生产力赋能经济共享发展。发展新质生产力是实现共同富裕的根本保障，可以实现人民高品质生活，能够将大量新产品引入市场并使其成为大众消费品，让广大居民以较低的成本享受到技术福利和经济福利。例如，得益于航空航天产业的技术进步，汽车、手机导航、太空育种进入寻常百姓家；新质生产力为知识普及和共享提供硬件设备和软件环境，降低人民群众获取知识的成本，调动知识共享意愿，提升人们的环保意识、健康理念、创新精神，满足人们日益增长的个性化学习需要，推动居民从生存型消费向发展型消费转变；新质生产力追求人人参与、人人建设、人人享有，以满足人民对美好生活的需要作为发展的根本目的，推动最广大人民的获得感、幸福感、安全感与积极性、主动性、创造性形成良性互促的正向循环，以人的自由全面发展构建经济高质量发展与社会长期稳定的良好局面，进而推动新质生产力的加速培育壮大。

三、政策建议与措施

高质量发展是全面建设社会主义现代化国家的首要任务。发展是党执政兴国的第一要务。没有坚实的物质技术基础，就不可能全面建成社会主义现代化强国。必须完整、准确、全面贯彻新发展理念，坚持社会主义市场经济改革方向，坚持高水平对外开放，加快构建以国内大循环为主体、国内国际双循环相互促进的新发展格局。

1.加强政策引导与整体布局

加快构建新发展格局是推动高质量发展的战略基点。要把实施扩大内需战略同深化供给侧结构性改革有机结合起来，加快建设现代化产业体系。要坚持把发展经济的着力点放在实体经济上，深入推进新型工业化，强化产业基础再造和重大技术装备攻关，推动制造业高端化、智能化、绿色化发展，加快建设制造强国，大力发展战略性新兴产业，加快发展数字经济。要按照构建高水平社会主义市场经济体制、推进高水平对外开放的要求，深入推进重点领域改革，统筹推进现代化基础设施体系和高标准市场体系建设，稳步扩大制度型开放。高质量发展是一种目标导向格局，其关键在于建设现代化经济体系。现代化经济体系是由社会经济活动的各个环节、各个层面、各个领域的相互关系和内在联系构成的一个有机整体。具体而言，现代化经济体系集中表现在现代化的产业体系、市场体系、收入分配体系、区域发展体系、绿色发展体系、全面开放体系和经济运行体系等若干方面。高质量发展目标下的现代化产业体系，是一种创新引领、协同发展的产业体系。党的十九大报告指出：加快建设制造强国，加快发展先进制造业，推动互联网、大数据、人工智能和实体经济深度融合，在中高端消费、创新引领、绿色低碳、共享经济、现代供应链、人力资本服务等领域培育新增长点、形成新动能。支持传统产业优化升级，加快发展现代服务业，瞄准国际标准提高水平。促进我国产业迈向全球价值链中高端，培育若干世界级先进制造业集群。

要充分突破历史、地理、资源环境和发展水平的限制，破除地区市场分割和地方保护，树立全国一盘棋的思想，将条块分割、各自为政的市场转化为全国统一大市场，帮助优势企业和龙头企业获得更大的市场份额。以京津冀、粤港澳、长江经济带为重点，集中力量打造建设一批国家级和世界级产业集群（带），瞄准世界前沿形成东部领先发展、中西部追赶的格局。其中东部地区成为全球引领创新发展的重要策源地和科技研发中心，利用海上丝绸之路辐射亚太地区，影响全球，北京和上海布局未来产业的工程化阶段，广州和深圳布局未来产业的商业化阶段。中部地区凭借交通优势和人口优势承接东部地区的产业转移，建设成为经济腹地，积极参与未来产业的产业化阶段。西部地区以成都、西安为代表，以省会城市和边境城市为依托，建设成为丝绸之路经济带沿线国家的产品输出地。建立统一开放竞争有序的要素市场化配置体系，在不同地区明确其未来产业定位的前提下，促进各地区的产业协同、技术合作和人才交流，为新质生产力开拓国内市场空间。

2. 加大科技创新力度

加快实现高水平科技自立自强是推动高质量发展的必由之路。发展新质生产力的根本途径是提高全要素生产力，而提升科技水平是持续提升全要素生产率的主要途径之一。新时代，要发挥新型举国体制的强大优势，集合国家和企业两方面的力量，发挥政府和市场的双重激励机制，不断加大科技创新力度，营造良好的创新氛围，引导科技创新不断深入基础理论和基础科学，实现更大的突破。

从世界经济大国博弈的历史进程看，一个明显的规律在于，"抓住了创新，就抓住了牵动经济社会发展全局的'牛鼻子'"[1]"谁牵住了科技创新这个'牛鼻子'，谁走好了科技创新这步先手棋，谁就能占领先机、赢得优势"[2]。随着我国经济发展水平不断提高，技术水平和世界前沿越来越接近，与发达国家在创新领域的利益冲突逐渐增大，技术引进的难度也越来越大。对于那些最前沿的领域，必

---

[1] 习近平.深入理解新发展理念.求是，2019（10）：4-16.
[2] 中共中央文献研究室.习近平关于科技创新论述摘编.北京：中央文献出版社，2016：26.

须通过自主创新才能实现技术进步。"实践反复告诉我们，关键核心技术是要不来、买不来、讨不来的。只有把关键核心技术掌握在自己手中，才能从根本上保障国家经济安全、国防安全和其他安全。"①如果自主创新能力得不到提高，关键核心技术"卡脖子"问题得不到根本性解决，那么国内大循环的构建也就无从谈起。现阶段，解决这一问题必须"着力破除制约创新驱动发展的体制机制障碍，完善政策和法律法规，创造有利于激发创新活动的体制环境"②。而有利于激发创新活动的体制环境需要在企业为主体、市场为导向、政府搭平台的创新体制机制构建框架下，改变传统增长模式以投资拉动和技术引进为主的技术升级路径，打破传统增长模式对企业创新积极性和创新能力积累的体制机制束缚，实现科技创新由引进吸收向自主研发为主的根本性转变。在激烈的国际竞争中，我们要开辟发展新领域新赛道、塑造发展新动能新优势，从根本上说，还是要依靠科技创新。能否如期全面建成社会主义现代化强国，关键看科技能否自立自强。要牢牢把握高质量发展这一首要任务，因地制宜加快发展新质生产力。面对新一轮科技革命和产业变革，我们必须抢抓机遇，加大创新力度，培育壮大新兴产业，超前布局建设未来产业，加快建设现代化产业体系。

推动实施国家科技发展战略，在关键核心技术方面进行布局和取得重要突破，使创新驱动战略取得更大成功。"十四五"期间，我国在这方面进行了前瞻性布局，包括相关的基础性研究、产教融合、科教融合课题，以及举国体制下的科技攻关项目。将大市场所孕育的市场化创新项目和以举国体制为主的基础研发与重点研发相结合，

---

① 习近平. 在中国科学院第十九次院士大会、中国工程院第十四次院士大会上的讲话. 人民日报，2018-05-29.
② 习近平. 真抓实干主动作为形成合力 确保中央重大经济决策落地见效. 人民日报，2015-02-11.

在关键技术、关键环节可能会有重大突破，这也是我国从科技大国向科技强国迈进的必经之路。同时，坚实完善新型基础设施建设使得我国在数字经济领域也大放异彩。"十四五"时期将是我国基础设施数字化改造以提升旧动能、培育新动能的发展关键期，数字经济发展必定会迈上新台阶。在新一轮科技革命和产业变革以及数字化生产兴起的背景下，突破关键领域科技发展瓶颈，成为发展新质生产力的重大考验。在高质量发展战略引领下，我国将加快布局解决科技领域面临的瓶颈问题，以及关键产业发展面临的高端设备、重点零部件和元器件进口依赖问题。

3. 优化营商环境与市场机制

高质量发展和新质生产力发展要求在生产关系上深刻变革，尤其需要加快构建高水平社会主义市场经济体制。发展新质生产力不仅要建立高标准市场体系，创新先进优质生产要素配置方式，让各类生产要素向发展新质生产力顺畅流动，还要进一步健全要素参与收入分配机制，激发劳动、知识、技术、管理、资本和数据等生产要素活力，更好体现知识、技术、人才的市场价值，营造鼓励创新、宽容失败的良好氛围。围绕发展新质生产力，持续推进优化营商环境与市场机制，是实现解放生产力和提升竞争力的有效举措。

全面深化改革开放，持续增强发展的内生动力和活力。现代化的市场体系就是"实现市场准入畅通、市场开放有序、市场竞争充分、市场秩序规范，加快形成企业自主经营公平竞争、消费者自由选择自主消费、商品和要素自由流动平等交换的现代市场体系。"[①] 现代化的经济运行体系，就是"充分发挥市场作用、更好发挥政府作用的经济体制，实现市场机制有效、微观主体有活力、宏观调控

[①] 习近平：深刻认识建设现代化经济体系重要性 推动我国经济发展焕发新活力迈上新台阶. 人民日报, 2018-02-01.

有度。"[①] 要谋划进一步全面深化改革重大举措,为推动高质量发展、推进中国式现代化持续注入强劲动力。要围绕构建高水平社会主义市场经济体制,深化要素市场化改革,建设高标准市场体系,加快完善产权保护、市场准入、公平竞争、社会信用等市场经济基础制度。要不断完善落实"两个毫不动摇"的体制机制,有效破除制约民营企业公平参与市场竞争的障碍,支持民营经济和民营企业发展壮大,激发各类经营主体的内生动力和创新活力。要深化科技体制、教育体制、人才体制等改革,着力打通束缚新质生产力发展的堵点卡点。要加大制度型开放力度,持续建设市场化、法治化、国际化一流营商环境,塑造更高水平开放型经济新优势。

4. 强化绿色发展理念与生态文明建设

新质生产力就是绿色生产力,微观主体是企业,因此,企业要明确绿色转型目标,根据市场调研结果、国家战略规划和所在行业特征制定差异化绿色转型方案,高能耗行业企业的工作重点在于提高能源使用效率,降低能源强度;重污染行业企业需要在生产全过程减少污染物排放;高技术行业企业要不断巩固自身技术优势,加大绿色生产设备的研发力度,把绿色创新成果推广到高能耗和重污染行业企业,提高这两类行业企业的绿色生产水平,向政府部门争取财政优惠和金融优惠。加快企业公司制改革,建立科学的战略规划和决策机制,提高企业的战略执行能力和风险防范能力,积极参与全社会的绿色转型工作,树立良好的企业形象,实现企业的社会效益和经济效益的统一。良好的治理水平有助于企业把握绿色转型的机遇,也有利于缓冲国际油价波动的风险。

---

① 习近平:深刻认识建设现代化经济体系重要性 推动我国经济发展焕发新活力迈上新台阶. 人民日报,2018-02-01.

地方政府要摒弃"以邻为壑"的思维，树立全国一盘棋的理念，加强和邻近省份的政策协调与沟通，联合开展行政区划边界的环境督察，总结并推广长三角、京津冀、粤港澳三地一体化的环境治理经验；加大对绿色技术研发的支持，鼓励企业开展绿色技术创新，培育绿色技术创新平台，加强绿色技术标准制定和推广，提高产业的绿色技术装备水平和绿色产品供给能力；结合本地区的资源禀赋、产业特点、发展阶段等，选择具有代表性的行业、企业、园区等，开展制造业绿色转型的试点示范，总结经验教训，形成可复制可推广的绿色转型模式和案例；根据国家法律法规的要求制定具体的工作方案，利用融资约束、环境规制和绿色金融等政策工具，限制高能耗、重污染行业企业发展，倒逼这些行业企业正视自身环境污染问题，及时淘汰落后产能，引导社会资源流向战略性新兴产业和未来产业，使得本地的产业趋于高级化和绿色化；把推动产业绿色转型和营造良好营商环境有机统一起来，把稳定生产预期和提高市场化水平有机统一起来，着力解决高技术或新能源企业融资难的问题；引导企业大力开拓国内市场，挖掘本地区的市场潜力，减少对外贸的过度依赖。

坚决贯彻落实《"十四五"智能制造发展规划》的精神，把智能化、数字化、绿色化和低碳化作为产业未来的发展方向，国务院各部门根据规划要求，出台一系列财政、金融、土地等方面的指导意见和配套措施，适时修订绿色产业指导目录；定期调度各地区高能耗和重污染投资项目的建设投产情况，发布能耗双控目标完成情况晴雨表，建立通报批评、用能预警、约谈问责等工作机制；开展高能耗和重污染行业绿色设计试点示范，打造一批大型绿色产业集团，建设一批国家绿色产业示范基地；建立财政兜底和保险补偿相结合的保障体系，由政府和保险公司出面，承担企业调整能源投入结构和改进生产设备可能面临的风险与成本，确保绿色转型工作持续进行；不遗余力提高居民的收入水平，增强人民群众的消费信心，培育完整内需体系，发挥大国市场效应，为制造业绿色转型创造需求。

5.建设更高水平开放型经济新体制

建设全球新质生产力的中心，妥善处理好自主创新和开放创新的关系，构建自主可控的生产供应体系。统筹利用国内国际研发创新资源，吸引国外创新要素流入国内市场，鼓励外资参与未来产业建设，加速实现规模经济。支持企业开拓利用国际市场，提高企业适应国际市场的能力，支持国内企业和中外企业抱团"走出去"，拓展新质生产力国际化发展空间，综合运用知识产权打造品牌，参与国际技术标准制定。以共建"一带一路"国家为切入点，结合不同的市场需求，确定重点合作领域，明确合作形式，将战略性新兴产业和未来产业纳入国际交流与合作的双边、多边合作机制框架；鼓励企业承接服务外包和参与国际科研合作项目，形成高效协同的国际化合作网络。发挥驻外机构、行业组织等中介机构的作用，加强政府间未来产业的高技术领域合作磋商和交流，加强对国际形势和区域形势的研判，针对不同国家和地区出台针对性的未来产业贸易投资指南。

要准确把握产业链供应链区域化、本地化、多元化、数字化转型的新趋势，巩固拉长产业链供应链长板，吸取发达国家产业"空心化"的教训，着力保持制造业比重基本稳定，打造新兴产业链，推动传统产业链高端化、智能化、绿色化变革，由点及线、由线及面、点面结合推动提升产业链水平。通过出台有针对性的政策，营造有利于制造业发展和产业链供应链稳定的生态体系，稳住外资外贸基本盘，强化要素支撑，增强产业链韧性，确保产业链不断裂，把产业基础和核心企业的根留在国内，将主动布局同开放发展相结合，形成国内外产业链相互"扭抱缠绕"格局。坚持将国内国际产业安全合作同高质量推进"一带一路"建设有机结合，以产业衔接、产能互补、互利共赢为导向，构建以"一带一路"为核心的区域产业链供应链，共建跨区域的富有弹性的供应链，协作处理潜在供应链中断风险。广泛开展技术、标准、知识产权、检验检测、认证认可等方面的国际交流与合作，凭借学习效应、溢出效应和示范效应等途径提升国内供给能力，以国内分工和技术创新的发展推动国际分工和技术创新的发展。

图书在版编目（CIP）数据

新质生产力的政治经济学/本书编写组著. -- 北京：中国人民大学出版社，2024.11. -- ISBN 978-7-300-33299-4

Ⅰ.F014.1

中国国家版本馆CIP数据核字第2024T50P07号

新质生产力的政治经济学

本书编写组　著

Xinzhi Shengchanli de Zhengzhi Jingjixue

出版发行	中国人民大学出版社		
社　　址	北京中关村大街31号	邮政编码	100080
电　　话	010-62511242（总编室）		010-62511770（质管部）
	010-82501766（邮购部）		010-62514148（门市部）
	010-62515195（发行公司）		010-62515275（盗版举报）
网　　址	http://www.crup.com.cn		
经　　销	新华书店		
印　　刷	涿州市星河印刷有限公司		
开　　本	720 mm×1000 mm　1/16	版　次	2024年11月第1版
印　　张	19.5 插页1	印　次	2024年11月第1次印刷
字　　数	232 000	定　价	69.00元

版权所有　侵权必究　　印装差错　负责调换